사르비아 총서 · 623

인간의 역사

M. 일리인(외) 지음/이순권 옮김

범우사

차 례

□ 이 책을 읽는 분에게 · 5

□ 머 리 말 · 9

    인간 ―거인(巨人) · 11

        제1장 인간은 어떻게 하여 인간이 되었을까 · 13

        제2장 거인의 청년 시대 · 139

□ 이 책을 읽는 분에게

《인간의 역사》는 소련의 아동문학가인 미하일 일리인(Mikhail Ilyin)과 그의 부인 세갈(Segal)의 작품이다. 미하일 일리인은 필명(筆名)으로서, 그의 본명은 일리야 야코블레비치 마르샤크(Iliya Yakovlevich Marshak)다. 그는 1895년 러시아 남부의 보로네지라는 도시에서 가난한 발명가였던 마르샤크의 아들로 태어났다.

그는 경제적인 어려움 때문에 레닌그라드로 옮겨가 공장에서 노동을 하면서, 한편으로 레닌그라드 공업전문학교에 다니며 물리와 수학을 배웠다. 학교와 공장에서 많은 경험을 쌓았던 그는 과학의 진보가 엄청나며 이를 깨우치지 않고서는 사회 생활을 올바르게 해나가기 힘들다는 것, 그러면서도 이러한 분야에 관한 지식을 청소년에게 쉽게 전달해주는 책들이 뜻밖에도 거의 없다는 것을 알고 매우 놀랐다. 그리하여 1924년경부터 일리인이라는 필명으로 아동·청소년을 대상으로 하는 잡지에 과학 이야기를 알기 쉽게 쓰기 시작하였다.

그는 특히 이른바 제1차 5개년 계획에 관한 《위대한 계획의 이야기》(1930년)를 써서 크게 호평을 받게 되었다. 그 밖에 《책상 위의 태양》(1927년), 《10만의 질문》(1929년), 《산들과 인간》(1935년), 《원자에의 여행》(1948년) 등의 작품이 있으며 《인간의 역사》는 본래 "인간은 어떻게 해서 거인이 되었는가"라는 이름으로 1946년에 발표한 그의 대표작이다.

  1953년 세상을 떠날 때까지 일리인은 정밀한 과학 현상을 쉬운 문장으로 해설하고, 아울러 노동의 가치를 시적인 표현으로 노래하여, 그의 작품들은 그의 조국인 소련에서뿐만 아니라 전 세계의 많은 독자들에 의해 친숙하게 읽혀지고 있었다. 그리하여 일리인에 대해서는 아동문학의 새로운 경지를 개척한 작가라든지, 천재적인 계몽과학자라든지 하는 평가가 내려지고 있다.

  공저자인 세갈은 일리인의 부인으로, 이름은 엘레나다. 남편이 젊었을 때부터 병약했기 때문에 부인은 남편을 도와 이 《인간의 역사》 등의 대작을 완성시켰던 것이다. 여기 이 《인간의 역사》는 인류의 문화가 어떻게 발생하고 어떻게 발전해왔는가를 인류 역사 전체의 흐름에서 바라본 것이다. 여기에서는 또한 학문과 기술이 어떻게 탄생하고 성장해왔는가 하는 것뿐만 아니라, 노동이 어떻게 인류를 바꾸어놓았으며, 완전하게 만들어주었는가 하는 것도 명확하게 설명되고 있다. 《인간의 역사》의 내용은 흥미있고 알기 쉽게 씌어져 있다. 그렇다고 해서 일리인의 지식이 천박하다든지, 이 책의 내용에 깊이가 없다는 것은 결코 아니다. 복잡하고 어려운 내용을, 그 주제의 방향을 지키면서 쉽게 전달하기 위해서는 보다 많은 노력과 넓은 지식이 필요한 것이다. 일리인의 책은 이러한 것들을 갖추고 있다.

옮긴이

인간의 역사

□ 머리말

고리끼라는 뛰어난 작가를 알고 있을 것입니다. 이 사람이 언젠가 이 책의 저자에게 이런 말을 한 적이 있습니다.
"한번 이런 책을 써보고 싶군요. 무한한 우주를 생각하는 책을 말입니다. 그 책은 이렇게 시작될 것입니다. '별, 그 신비로운…… 엄청나게 커다란 그 신비로운 것 속 어딘가에서 태양이 불타기 시작한다. 태양에서 몇 개의 혹성이 떨어져나간다. 한 개의 작은 혹성 위에 무엇인가 생물체가 생겨나서 스스로 살아 있다는 것을 알기 시작한다. 사람이 나타난다…….'"
이 책이 목적하는 바는 바로 이러한 데 있습니다.
어떻게 사람이 생겨났을까? 또 어떻게 사람은 일하는 것과 생각하는 것을 배웠고, 어떻게 하여 불과 철을 손에 넣게 되었을까, 어떻게 자연을 상대로 싸워왔을까, 어떻게 하여 세계라는 것을 알고 이것을 개조해왔을까? 이러한 것들에 대해 쓰게 된 것이 이 책으로, 지은이는 1936년에 이 일에 착수하게 되었습니다.
인간에 관한 이야기는 몇 개의 부분으로 이루어져 있습니다. 제1부에서는 원시림과 원시 공동체에 관한 것이 이야기될 것입니다. 제2부에서는 노예 소유제 시대와 봉건제 시대에서의 인간의 역사가 이야기될 것입니다. 제3부에서는 오늘날의 학문이 싹트기까지, 현미경과 망원경이 발명되기까지의 인간과 인간이 생각한 역사가 이야기될 것입니다.

다음으로 지은이는 우리들의 시대까지 이야기를 펼쳐볼까 합니다. 그리고 끝으로 사람이 자연과 지구의 현명한 주인이 되어 다른 사람의 것을 빼앗거나 사람을 노예로 하는 일이 없는 시대, 그리고 먼 우주로 탐험을 떠나는 시대―결국 미래를 내다보고자 합니다.

인간—거인(巨人)

땅 위에는 거인이 있습니다.

그에게는 어려움 없이 기관차를 들어올릴 수 있는 그러한 팔이 있습니다. 그에게는 하루에 수천 리를 달릴 수 있는 그러한 발이 있습니다. 그에게는 어떠한 새보다도 펄펄 높이 날 수 있는 그러한 날개가 있습니다. 그에게는 어떠한 물고기보다 훨씬 헤엄을 잘 칠 수 있는 그러한 지느러미가 있습니다.

그에게는 보이지 않는 것을 볼 수 있는 그러한 눈이 있으며, 다른 대륙(大陸)에서 말하는 것을 들을 수 있는 귀가 있습니다. 그에게는 산을 꿰뚫고 쏟아져 내리는 폭포도 멈추게 할 수 있을 만큼의 힘이 있습니다. 그는 마음대로 땅을 개간하고 숲을 만들고 바다와 바다를 연결하고 사막을 물로 적실 수 있습니다.

이 거인은 도대체 누구일까요?

이 거인은 인간입니다. 인간이 거인이 되어 땅의 주인이 되는 그러한 일이 과연 어떻게 해서 일어나게 되었을까요?

그러한 것에 관해서 지금부터 이야기하고자 합니다.

제1장
인간은 어떻게 하여 인간이 되었을까

1

보이지 않는 울타리 속에서

옛날에는, 사람은 거인이 아니라 난장이였다. 자연의 주인이 아니라 그것의 온순한 노예였다.

숲 속의 짐승이나 하늘을 나는 새와 같이 인간도 자연 앞에서는 보잘것없었으며 거의 자유도 없었다.

"새처럼 자유롭게"라는 말이 있다.

그러나 새가 정말로 자유로울까?

새에게는 날개가 있다. 이 날개를 타고 산을 넘고 숲을 지나 바다를 건너 어느 곳이든 좋아하는 곳에 갈 수가 있다. 가을이면 따뜻한 남쪽 나라로 날아가는 두루미를 보고 부러워하지 않는 사람은 아마 없을 것이다. 푸른 하늘 높이 두루미 때가 여덟 팔(八)자를 그리며 날아간다. 사람들은 고개를 치켜들고 쳐다보며 생각한다. '과연 새는 어느 곳으로든지 마음대로 날아가지 않는가!'

정말 그럴까? 여행을 좋아해서 새는 마음 내키는 대로 날아가는 것일까? 아니다. 새가 나는 것은 변덕스러워서가 아니라 필요에 의해서다. 수천 년을 거쳐 새들은 대대로 살기 위해 싸워왔다. 그것이 '철새의 이동'이란 것을 만들어낸 것이다. 새가 그렇게 쉽게 어느 곳으로든 이동해간다고 한다면, 어떠한 새의 종족도 벌써 오래 전에 세계의 곳곳에 널리 정착했을 것이다.

만약 그렇다면 솔밭에서도, 자작나무 숲 속에서도 우리는 초록색과 붉은 깃털을 가진 앵무새를 만날 수 있을 것이다. 숲을 나와서도 머리 위에서 저 친숙한 종달새 노래도 들을 수 있을 것이다. 그러나 그러한 일은 일어나지 않으며, 또 일어날 수도 없다. 왜냐하면 눈으로 보는 만큼 새는 자유롭지 않기 때문이다. 어떠한 새에게도 세계 속에 각기 정해진 주거지가 있다. 즉 숲에서 사는 새가 있고 들에서 사는 새가 있으며, 또 해안에서 사는 새가 있다.

나의 날개는 매우 강하다! 그래도 자신의 거처를 선택하는 데 있어서는 마치 지도에 선이라도 긋듯이 남의 영역에 들어가지 않는다. 어떤 큰 독수리는 그 굉장히 큰 둥지를 삼림이 없는 들에서는 만들려고 하지 않는다. 한편 들의 독수리는 숲 속에서는 집을 지으려 하지 않는다.

숲과 들은 뭔가 눈에 보이지 않는 벽으로 칸막이가 되어 있는 듯하다. 어떠한 짐승도, 어떠한 새도 이 벽을 빠져나갈 수 없는 듯이 보인다. 산새나 다람쥐와 같은, 애초부터의 숲의 주민은 들에서는 볼 수 없다. 들 기러기, 야생 토끼와 같은 들의 주민은 숲에서는 발견할 수 없다. 이렇듯 어느 숲,

어느 들도 눈에 보이지 않는 벽으로 단단히 둘러싸여 하나의 작은 세계를 이루고 있는 것이다.

숲 속의 산책

숲 속을 어슬렁어슬렁 걸어간다. 그때 당신은 보이지 않는 벽을 계속 지나가고 있는 것이다. 나무에 기어 올라간다. 그때 당신은 눈에 보이지 않는 천장을 머리로 뚫고 있는 것이다. 당신의 눈에 보이지 않더라도 숲 전체가 큰 건물과 같이 층층으로 그리고 각기 방으로 나누어져 있는 것이다.

실제로 숲을 산책해보면 숲의 모습이 변하는 것을 느끼게 될 것이다.

전나무 숲 다음에는 솔밭이 있다. 소나무에도 키가 큰 것이 있고 작은 것이 있다. 발밑에 녹색의 이끼가 촉촉한 곳이 있는가 하면, 긴 풀이 돋아난 곳도 있으며, 흰 이끼에 덮여 있는 곳도 있다.

이 숲도 별장이 있어 찾는 사람에게는 평범한 숲에 지나지 않는 것처럼 보인다. 그러나 숲을 아는 사람에게 물어보라. 그러면 이것은 하나의 숲이 아니라 네 개의 숲이라고 가르쳐 줄 것이다. 축축하고 낮은 곳에서는 두툼한 이불과 같은 두터운 이끼로 덮여 있는 전나무가 자라고 있다. 그 앞의 경사진 모래땅에서는 녹색 이끼가 낀 소나무가 자라나고 있는데, 이 숲에는 월귤나무가 많이 있다. 제일 높은 모래땅의 언덕은 흰 이끼의 솔밭이 되고, 또 약간 축축한 곳은 초원의 솔밭이 되고 있다.

아무것도 느끼지 못하는 가운데 당신은 네 개의 숲의 작은

숲의 주민 — 딱따구리와 잣새

세계를 구분하는 세 개의 벽을 지나친 것이다.

만약 숲 속에 아파트처럼 살고 있는 주인들의 문패가 걸려 있었다면, 아마 많은 나무에 붙은 여러 문패가 틀림없이 당신의 눈에 띄었을 것이다. 예컨대 전나무 숲 앞에는 '전나무에 사는 '잣새', '갈가마귀', '피리새', '세발딱따구리'가 있고, 활엽수 숲 앞에서도 당신은 진실로 확실히 다른 '이름'을 읽게 될 것이다. 그곳에선 '초록딱따구리', '검은방울새', '남빛박새', '파리잡이박새', '흉내 잘 내는 꾀꼬리', '흑두꾀꼬리', '검은티티새' 등을 발견하게 될 것이다.

숲은 층층으로 나누어져 있다. 솔밭은 2층, 때로는 3층으로 되어 있다. 1층은 이끼 아니면 풀, 2층은 덤불, 제일 위는 소나무로 되어 있다.

떡갈나무 숲은 당당한 7층 건물이다. 제일 위층은 떡갈나무, 물푸레나무, 보리수, 단풍나무 등이 사는 곳으로 그 가지들이 하늘을 향해 뻗쳐 있다. 부수수한 맨 꼭대기는 여름에는 초록색으로, 가을에는 갖가지 빛깔로 숲의 지붕을 이루고 있다. 그 밑 떡갈나무의 허리께까지 마가목, 야생 사과, 배나무 등이 머리를 쳐들고 있다.

그 밑에는 추자, 산사나무, 참빗살나무와 같은 관목의 가지와 잎이 서로 얽혀 있다. 덤불 밑에는 화초들이 있다. 그러나 역시 이 화초들도 또한 몇 개의 층으로 나누어져 있다. 제일 높이 있는 것은 잔대다. 그 밑의 고사리 사이에서는 은방울꽃과 버들여뀌가 피고 있다. 다시 그 밑에서 제비꽃과 딸기가 살고 있다. 제일 밑 지면에는 축축하게 젖어 있는 이끼가 무성하게 깔려 있다.

또 지하실도 있다. 나무나 풀의 뿌리가 그곳으로 기어 들어간다.

활엽수 숲이든, 침엽수 숲이든 각각의 층에 각각의 주민이 있다. 나무의 높은 곳에서는 큰 매가 살고 있다. 조금 내려간 나무의 텅 빈 곳에서는 딱따구리가 살고 있다. 덤불 속에서는 꾀꼬리가 둥지를 틀고 있다. 땅 위에서 빈둥거리고 있는 것은 일층의 주민인 물총새다. 지하실에서는 들쥐가 자기들의 통로를 파고 방을 만들고 있다.

이렇게 대단히 큰 빌딩 속의 모습은 여러 가지로 다르다. 위쪽은 밝고 건조하며 아래쪽은 어둡고 습하다. 또 추운 곳도 있다. 그곳에서는 여름 동안만 살 수 있다. 햇볕이 잘 들고 따뜻한 곳에서는 일년 내내 생활할 수 있다.

땅에 뚫려 있는 구멍—이곳은 따뜻하다. 깊이가 1미터 반인 구멍의 온도를 측정해보았더니, 밖이 영하 18도일 때 이 구멍 속의 온도는 영하 8도였다.

　나무에 뚫려 있는 구멍 속은 대단히 춥다. 겨울에 그 속에 있으면 얼어죽을지도 모른다. 하지만 여름엔 천국이다. 특히 올빼미라든지 박쥐와 같이 밤에는 '밤 근무'를 위해 집을 떠나야 하고 낮에는 어두운 곳에서 잠을 자야 하는 무리에게는, 그곳은 정말로 좋은 장소다.

　사람들은 사는 곳을 자주 바꾸거나 아파트에서는 어느 층에서 어느 층으로 옮겨가거나 한다. 그러나 어떤 층에 사는 숲 속의 주민이 다른 층으로 이사한다는 것은 극히 어려운 일이다.

　물총새는 그 습하고 어두운 곳에서 양지 바른 천장이 있는 방으로는 옮겨 가지 않는다. 한편 천장에 있는 방의 주민인 큰 매 또한 나무뿌리 아래의 지면에서는 둥지를 틀지 않는다.

숲의 포로들

　다람쥐가 긴꼬리토끼와 사는 곳을 서로 바꾸고 싶어졌다고 하자. 다람쥐는 숲 속에서 살고 있고, 긴꼬리토끼는 초원이나 들에서 살고 있다.

　다람쥐는 나무 높은 곳의 텅 빈 구멍이나 나뭇가지 사이사이에서 살고 있고, 긴꼬리토끼는 땅 속이나 땅 속 구멍에서 살고 있다.

　새로운 주거지에서 살자면 긴꼬리토끼는 나무를 타고 오르지 않으면 안 된다. 그러나 토끼의 발은 전혀 나무를 탈 수 없게 되어 있다.

　다람쥐 또한 땅 속에서는 살 수 없을 것이다. 여러 가지 생활 방식이나 습관이 다람쥐로 하여금 나무와 밀접한 관계를 맺게 하고 있다. 그 긴 꼬리와 발만 봐도 다람쥐가 생활하는 곳을 곧 알 수 있다.

다람쥐의 발은 나뭇가지를 붙잡고 호도나 솔방울을 비틀어 뜯는 데 편리하게 되어 있다. 꼬리는 낙하산과 비슷한 역할을 한다. 이 가지 저 가지로 옮겨갈 때, 그것은 다람쥐의 몸을 공중에서 지탱시켜 준다. 담비에게 쫓겨 곡예사 같은 기발한 재주를 연출할 때, 그것은 다람쥐의 몸을 안전하게 해준다.

초원의 주민인 긴꼬리토끼의 꼬리와 발은 전혀 다르다. 초원을 바라보면 몸을 숨길 숲도 없을 뿐더러 기어오를 만한 나무도 없다. 적에게 발견되면 땅바닥에 엎드려 모습을 숨기는 도리밖에 없다. 토끼는 그렇게 한다. 올빼미나 수리부엉이가 보이면 토끼는 돌아서서 땅 속 구멍에 숨는다. 따라서 발도 그렇게 하기에 편리하게 되어 있다. 긴 뒷다리로 땅바닥을 차고 뛰어오르고 짧은 앞다리로 땅을 판다. 구멍에 숨게 되면 적에게 발각될 위험이 없다. 그리고 구멍 속은 여름에도 그렇게 덥지 않으며 겨울에도 춥지 않다.

그러면 꼬리는? 긴꼬리토끼의 꼬리는 믿음직한 다리의 조수다. 뒷다리로 앉아 주위를 살필 때 꼬리는 또 하나의 다리 구실을 한다. 또 뛰어오를 때에는 핸들처럼 뛸 방향을 정해준다. 꼬리가 없다면 긴꼬리토끼는 공중제비하여 땅바닥에 떨어지고 말 것이다.

집을 바꾸고 숲과 초원을 바꾸고 나무 구멍과 땅 속 구멍을 바꾸려면, 긴꼬리토끼와 다람쥐는 꼬리와 다리를 동시에 바꾸지 않으면 안 될 것이다.

이와 같이 해서 이 밖의 숲과 들의 주민을 조사해나가면 누구라도 쉽게 끊어버릴 수 없는 눈에 보이지 않는 사슬로 세상 각각의 장소가 연결돼 있음을 알게 될 것이다.

예컨대 물총새는 가장 즐기는 음식이 땅에 있기 때문에 숲 빌딩의 일층에 살고 있다. 긴 입부리는 땅 속의 땅 벌레를 잡는 데 적합하다. 나무 위에서는 어떻게도 할 수 없다. 그래서 나무 위쪽에서는 물총새를 볼 수 없는 것이다.

그런데 세발딱따구리나 큰 얼룩딱따구리들은 좀처럼 땅 위에서는 볼 수 없다. 딱따구리는 아침부터 밤까지 전나무나 자작나무의 줄기에 매달려 있다.

도대체 딱따구리는 전나무 줄기를 쪼며 나무껍질 위나 아래에서 무엇을 찾고 있는 것일까?

전나무의 껍질을 벗겨보면 꼬불꼬불한 길이 나 있는 것을 볼 수 있다. 이것은 나무에 살던 식객, 즉 전나무의 나무 벌레가 물어뜯은 자국이다. 어느 길이고 간에 길이 막히는 곳에는 요람이 있다. 이 요람에서 나무 벌레의 애벌레는 번데기로 변하고 그 다음에는 어른 벌레가 된다. 나무 벌레는 전나무를 먹이로 하고 딱따구리는 나무 벌레를 먹이로 한다. 딱따구리에게는 든든한 부리가 있다. 나무껍질 정도는 쉽게 뚫을 수 있다. 게다가 혀가 길어서 자유자재로 움직일 수 있어 길목에 숨어 있는 애벌레를 손쉽게 핥아 잡을 수 있다.

여기에서 사슬은 이렇게 되어 있다. 전나무―전나무의 나무 벌레―딱따구리.

그러나 이 사슬도 숲과 나무와 딱따구리를 연결하고 있는 겨우 하나의 사슬에 불과한 것이다. 딱따구리가 나무에서 발견하는 먹이는 나무 벌레만이 아니다. 여러 가지 벌레나 애벌레가 있다. 겨울이 되면 솔방울을 줄기와 가지 사이에 끼우고 교묘하게 그 속의 열매를 쪼아낸다. 또 둥지를 틀 때는 나무의 줄기에 구멍을 판다. 탄력성 있는 꼬리와 뾰족한 발톱과 진득진득한 발가락은 줄기에 오르는 데 적합하다. 그렇다면 어떻게 딱따구리가 나무와 헤어질 수 있겠는가? 이렇게 보면 딱따구리도 다람쥐도 이미 숲의 주민이 아니라 숲의 포로가 아닌가?

뭍에 올라온 물고기

숲의 소세계 그것은 이 세계를 구성하고 있는 많은 소세계 중의 하나다.

지구에 있는 것은 숲과 들만이 아니다. 산도 있고 툰드라라는 언 땅이 널리 깔려 있는 곳도 있고 바다도 있고 호수도 있다.

어떤 산에도 눈에 보이지 않는 벽이 있어, 이것이 어느 한 산의 소세계와 옆 산의 소세계를 갈라놓고 있다.

어느 바다도 눈에 보이지 않는 천장으로 많은 바다 속의 층으로 나누어져 있다.

파도가 밀어닥치는 바닷가의 바위에는 무수한 조개가 붙어 있다. 어떤 폭풍우가 닥쳐와도 그들은 제각기의 장소에 버티며 꼼짝도 하지 않는다.

햇빛이 닿는 좀더 깊은 곳에서는 갈색이나 녹색의 해초 사이에서 가지각색의 물고기들이 헤엄치고 있고 투명한 해파리가 어슬렁거리고 있으며, 불가사리가 느릿느릿 바닥을 기어다니고 있다. 바위에서는 마치 식물처럼 꼼짝도 하지 않는 기분 나쁜 동물이 머리를 쳐들고 있다. 이 동물은 스스로 먹이를 찾아가지 않는다. 먹이 쪽에서 입으로 뛰어든다. 입이 두 개 있는 병과 같이 생긴 붉은 멍게는 물과 함께 먹이를 빨아들인다. 말미잘은 꽃잎 같은 촉각으로 옆을 지나치는 작은 물고기를 잡아먹는다.

훨씬 깊은 곳에는 전혀 다른 별세계가 있다. 거기는 늘 어둡고 결코 낮이 없다. 빛이 없기 때문에 빛을 필요로 하는 해초류도 없다.

바다의 밑바닥은 동물이나 식물의 시체가 위에서 떨어지는 암흑의 묘지다.

미끈미끈한 진흙 위를 긴 촉각이 달린, 발이 열 개인 새우가 기어간다. 어둠 속을 물고기들이 큰 입을 벌리고 헤엄쳐 간다. 전혀 눈이 없는 물고기가 있는가 하면 두 개의 망원경 같은 눈을 내밀고 있는 물고기도 있다. 몸통에 많은 발광체를 달고 있는 물고기도 보인다. 마치 전등불을 밝힌, 눈부시게 아름다운 작은 기선이 지나가는 듯하다. 이번에는 머리에 촛대를 단 물고기가 다가온다. 높은 기둥 위에서 밝은 빛이 빛나고 있다.

이 이상한 세계는 우리들이 살고 있는 세계와는 조금도 같지 않다.

그뿐인가? 해안선이라는 단 하나의 선으로 구분되어 있을 뿐인 얕은 해안 일대도 또한 육지와는 조금도 비슷하지 않다. 하나의 세계의 주민이 다른 세계에 옮겨 살 수 있을까?

물고기가 바다에서 올라와 육지의 주민이 될 수 있을까?

그런 일은 있을 수 없다고 당신은 말할지도 모른다. 육지에 오르고자 한다면 물고기는 아가미가 아니라 허파를, 지느러미가 아니라 발을 갖추지 않으면 안 된다. 물고기임을 포기하지 않고서는 뭍에서 견뎌낼 수 없는 것이다.

물고기가 물고기임을 포기하는 일이 도대체 일어날 수 있을까?

한 학자에게 물어보자. 그러면 그는 물음에 이렇게 답할 것이다. "옛날에 어떤 종류의 물고기는 확실히 뭍에 올라와서 물고기임을 포기했다. 단 물에서 뭍으로 이사 오는 데에는 일 년도 아니고 이 년도 아닌 수백만 년이 걸렸다"라고.

오스트레일리아의 바싹 마른 강에는 지금도 잇카크라는 물고기가 살고 있다. 이 물고기는 허파와 비슷한 부레를 갖고 있다. 물이 마르게 되면 강에는 더러운 웅덩이가 여기저기 생기게 되고, 물고기는 죽게 되며, 그 썩은 시체로 물은 더욱 더러워진다.

그러나 잇카크만은 태연하다. 왜냐하면 아가미 외에 허파가 있어서 깨끗한 공기를 마시고 싶을 때는 물 속에서 머리만 내놓으면 되기 때문이다.

아프리카와 남아메리카에는 물이 없어도 조금도 놀라지 않는 물고기가 있다. 그들은 물이 없으면 진흙 속으로 들어가 허파로 호흡하면서 비가 올 때까지 가만히 기다린다.

결국 물고기에게 허파가 생기게 됐다는 것이다.

그렇다면 발은?

이것에도 실례(實例)가 있다. 열대 지방에서는 비어(飛魚)

가 살고 있다. 이 물고기는 물가를 날아다닐 뿐 아니라 나무에도 오른다. 가슴의 지느러미가 발 구실을 한다.

이러한 기묘한 생물은 물고기가 뭍에 오른 일이 있다는 산 증거인 것이다. 그러나 그들이 참말로 물에서 뭍으로 올라왔다는 것을 어떻게 알 수 있는가?

죽은 동물의 뼈가 그것을 이야기해주고 있다. 고대(古代)의 지층 속에서 물고기와 매우 비슷하지만, 이미 물고기가 아니라 개구리 또는 영원(도롱뇽의 일종)에 가까운 양서류가 된 동물의 뼈를 발견했다. 이 동물은 스테고체팔이라 불리는 것으로, 지느러미는 없고 그 대신 다섯 개의 발가락으로 된 발이 있다. 아주 느리긴 하지만 스테고체팔은 물에서 기어 올라오자 이럭저럭 육지를 걸었다.

그렇다면 지금의 개구리는? 개구리는 올챙이 때에는 물고기와 거의 다름없다.

이렇게 보면 아주 먼 옛날에 어떤 종의 물고기가 바다와 육지의 국경을 넘었다는 것을 알 수 있다. 그러나 그때 그들은 전혀 다른 것이 되었다. 물고기로부터 양서동물로 변했던 것이다. 가장 먼저 양서류가 된 것은 도마뱀 속(屬)이다. 도마뱀 속으로부터 짐승이나 새가 나왔다. 이렇게 해서 바다로 돌아가는 길을 잊은 무리도 생겨나게 되었다.

무언의 증인

고대 동물의 뼈는 무언의 증인이다. 그것은 지난 몇백만 년 사이에 변하지 않은 생물은 없었다는 것을 우리에게 암시해주고 있다.

어째서 생물은 변화했는가? 다윈이 종의 기원에 대한 학설을 세우기까지는 그것은 수수께끼였다. 그 후 많은 학자들의 훌륭한 업적 덕분에 지금 우리들은 많은 사실을 알 수 있게 되었다.

어떠한 생물도 세계 각 곳의 자신이 살고 있는 환경에 적응하며 살고 있다. 그러나 지상에서는 모든 것이 변해가고 있다. 더운 기후는 추워지고, 들이 있던 곳은 산이 되고, 바다는 육지가 되고, 침엽수 숲은 활엽수 숲으로 교체된다.

이와 같이 환경, 즉 주위의 것이 변화해 갈 때 생물은 어떤 변화를 일으키는가?

생물도 역시 변화한다.

그러나 그것은 자신의 힘에 의한 것이 아니다. 코끼리는 초식을 거절하고 육식으로 옮겨갈 수 없다. 곰은 '더워 못 참겠다' 고 스스로 모피를 벗어버릴 수 없다. 생물이 변하는 것은 자기 기분에 의해서가 아니다. 그들이 다른 것으로 되는 것은 반드시 편리하고 이익이 되어서만도 아니다.

새롭고 익숙해지지 않는 조건하에서 자기에게 필요한 것, 선조들이 받던 혜택을 받을 수 없어 점점 쇠퇴해가는 동물이나 식물도 있다.

어떤 생물들은 굶주림이나 추위, 그렇지 않으면 익숙하지 않은 더위와 가뭄에 괴로워한다. 그들은 아주 쉽게 적의 먹이가 된다. 자식이 태어나면 더욱 생활에 적응하지 못하는 자식, 생활하지 못하는 자식으로 키워진다. 그리하여 그러한 동물이나 식물은 변화에 견디지 못하여 차츰 멸망해간다.

그러나 또 다른 경우도 있다. 변화가, 해가 되지 않고 이익이 되게끔 변해가는 생물도 있다. 그러한 이익이 되는 변화는 조건만 갖추어지면 자손에 전해지고(유전) 축적되어 서서히 강하고 튼튼한 것으로 되어 간다.

그렇게 되면 자손에게서는 조상의 옛 모습을 찾아볼 수 없게 된다. 날 때부터 다른 것이 되고 조상에게는 적합하지 않았던 것도 이제 적합하게 된다. 그들은 생활의 새로운 조건에 적응한다. 마치 선발 시험과 같은 일이 일어난다. 합격하지 못한 것은 멸망하고 합격한 것은 살아남는다. 이것을 도태라 한다.

터미리야제프(러시아의 식물학자)는 이러한 예를 들고 있다. 배나무를 산으로 옮겨심었다. 평지에서 배나무는 무럭무럭 자라 높이 뻗고 가지가 무성했었다. 그러나 산에서는 땅딸막한 식물로 변하고 가지들은 지면에 꼭 달라붙어 있었다(변이).

배나무가 다른 조건 속에 들어갔기 때문에 그런 변화가 일어난 것이다. 산에서는 기후도 땅도 아래쪽하고는 틀리기 때문이다. 그러나 이 변화는 배나무에 있어서는 유익한 변화였다. 땅딸막할 덕분에 눈 밑에 숨어서 매서운 추위나 바람을 피하기가 아주 쉽게 되었기 때문이다.

지구의 역사 속에서는 생활 조건의 변화가 생물의 천성조차도 변하게 했다는 실례를 많이 발견할 수 있다. 물고기가 물과 들에서 같이 살아갈 수 있도록 변한 예도 그 중의 하나다.

물이 줄거나 바싹 마른 바다나 호수에서 그러한 일이 일어났다. 물이 줄어든 곳에서 생활에 적응할 수 없는 물고기는 없어져 그 숫자는 점점 적어져갔다. 단지 물이 없어져도 어떻게든 살 수 있는 물고기만이 살아남았다. 그들은 진흙 속에 들어가든지 아니면 지느러미를 발처럼 움직여서 가까이에 있는 웅덩이까지 기어갔다.

그러한 가운데 육지 생활에 맞추어 몸의 여기저기가 조금씩 변해갔다. 부레는 서서히 허파로 변하고, 한 쌍의 지느러미는 발로 발달해갔다.

이리하여 유전, 변이 그리고 도태가 물의 주민을 육지 생활에 적합하도록 변화시켰던 것이다. 새로운 생존 조건이 변이를 통해 지느러미, 부레, 물고기의 몸 전체를 변화시켰던 것이다.

도태는 유익한 변화만을 보존하고 이롭지 않은 변화는 제거시켰다.

유전은 이 유익한 변화를 자손에 전하고 축적시켜서 강한 것으로 만들었다.

코바레프스키(러시아의 동물학자)가 연구한 말의 역사는 상당히 재미있다.

말도 처음에는 작고 보잘것없는 동물이었다는 것을 지금은 생각하기도 어려운 일이다. 그것은 쓰러진 나무 밑을 재빨리 빠져나가고 교묘하게 그리고 힘차게 밀림 속을 달리던 작은 동물이었다. 이 동물에게는 말과 같은 말굽은 없었고, 다섯 개의 발가락에는 보통 발톱이 나 있었다. 숲 속의 울퉁불퉁한 지면을 밟기에는 이 발톱이 편리했다.

그러한 가운데 나무는 시들어갔고, 숲도 드문드문 있게 되었다. 숲 속에 살고 있던 말의 조상은 넓게 펼쳐진 평지에서 때때로 모습을 보이지 않으면 안 되게 되었다. 이러한 평지에는 위험이 닥쳐와도 숨을 장소가 없다. 쏜살같이 도망치는 도리밖에 없다. 지금까지의 숨바꼭질 놀이는 술래잡기 놀이로 변했다. 이 놀이는 숲의 짐승 대다수에게 있어 좋은 결과를 가져오지 않았다. 빠르고 긴 다리가 없으면 적들로부터 달아나 몸을 지킬 수 없었다.

여기에서도 도태가 일어났다. 빨리 달릴 수 있는 것만이 선택되어 남고, 빨리 달릴 수 없는 것은 방치됐다. 생활이 이렇게 변해가자, 말의 조상은 발에 많은 발톱이 있어도 빨리 달리는 데는 아무 소용이 없다는 것을 깨닫게 되었다. 발가락은 하나인 게 좋지만 그 대신 건강하고 강한 것이 바람직했다. 이러하여 우선 발가락이 세 개인 발이 나타났고, 얼마 안 있어 발가락이 하나인 말이 나타났다. 지금 우리가 보는 말은 어느 것에게도 발가락이 하나밖에 없고, 그 대신 매우 튼튼한 말굽이 붙어 있다.

들판에 나가게 되자 발뿐만 아니라 말의 모습까지 확 변했다. 예컨대 머리가 변했다. 발이 길어졌는데도 머리가 본래대로 짧은 채라면 발밑의 풀을 뜯을 수 없다. 이렇게는 살아갈 수 없다. 따라서 생활은 긴 다리에는 긴 머리, 짧은 다리에는 짧은 머리, 이렇게 잘 선별하여 짝짝이가 되는 일이 없도록 했던 것이다.

이(齒)는? 이도 역시 변했다. 들판에서 말은 변변하지 못하고 질긴 먹이를 먹지 않으면 안 되게 되었고, 이에 따라 그것을 끊을 수 있는 이가 필요하게 되었다. 이리하여 이도 또한 변하게 되었다. 오늘날 말의 이는 구치(臼齒)다. 질긴 풀은 물론 짚도 잘 끊을 수 있는 강판식 이로 되어 있다.

발, 머리, 이의 도태라는 이 큰일이 이루어지는 데는 대단히 오랜 세월이 걸렸다. 5천만 년이 걸렸다. 그때까지 산 재료가 얼마만큼 많이 사용됐을까! 이렇게 보면 바다와 육지 사이의 벽도, 숲과 들 사이의 벽도, 오랜 시간이 지나도록 변하지 않는 벽은 없다.

바다는 바짝 마르는 일도 있고 육지에 먹히는 일도 있다. 들이 사막으로 변하기도 한다. 바다의 주민이 때로는 뭍으로 기어오르고, 숲의 주민이 때로는 들의 주민이 된다. 그러나 주위의 자연에 매어져 있는 사슬을 끊고 자기의 소세계

말의 변화

밖으로 나간다는 것은 동물에 있어서는 대단히 힘든 일이다! 더구나 사슬을 자른다 해도 그것으로 자유롭게 되었다고 할 수는 없다.

어떤 눈에 보이지 않는 우리에서 나온 동물은 다른 우리로

제1장 인간은 어떻게 하여 인간이 되었을까 29

들어간다. 말은 숲에서 들로 나오자 숲의 동물임을 그만두고 들의 동물이 되었다. 물고기는 육지에 오르자 바다로 다시 나가는 것을 스스로 포기했다. 바다로 돌아가기 위해서는 다시 한 번 변화하지 않으면 안 될 것이다. 육지 동물이 바다로 들어가는 경우도 역시 마찬가지다. 발은 일종의 지느러미로 변했다. 예컨대 고래는 '물고기화' 되지 않으면 안 되었다. 정말로 고래는 모습과 생활 방식이 물고기와 비슷해져 있어, 이것을 물고기라고 생각하고 있는 사람도 있지만, 실제로는 그렇지 않다.

인간은 자유를 목표로

이 세계에는 백만 종류 정도의 동물이 살고 있다. 그리고 어떤 종족도 자기가 적응하고 있는 각자의 소세계에서 살고 있다.

어떤 종족에게는 '들어오지 말라' 는 표지판이 걸려 있는 곳도 다른 종족에게는 '어서 들어오시오' 라는 표지판이 걸려있는 곳으로 보인다.

시험 삼아 백곰을 열대 지방의 숲으로 이사시켜 보라. 마치 한증탕에라도 들어간 듯 질식하고 말 것이다. 두터운 모피 외투를 입고 있는데 그것을 벗을 수 없는 것과 마찬가지니 말이다. 또 열대 지방의 주민, 예컨대 코끼리를 눈이 쌓인 극지에 데려가면 바로 얼어죽고 말 것이다. 마치 목욕탕에 들어가 있는 것처럼 벌거벗고 있는 것과 마찬가지니 말이다. 백곰과 코끼리가 만나는 장소, 북쪽 동물도 남쪽 동물도 모두 볼 수 있는 장소, 숲의 짐승으로부터 몇 걸음 거리에 들의

짐승이 살고 있고, 들짐승 이웃에 산짐승이 살고 있는 장소, 그러한 장소는 세계에서 하나뿐이다. 그것은 동물원이다.

동물원에서는 남아프리카가 오스트레일리아와 나란히 있고 오스트레일리아의 이웃에는 북아메리카가 있다. 동물원에는 세계 속의 동물들이 모여 있다. 그러나 이 동물들은 자기들 스스로 모인 것이 아니라 사람이 그들을 모아 함께 있게 한 것이다.

그 대신 이 살아 있는 컬렉션을 돌보는 데 대단히 힘이 많이 든다. 어느 동물이나 각기 특유한 소세계에서의 생활에 익숙해 있다. 그러므로 그 소세계와 아주 비슷한 조건 속에 두지 않으면 안 된다.

어느 동물에게는 큰 탱크로 바다를 만들어주고, 또 어느 동물에게는 20평방미터의 평지에 사막을 만들어주지 않으면 안 된다.

동물이 배가 고프지 않도록, 서로 잡아먹지 않도록, 백곰에게는 냉수로 목욕할 수 있도록, 원숭이에게는 따뜻하도록, 사자에게는 정해진 시간에 생고기가 분배되도록, 매에게는 날개를 펼 수 있는 장소가 마련되도록 주의를 기울여야 한다. 초원의 동물, 숲의 동물, 산의 동물, 들의 동물, 그 밖의 모든 동물을 사람의 손으로 한 곳에 모아 놓은 이상, 사람은 이번에는 그들이 죽지 않도록 특별한 자연을 만들어 그 안에 그들을 넣어주지 않으면 안 된다.

그러면 이 인간이란 도대체 어떤 동물인가? 초원의 동물인가, 숲의 동물인가, 그렇지 않으면 산의 동물인가? 숲에 살고 있는 인간을 '숲의 인간'이라 하고, 초원에 사는 인간을 '초원의 인간'이라고 할 수 있을까? 물론 그렇게 할 수 없다.

왜냐하면 숲에 살고 있는 인간은 초원에서도 살 수 있지 않은가? 초원에 살고 있는 인간은 마른 땅으로 이사하는 것을 기뻐할지라도 귀찮게 생각지 않을 것이다. 인간은 어디서든지 살고 있다. 인간이 들어갈 수 없는 장소, 인간에게 '들어오지 말라'는 표지판이 걸려 있는 장소는 이 세계에 거의 남아 있지 않다. 떠다니는 얼음을 타고 9개월이나 북극해역에서 생활을 한 인간들도 있다. 만약 이 사람들에게 사막 중에서도 제일 더운 사막을 여행할 필요가 생겼다면, 그들은 반드시 이것을 성공적으로 해낼 것이다.

들에서 숲으로, 숲에서 들로 옮겨가는 데 있어 인간은 자신의 발이나 손 또는 이를 변화시킬 필요가 없다. 인간은 털가죽이 몸에 붙어 있지 않지만, 남쪽에서 북쪽으로 옮겨갔다 해서 얼어죽는 일 따위는 일어나지 않는다. 털가죽 외투, 방한모, 방한화는 털가죽이 동물을 돕는 것 못지않게 인간을 돕는다.

인간은 말보다도 더 빨리 지상을 달리는 방법을 익혔다.

그래도 그 때문에 손가락 하나 희생된 일은 없었다. 인간은 물고기보다도 더 빠르게 물 속을 헤엄치는 것을 배웠다. 그래도 손발이 지느러미로 변화되는 일은 일어나지 않았다.

새가 된 도마뱀이 있으나 그를 위해서는 몇백만 년이라는 세월이 필요했다. 게다가 날개가 생기기 위해서 앞다리가 없어지는 큰 대가를 지불해야만 했다.

인간은 그대로의 형태로 동물을 묶어두고 있는, 눈에 보이지 않는 벽을 통과할 수 있는 방법을 발견했다.

인간은 숨을 쉴 공기가 없는 높은 곳에도 올라가고, 거기에서 당당하게 돌아온다.

성층권(成層圈) 기구를 타고 높이 올라가기 기록을 만드는 사람도 있다. 이 사람들은 생활 공간의 높이를 아주 높이 끌어올려 생물체가 살고 있는 세계의 경계 밖에까지 나갔다.

짐승이나 새는 모두 자연에 따른다. 무엇인가 문제를 해결하려 할 때 당신은 조건에 따라 대응할 것이다. 이것도 그와 똑같다. 어떤 동물도 그것은 생활에 의해 해결되어야 할 문제다. 문제의 조건—그것은 동물의 생존 조건이다. 따라서 답에는 여러 가지 형태의 발, 날개, 지느러미, 부리, 발톱, 버릇, 습관이 포함된다. 동물은 어디에서, 어떻게 해서 살아가게 되었는가 하는 것에 따라 답이 나오는 것이다. 물 속에서인가 그렇지 않으면 육지 위에서인가, 염수 속에서인가, 그렇지 않으면 민물 속에서인가, 해변에서인가 그렇지 않으면 넓은 바다에서인가, 깊은 곳에서인가 그렇지 않으면 얕은 곳에서인가, 북에서인가 그렇지 않으면 남에서인가, 산에서인가 그렇지 않으면 평지에서인가, 땅 위에서인가 그렇지 않으면 땅 밑에서인가, 초원에서인가 그렇지 않으면 숲 속에서인가, 어떠한 무리와 함께인가. 답은 그것에 의해 정해진다.

동물은 각자의 생존 조건에 따른다. 그렇지만 인간은 그러한 조건을 자신을 위해 만들어낸다. 인간은 점점 자연으로부터 예리하게 문제점을 끄집어내어 부적당한 조건을 개선해 나간다.

자연의 문제점 중에는 '사막에는 물이 적다'는 것이 있는데 우리는 사막에 몇 개의 운하를 파서 그 조건을 없애버린다. 또한 '북쪽의 땅은 쓸모없다'는 것도 있는데 우리들은 그것도 토지에 비료를 주어 그 조건을 개선해나가고 밭에 다년초나 콩과식물을 심어 토지를 비옥하게 만든다.

그런가 하면 '겨울은 춥고 밤은 어둡다'는 조건에도 우리는 그러한 것을 아무 문제 없이 우리 집의 겨울은 여름으로, 밤은 낮으로 변화시킨다. 이처럼 우리들은 점점 더 많이 우리를 둘러싼 자연을 변화시켜 간다.

우리를 둘러싼 숲은 식목과 벌채로 벌써 훨씬 전에 그 모습을 바꾸었다.

우리들의 초원은 이미 예전의 초원이 아니다. 그것은 사람의 손에 의하여 개간되어 경작되고 있다. 보리, 밀, 사과, 배—그러한 우리들의 식물은 인간이 들어가지 않은 땅에서 자라고 있는 저 야생 풀이나 나무와는 전혀 다른 것이다.

배와 사과의 접목으로 생겨난 '벨가모트 사과'라는 것과 벚나무와 앵두나무의 접목으로 생겨난 '체라파드스'라는 것이 있다. 이 밖에도 많은 진기한 과일들이 있다. 그것은 모두 미추린이라는 식물학자가 만들어낸 것인데, 도대체 그러한 것을 자연 어디에서 발견할 수 있는가?

미추린의 학문적 성과를 바탕으로 하여 학자들은 이제 변이, 유전 그리고 도태를 인간에게 유용하도록 자유자재로 통제하고 있다.

말, 소, 양과 같은 가축들은 미개의 자연 속에는 없는 동물들이었다. 그들은 인간에 의하여 태어나고 길러진 것이다. 야생 동물조차 인간의 덕택으로 그 습성을 변화시켰다. 인간이 살고 있는 곳이나 경작하고 있는 밭에서 멀리 떨어져 있지 않은 곳에서 음식을 구하는가 하면, 사람에게서 멀리 떨어져 이때까지 보지 못한, 멀고 외진 곳에 숨는 것도 있다.

인간의 손에 의해 변하지 않은 미개의 자연대로 남아 있는 곳이 있다면, 그곳은 사냥 금지 구역 정도일 것이다. 사냥 금지 구역의 경계선을 그으면서 우리들은 마음속으로 "좋다. 너희들에게 맡기는 것은 여기뿐이다. 여기에서 벗어나면 우리 마음대로 할 것이니까" 하고 자연을 향하여 말하고 있다.

인간은 점점 더 자연을 지배해간다.

그러나 처음부터 그러했던 것은 아니었다.

우리들의 먼 조상은 다른 동물들과 마찬가지로 역시 자연 앞에서는 노예였다.

조상들의 모습

몇백만 년 전의 옛날에 지금 우리들의 숲이 있는 곳에는 전혀 다른 숲이 있었다. 다른 나무, 다른 풀이 자라고 다른 동물이 살고 있었다. 이 숲에는 자작나무, 보리수, 단풍나무와 함께 월계수, 목련이 자라고 있었다.

호두 옆에서 포도가 자라고, 작고 아담한 수양버들 가까이에서 녹나무나 용연향나무가 꽃을 피우고 있었다.

당당한 떡갈나무도 매머드와 같은 아메리카 삼목 곁에서는 소인(小人)으로밖에 보이지 않았다.

우리의 숲을 보통 가정 집에 비유한다면 옛날의 숲은 집이 아니라 그야말로 하늘을 찌르는 커다란 빌딩이었다. '대 빌딩' 위쪽은 밝고 떠들썩했다. 색깔이 산뜻하고 큰 꽃 사이를 가지각색의 새들이 날며 서로 노래 부르고 있었다. 원숭이가 가지를 흔들며 나무에서 나무로 뛰어다니고 있었다.

저기, 원숭이 일족이 다리를 건너듯이 가지를 건너고 있다. 어미 원숭이들은 새끼 원숭이들을 가슴에 껴안고 제 입으로 잘 씹은 열매를 입에 넣어주고 있다. 조금 큰 새끼 원숭이가 어미 원숭이의 다리에 매달려 있다. 나이 든 털보 족장이 줄기 위로 기어 올라가면 일족은 그 뒤를 따라간다.

이것은 어떤 종족의 원숭이일까? 이런 원숭이는 지금 어느 동물원에서도 볼 수 없다.

이것은 요컨대 인간의 조상이요 침팬지의 조상이며, 고릴라의 조상이 되는 그 원숭이인 것이다. 우리들은 지금 우리들의 숲에서 살았던 우리들의 조상에로 되돌아와 있는 것이다.

이 조상은 상층의 주민이었다. 다리나 복도, 발코니를 달리는 것과 같은 방식으로 미래의 인간들은 숲 속의 수십 미터의 높은 곳을 건너다니고 있었다.

숲은 그들의 보금자리였다. 나무줄기 사이에 나뭇가지로 보금자리를 만들고 밤에는 거기에서 지냈다.

숲은 그들의 성(城)이었다. 마하이로드 호랑이라는 가장 무서운 적의 습격으로부터 숲의 상층에서 몸을 숨기고 있었다. 이 호랑이는 제3기(第三紀)경의 북반구 지층으로부터 발굴되어 오늘날의 세계에

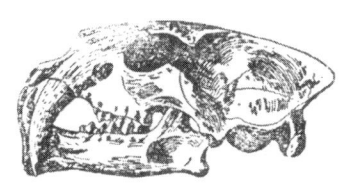

사벨 호랑이의 긴 윗니

알려진 것으로, 윗니가 길어 보통 사벨 호랑이라 불리고 있다.

  숲은 또한 원숭이들의 창고이기도 했다. 위쪽의 나뭇가지 끝 사이에 과일이나 온갖 나무의 열매를 저장하고 있었다. 그러나 숲의 지붕 바로 밑에서 살기 위해서는 나뭇가지를 붙잡고, 줄기를 따라 달리고, 나무에서 나무로 날아 옮겨가기도 하고, 과일을 잡아따서 베어먹을 수 있어야만 했다. 딱붙어 떨어지지 않는 손가락과 날카로운 눈 그리고 튼튼한 이가 필요했다.

  하나가 아닌 많은 사슬이 우리들의 조상을 숲 속에 묶어 놓고 있었다. 그것도 단지 숲이 아니라 숲의 상층에 말이다. 그러면 도대체 어떤 일이 일어나서 인간이 이들 사슬을 끊게 되었을까? 어떻게 하여 숲의 동물이 자신의 우리를 부수는, 숲의 세계 밖으로 뛰쳐나오는 그러한 모험을 해낼 수 있었을까?

2

인간의 할머니와 사촌 형제들

옛날의 작가는 사람의 일생이나 모험을 이야기하는 데에 조금도 서두르지 않았다. 우선 앞의 몇 장(章)에서 주인공에 가까운 사람들의 일을 자상하게 독자에게 전달하는 것이 보통이었다.

페이지를 몇 장 넘긴 것만으로 주인공의 할머니가 어떤 의복을 입고 멋을 냈는가, 결혼식 전날 밤에 주인공의 어머니가 어떤 꿈을 꾸었는가를 알 수 있었다. 그로부터 주인공에게 처음 이가 났던 일, 그가 처음으로 무엇인가 지껄였던 일, 맨 처음 걸음마를 시작했던 일, 처음으로 못된 장난을 했던 일 등이 차례차례로 이야기되어 간다. 대개 10장 정도가 지나고서 주인공은 학교에 들어가고, '제2권' 끝에 가서 사랑을 속삭이며, '제3권'에서 온갖 어려움을 극복하고 결혼함으로써 이야기는 차차 끝을 맺게 된다. 여기에서는 주인공과 그의 아내는 벌써 머리가 하얗게 센 노인으로서 뺨이 발그레한 손자가 걸음마를 하는 것을 기쁜 듯이 보고 있다.

이 책에서도 우리들은 그와 마찬가지 방식으로 인간의 일생과 모험담을 이야기할까 한다. 옛날 작가의 본을 받아 우리들의 주인공의 먼 조상들에 관하여, 가까운 친척들에 관하여 이야기하려 한다. 주인공은 이 세상 어느 곳에서 나타났을까에 관하여, 어떻게 해서 걷고 말하고 생각하는 것을 배우게 되었을까에 관하여, 살기 위한 싸움, 즉 생존 투쟁에 관하여, 그들의 슬픔과 기쁨에 관하여, 그 승리나 패배에 관하여 이야기하고자 한다.

그러나 먼저 고백해야 할 것은 처음부터 매우 많은 어려움에 부딪치게 된다는 것이다.

주인공의 '할머니'에 관하여 쓴다 해도, 우리들의 일족을 낳고 벌써 먼 옛날에 이 세상에서 사라져버린 그 할머니 원숭이에 관하여 어떻게 써나갈 것인가? 할머니 원숭이의 초상화를 전해받은 일도 없다. 왜냐하면 아는 그대로 원숭이는 그림을 그릴 수 없기 때문이다. 앞에서 조상에로 되돌아와 있었다고 말했지만, 그것은 사실 박물관에서만 일어나는 일이다. 더구나 박물관에서도 할머니를 옛 모습 그대로 보기란 쉽지 않다. 할머니의 유물이라면 아프리카, 아시아 그리고 유럽의 여기저기서 발견한 몇 개의 뼈 조각과 약간의 이만이 남아 있을 뿐이다.

그래서 이야기는 주인공의 다른 친척, 즉 그의 '사촌 형제들'에 관해서부터 시작하는 것이 좋을 것 같다.

먼 옛날 인간이 이미 열대의 숲을 나와 훌륭하게 발로 설 수 있게 됐을 때, 그 가장 가까운 친척인 고릴라, 침팬지, 긴팔원숭이, 성성이 따위는 변함없이 미개의 숲의 주민 그대로였다.

인간은 이 가련한 친척들에 대해서 별로 걱정하지 않는다. 가끔은 그런 것들과 친척이라니 당치 않다고 부정하기도 한다. 사람과 침팬지가 같은 할머니에서 나왔다고 암시하기만 해도 얼토당토않은 이야기라고 화를 내는 사람도 있다.

미국에서 재판 소동까지 일어난 것은 그리 먼 이야기가 아

사람들은 예로부터 인간과 원숭이가 비슷하다는 것을 깨닫고 있었다. 이 그림에는 그러한 생각이 상당히 과장되게 표현되어 있다.

니다. 학교에서 사람과 원숭이는 친척이라고 어린이들에게 가르치다가 초등학교 선생님이 고소당했다. 많은 사람들이 우루루 법정에 몰려들었다. 그 가운데는 팔에 흰 완장을 두르고 있는 무리도 있었다. 흰 완장에는 이러한 문구가 쓰여 있었다.

　우리들은 원숭이가 아니다. 원숭이가 되고 싶은 자가 어디에 있는가!

　초등학교 선생님은 꿈에도 이 바보들을 원숭이로 만들고 싶다고 생각한 일이 없었다. 따라서 자신에게 닥친 비난의 돌멩이에 어리둥절해했다. 재판관들의 엄숙한 질문에 답하면서 그는 이렇게 생각했을 것임에 틀림없다.
　"재판관들은 미친 것이 아닐까? 구구단처럼 분명한 일을 재판하고 있으니!"

재판은 절차대로 진행되었다. 증인들은 증언을 하고, 피고는 자기 생각을 진술했다. 그런 다음 끝으로 재판장은 판결을 내렸다.

1. 인간과 원숭이는 친척이 아니라고 인정됨.
2. 초등학교 교사를 이백 불의 벌금에 처함.

이렇게 미국의 재판은 다윈을 비롯한 많은 사상가나 연구가들에 의하여 수립된 인간의 기원에 대한 학문 전체를 부정했던 것이다.
　그러나 진리는 어디까지나 진리다. 재판의 판결 등으로 얼버무릴 수는 없다. 만약에 법정에 학자들이 호출됐다면 어떻게 됐을까? 그들은 많은 사실들을 이야기하여 학교 선생님이 바르다는 것, 학문에 관해서는 재판관이 반드시 재판관일 수 없다는 것을 증명했을 것이다.
　우리들은 인간과 원숭이가 친척이라는 증거로 이 책을 가득 채울 수 있다. 그러나 장황한 학자의 연구에 의하지 않고서도 침팬지와 성성이 사회에서 한 시간만 지내보면 어느 누구라도 인간이 원숭이와 매우 닮았다는 것을 알 수 있다.

우리들의 친척, 로자와 라파엘
　레닌그라드 근처에 코르츠시라는 마을이 있었는데, 그러한 이름보다도 그곳은 '조건 반사의 수도'로 유명했다. 이 마을에서 파블로프라는 위대한 학자가 조건 반사에 관한 학문을 구축했다. 이것을 기념하여 이 마을은 지금은 파블로프 마을로 불리고 있다.

최근의 일인데, 이 마을의 파블로프 연구소에 라파엘과 로자라는 두 마리의 침팬지가 보내졌다.

보통 사람들은 숲에서 사는 이 가련한 친척과 마주치게 되면 얼굴을 찡그린다. 그리고 곧 우리 속에 처넣는다. 그러나 이번에는 이 아프리카 숲에서 온 손님들은 대단히 융숭한 대접을 받았다. 우선 훌륭한 보금자리가 제공되었다. 침실, 식당, 욕실, 놀이방에서 공부방까지 갖추어져 있었다. 침실에는 푹신푹신한 침대, 침대 옆에는 보조 탁자가 있었다. 식탁에는 새하얀 보가 깔려 있었고 찬장에는 맛있는 음식이 가득 채워져 있었다.

이 사치스러운 집을 보고, 이것이 사람 사는 집이 아니라 원숭이의 집이라 생각한 사람은 하나도 없다.

식사 때에는 식탁에 접시와 수저가 놓였다. 밤에는 침대에 이불과 요, 그리고 베개를 팽팽하게 두드려 사용하기 좋게 해두었다. 그러나 때로는 이 손님들도 변덕을 부렸다. 식탁에 앉아서 수저를 들지 않고 입을 접시에 직접 대고 사탕조림을 빨기 시작했다. 그런가 하면 잠잘 때 베개를 베는 대신 머리에 이고 잤다.

그런 이유에서 로자와 라파엘이 인간과 완전히 같다고는 할 수 없었지만, 어쨌든 사람들과 비슷하게 행동하고 있었다.

예컨대 로자는 보통 주부에게 지지 않을 만큼 열쇠를 잘 다루었다. 열쇠 꾸러미는 대개 감시하는 사람의 호주머니에 들어 있었는데, 로자는 뒤로 살금살금 다가가서는 살짝 손을 호주머니 속에 넣었다. 잠깐 사이에 로자는 찬장 앞의 의자

위에 올라서서 조심스럽
게 열쇠 구멍에 열쇠를 꼽
는다. 찬장 유리문 너머에
는 먹음직스러운 살구와
포도가 그릇에 담겨 있다.
열쇠를 돌리고 어느 틈에
포도송이를 꺼낸다.

라파엘의 식사

 라파엘은 더 굉장했다!
실로 열심히 애를 쓰고 있
을 때 그의 모습을 당신에
게도 한번 보여주고 싶
다! 살구가 들어 있는 그
릇과 여러 가지 크기의 나
무토막이 교재였다. 나무
토막이라 해도 어린애가
가지고 노는 것보다 몇 갑
절이나 더 큰 것이었다.
가장 큰 것은 의자 높이의

라파엘의 행동

라파엘이 그림을 그리고 있다.

것이었고, 가장 작은 것이라 할지라도 그 높이는 발판보다
낮지 않았다. 살구가 들어 있는 그릇을 마루에서 훨씬 높은
곳에 매달았다. 요컨대 살구에 손이 닿게 하여 이것을 먹는
것이 여기에서 낸 문제였다. 라파엘은 처음에는 이 문제를
풀지 못했다.
 숲 속이라면 나무에 기어오르면 과일을 딸 수 있다. 그러
나 여기에서는 나뭇가지가 아니라 기어오를 것이라곤 나무

토막들밖엔 없다. 가장 큰 나무토막에 올라가도 그릇에는 손이 닿지 않는다. 나무토막을 이것저것 만지작거리고 있는 가운데 라파엘은 갑자기 발견했다. 나무토막을 쌓아올리면 살구에 훨씬 가까이 손이 닿게 되지 않을까 하는 것을. 얼마 되지 않아서 라파엘은 나무토막으로 피라미드를 만들게 되었다. 나무토막 세 개가 쌓인 피라미드, 그것이 네 개로, 다섯 개로 되었다. 이것은 그에게 있어서 쉽지 않은 일이었다. 엉터리로 쌓아서는 안 되고 정확한 순서에 따라 쌓지 않으면 안 되었기 때문이다. 처음에 가장 큰 것을, 다음에 작은 것을, 다음에 더욱 작은 것을 쌓는 식으로 말이다.

 실수하여 작은 나무토막 위에 큰 나무토막을 포갠 적이 한두 번이 아니었다.

 잘못하면 피라미드가 라파엘과 함께 무너져버릴 것 같았으나, 거기에까진 이르지 않았다. 그도 그럴 것이 라파엘은 원숭이 못지않게 민첩했기 때문이다. 그러는 가운데 문제가 풀렸다. 라파엘은 나무토막에 표시된 번호를 읽고 이해한 것처럼 큰 순서대로 7개의 나무토막을 모두 포개었다. 그릇 속에 손이 닿자 흔들흔들하는 피라미드의 꼭대기에 앉아서 만족스러운 듯이 정직하게 일하여 얻은 살구를 먹기 시작했다.

 이만큼 인간처럼 행동할 수 있는 동물이 또 있을까? 시험 삼아 개가 나무토막으로 피라미드를 세울 수 있을까 어떨까를 생각해보라. 개는 무척 현명한 동물이긴 하지만.

 라파엘이 일하는 모습을 관찰했던 사람은 그가 거의 인간을 닮고 있어서 놀랐다. 그는 한 개의 나무토막을 집어 어깨에 메고 한 손으로 잡고 피라미드 쪽으로 운반해가서 포개었으나 잘 포개지지 많았다. 그러면 라파엘은 이것을 마루에 내려놓고 생각이라도 하는 것처럼 잠깐 동안 나무토막 끝에 앉는다. 그러고서 한숨을 쉬며 다시 일에 착수하고 실수한 것을 고친다.

침팬지를 인간으로 만들 수 있는가

그러면 침팬지를 가르쳐 인간과 같이 걷고 말하고 생각하고 일하게 할 수 있을까?

그러한 것을 실제로 생각한 사람이 있다. 저 유명한 동물 조련의 명수인 둘로프는 밈스라는 침팬지의 교육에 적지 않은 노력을 기울였다. 밈스는 영리한 학생이었다. 수저를 쓰고 냅킨을 두르고 의자에 앉아 식탁보에 음식물을 흘리지 않았으며, 나아가 썰매를 타고 언덕에서 미끄러져 내려오는 일까지도 잘 익혔다.

그러나 역시 인간으로는 만들 수 없었다.

생각해보면 무리도 아니다. 인간과 침팬지의 길은 먼 옛날에 이미 서로 나누어져 있었기 때문이다. 인간의 조상은 나무에서 땅으로 내려와서 두 발로 걷고 양손을 쓰게 되었다. 그러나 침팬지의 조상은 언제까지나 나무 위에서 생활을 계속하여 점점 그러한 생활에 적응해갔다.

그러므로 침팬지는 전혀 인간과 같이 만들어져 있지 않다. 손도 발도 머리도 인간과 다르다.

침팬지의 손을 보라. 손의 구조가 인간의 손 구조와 전혀 다르다. 엄지손가락이 새끼손가락보다 작고, 더구나 인간의 엄지손가락처럼 옆으로 떨어져 있지 않다. 그런데 인간의

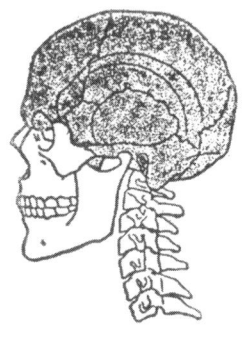 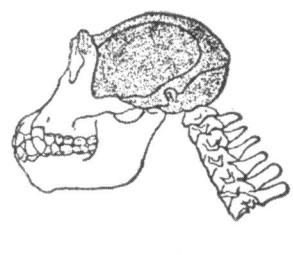

인간의 뇌　　　　　　　침팬지의 뇌

　엄지손가락은 손가락 중에서 가장 필요한 것이다. 손이라는 이름의 5명으로 구성된 노동자의 조장이다. 엄지손가락은 남은 네 개의 어느 하나와 짝지어져도, 또 모두와 함께 짝지어져도 일을 할 수가 있다. 그러므로 우리들 인간의 손은 모양이 다른 어떠한 도구라도 그것을 교묘하게 잘 다룰 수 있는 것이다.

　침팬지는 가지에서 과일을 잡아딸 때, 손으로 가지를 붙들고 발로 딴다. 땅 위를 걸을 때는 손가락을 구부려 버팀목으로 삼는다. 즉 쉴 새 없이 발을 손으로, 또 손을 발로 사용하고 있는 것이다.

　그런데 발과 손의 구조 외에 또 한 가지 매우 중요한 것이 있다. 침팬지를 인간으로 변화시키려고 했던 동물 조련사들은 이것을 잊고 있었다. 그것은 침팬지의 뇌가 인간의 뇌에 비하여 그 내용물이 매우 작고 구조도 인간의 뇌만큼 복잡하지 않다는 것이다.

　파블로프 박사는 오랫동안 인간 뇌의 기능에 관해 연구하고 있었다. 따라서 자기의 귀한 손님 로자와 라파엘의 행동에 크게 흥미를 느꼈다. 그것을 연구하기 위하여 침팬지의 집에 몹시 늦게까지 남아 있었다고 한다. 그렇지만 그들의 행동에는 질서도 없을 뿐더러 순서도 없었다. 한 가지 일에 손을 대자마자 곧 다른 일로 옮겨가곤 했다.

라파엘은 자못 진지한 얼굴을 하고 피라미드를 바라보고 있다. 그러다 공이 눈에 띄면 갑자기 나무토막을 버리고 털손으로 공을 만진다. 그런가 하면 금세 공을 잊고 마루를 기어가는 파리에 정신을 쏟는다.

어느 날 침팬지의 터무니없는 동작을 바라보고 있던 파블로프 박사는 자기도 모르게 중얼거렸다.

"아, 지독하군, 지독해."

침팬지의 터무니없는 동작는 확실히 그 뇌의 터무니없는 기능에서 비롯된 것이다. 그것은 인간의 뇌의 질서와, 통제가 잘되어 있는 기능과 비슷한 것 같으나 전혀 비슷하지 않다. 그렇다 해도 원숭이는 영리한 동물이다. 숲 속의 생활에, 눈에 보이지 않는 많은 사슬에 매여 있는 소세계 속의 생활에 잘 적응하고 있는 동물임에는 틀림없다.

어느 날 로자와 라파엘의 집에 영화감독이 그들을 촬영하기 위하여 왔다. 시나리오를 보면 그들을 잠시 동안 제멋대로 놀게 내버려두도록 되어 있다. 앞마당에 놓아주었더니 그들은 곧 가까운 나무에 기어 올라가서 양손으로 가지에 매달려 매우 기쁜 듯이 그네를 타기 시작했다. 저 사치스러운 집보다 나무 위쪽이 훨씬 자기 집 같았을 것임에 틀림없다.

아프리카의 고향에서는, 침팬지는 숲의 위층에 살고 있다.

나뭇가지에 자신의 보금자리를 만든다. 적의 습격을 당하면 나무 꼭대기로 도망간다. 과일이나 나무 열매 등 식량은 나무에서 얻는다.

이처럼 침팬지는 평평한 땅보다 깎아지른 듯한 나무줄기 쪽이 훨씬 다니기 편하다고 할 만큼 나무에 적응되어 있다. 따라서 숲이 없는 곳에서는 침팬지를 발견할 수 없을 것이다.

고향에서 침팬지가 어떠한 생활을 하고 있는가를 연구하기 위하여 아프리카 카메룬 지방에 있었던 학자가 있다.

그 학자는 침팬지를 10마리 정도 잡아 숲 속의 농장 곁에 풀어놓았다. 그렇게 하면 자기 집처럼 느끼게 될 것이다. 그러나 그들이 도망치지 못하도록 눈에 보이지 않는 우리를 만들었다. 그것도 도끼와 톱 두 가지 도구로만 만든 우리다.

학자의 분부대로 나무꾼들은 숲의 일부만을 남겨두고 주위의 나무는 모두 베어버렸다. 따라서 그 숲의 일부는 트인들의 한가운데에 있는 하나의 고도처럼 되었다. 즉 이 숲의 섬에서 침팬지들을 살게 했던 것이다.

학자의 생각은 예상대로 맞아 떨어졌다. 원숭이는 숲의 동물이다. 따라서 도망친다 해도 숲으로부터는 함부로 도망치지 않는다. 백곰이 사막에서 살아갈 수 없는 것처럼 원숭이는 트인 장소에서는 살아갈 수 없다.

그렇다면 침팬지는 숲으로부터 나올 수 없는데, 그 친척인 인간은 어떻게 하여 숲으로부터 나올 수 있었을까?

인간이 걷는 것을 배우다

숲에서 살던 우리의 조상이 그 우리에서 빠져나온 것은 하루아침에 이루어진 것은 아니었다. 그들이 자유로이 되어 나무가 없는 평야에 나오게 되기까지는 몇십만 년이라는 세월이 걸리고 있다.

나무에 사는 동물이 숲에 묶여 있는 사슬을 끊기 위해서는 무엇보다 먼저 나무에서 내려와 땅 위를 걷는 것을 배우지 않으면 안 될 것이다.

오늘날에도 인간이 걷는 것을 배우는 것은 그리 쉬운 일이 아니다. 탁아소 등에서 '기엄기엄'이라고 불리는 어린애들의 조를 살펴본 일이 있다. 기엄기엄이라는 것은 이제 얌전히 있지는 않지만, 아직 걸을 수 없고 기어 돌아다니는 어린애의 짓거리를 가리킨다. 이 기엄기엄이 이윽고 걸음마로 바뀌기까지는 한 달이 아니라 더 많은 시간이 걸릴 것이다. 손을 짚는다든지, 주위에 있는 물건을 잡지 않고 걷는다는 것은 결코 쉬운 일이 아니다! 그것은 자전거를 타는 것을 배우기보다 훨씬 어려운 일이다.

걷기를 배우는 데 어린애가 몇 개월이 걸린다고 했지만, 우리들 조상의 경우에는 몇 개월이 아니라 몇천 년이 걸렸던 것이다.

물론 나무 위에서 살던 그 시절에도 조상들은 잠깐 동안 땅 위에 내려오는 일은 있었다. 그때에 땅에 손을 대지 않고 뒷발로 두세 걸음 걸은 일도 있었을 것이다. 마치 침팬지가 때때로 해보이는 것과 같은 정도로.

그러나 두세 걸음 걷는다는 것과 오십 걸음에서 백 걸음을 걷는다는 것은 전혀 딴 문제다.

어떻게 하여 손이 자유롭게 되었는가

숲에서 살던 우리들의 조상들은 나무 위에서 이리저리 뛰어다니고 있을 무렵에도 발과 구별하여 손을 사용할 줄 알고 있었다. 손으로 과일이나 나무 열매를 따고, 손으로 나무줄기 사이에 보금자리를 만들었다.

나무 열매를 잡을 수 있다면 그 손으로 돌과 막대기도 잡을 수 있는 것이다. 그리고 돌이나 막대기를 잡은 손은 같은 손이면서도 훨씬 강해지고 길어진 손이라 할 수 있을 것이다. 돌로는, 이로 깰 수 없는 단단한 나무 열매 껍데기를 부술 수 있다. 막대기로는 먹을 수 있는 나무뿌리를 파낼 수 있다.

이렇게 해서 인간은 새로운 방법으로 점차 여러 가지 먹을 것을 얻게 되었다. 몽둥이로 땅을 파헤쳐 나무뿌리나 구근(球根)을 얻었다. 고목 그루터기를 돌로 치거나 깨뜨려 애벌레를 잡았다.

단, 이렇게 손을 일하게 하기 위해서는 걷는다는 별도의 임무에서 손을 해방시켜 주지 않으면 안 된다. 손이 바쁘지 않으면 않을수록 발은 그만큼 걷는다는 것에 정성을 다하지 않으면 안 된다.

이리하여 손은 발을 걷게 하고, 발은 일할 수 있게 손을 자유롭게 해방시켜 주었다.

이제까지 보지 못한 새로운 생물이 지상에 나타났다. 이 생물은 뒷발로 걷고 앞발로 일을 했다.

언뜻 보기엔 이 생물은 보통 짐승과 비슷하다. 그러나 그들이 막대기나 돌 같은 것을 도구로 사용하고 있는 것을 잘 보라. 곧 당신은 "과연 이것이라면 이제 먼 옛날의 인간이라 해도 이상하지 않다"고 말할 것이다. 참으로 그와 같이 도구를 사용하는 것은 사람만이 할 수 있는 일이기 때문이다. 동물에게는 도구 같은 것은 없다.

산토끼나 두더지는 땅을 팔 때 삽 따위는 쓰지 않고 자기 발을 사용한다. 쥐가 나무를 갉을 때는 칼 따위는 사용하지 않고 자신의 이를 사용한다. 또 딱따구리가 나무껍질에 구멍을 낼 때는 끌 따위를 사용하지 않고 자기 입부리를 사용한다.

우리들의 조상에게는 끌 대신 쓸 수 있는 부리도 없었으며 삽 대신 쓸 수 있는 발도, 칼같이 날카로운 이도 없었다.

그 대신 어떤 이나 부리도 능가하는 것이 있었다. 그들에게는 손이 있었다. 이 손으로 땅 위에서 돌로 된 이와 나무 발톱을 마음대로 고를 수 있었다.

인간이 땅 위로 내려오다

그런데 이와 같은 일이 진행되고 있는 동안에 지상의 기후는 조금씩 변해갔다. 우리들의 조상이 생활하고 있었던 숲 주변은 밤의 추위가 점차 강해지고 겨울의 추위도 차츰 심해져갔다. 기후는 아직 따뜻한 편이었으나 이제 덥다고는 할 수 없었다.

언덕 북쪽에 있던 종려나무, 목련, 월계수 등의 상록수는 어느 사이에 모습을 감추고 떡갈나무와 보리수가 그 자리를 대신했다.

현재에도 강변 지층에서 고대의 떡갈나무와 보리수 나뭇잎의 화석이 자주 발견되는데, 아마 빗물에 의해서 강으로 운반되었을 것이다.

무화과나 포도는 찬바람을 피해서 골짜기나 남쪽 비탈길로 옮겨갔다. 열대성 숲의 경계는 멀리 남쪽으로 물러났다. 그와 함께 이 숲의 주민도 남쪽으로 물러나야 했다. 고대 코끼리는 사라지고, 예의 사벨 호랑이의 모습도 보기 힘들게 되었다.

이전에는 발 옮길 틈도 없이 무성했던 덤불도 어느 사이에 드문드문해지고 양지바른 빈터로 변하여, 굉장히 큰 사슴이나 코뿔소가 풀을 뜯어먹고 있었다. 원숭이의 무리 중에 떠나버린 것도 있고 죽은 것도 있었다.

숲에서는 포도도 점점 줄어들어 갔다. 무화과와 같은 열매가 있는 나무는 찾기가 매우 어려워졌다. 뿐만 아니라 숲 속은 함부로 나돌아다니지 못하게 되었다. 숲이 드문드문하게 된 덕분에 이쪽 나무 숲에서 저쪽 나무 숲으로 옮겨가기 위해서는 달리지 않으면 안 되었다. 그런데 나무 위의 주민이 땅 위를 달리는 일은 그만큼 쉬운 일이 아니다. 우물쭈물하고 있으면 금방 재빠른 육식동물의 먹이가 되고 만다.

그렇다고 해서 달리 어떠한 방도가 있는 것도 아니다. 굶주림이 우리들의 조상을 나무로부터 몰아냈다.

그들은 번번이 나무에서 내려와 먹이를 찾아 땅 위로 분주하게 돌아다녀야 했다.

그러나 살기에 익숙해진 우리를 벗어난다는 것, 자기가 적응하고 있었던 숲의 세계를 벗어난다는 것은 생물에 있어서 무엇을 의미하는 것일까?

그것은 숲의 규칙을 부순다는 것이요, 자연 속의 그 장소에 생물을 묶어놓고 있는 사슬을 끊는다는 것이다. 물론 짐승도 새도 변화한다. 변화하지 않는 것은 이 세상에는 하나도 없다. 그러나 변화한다는 것은 결코 쉬운 일도 아니고 간단한 일도 아니다. 발에 날카로운 발톱이 있는 숲 속의 조그만 동물이 말로 변하는 데는 몇백만 년이라는 긴 세월이 걸렸다. 어떤 자식도 양친과 거의 틀림이 없다. 이전의 종족과 닮지 않은 새로운 종족이 형성되기까지는 몇천만의 세대가 필요한 것이다.

그렇다면 우리들의 조상은?

만일 우리들의 조상이 그 습성이나 습관을 완전히 바꿀 수 없었다면 그들은 좋든 싫든 간에 원숭이 족과 함께 남쪽으로 물러나지 않을 수 없었을 것이다. 그러나 이 시기에는 그들은 이미 원숭이와는 달라져 있었다. 돌이나 나무로 만들어진 이나 손톱을 사용하여 먹이를 손에 넣는 방법을 익히고 있었다. 숲 속에서는 맛있는 남쪽 과일이 점점 적어져갔지만, 그들은 별로 곤란을 받지 않았다. 없으면 없는 대로 어떻게든 해나갔다. 숲이 드문드문해진 것도 크게 어렵지는 않았다. 그도 그럴 것이 그들은 이미 땅 위를 걸을 수 있었으며, 나무 없는 트인 공지도 두려워하지 않았기 때문이다. 적과 부딪칠 경우에는, 무리는 한데 뭉쳐 손에 돌이나 몽둥이를 들고 자신을 지켰다.

기후가 변한 지독한 시대도 원숭이에 가까운 우리들의 조

도구를 사용하는 우리들의 조상(상상도)

상을 멸망시킬 수는 없었으며, 물러나는 열대성 숲과 함께 그들을 물러나게 하지 못했다. 오히려 그들이 인간으로 변하는 것을 재촉했을 뿐이었다.

 그러면 우리들의 친척인 다른 원숭이 족속은 어떻게 되었을까?

 열대성 숲과 함께 물러나서 역시 원래의 숲의 주민 그대로 남아 있었다. 물러나고 싶지 않더라도 물러날 수밖에 없었다. 왜냐하면 그들은 우리들의 조상보다 발달이 뒤지고 도구를 사용할 수 있을 만큼 진화되지 못했기 때문이다.

 힘없이 숲 위층에서 살면서 능숙한 무리는 나무를 기어오르거나 가지에 매달리거나 하는 것이 점차 훌륭해질 따름이었다.

 그만큼 능숙하지 않고 또한 그만큼 훌륭하게 나무 위의 생활에 적응할 수 없었던 무리에게는 또 다른 운명이 기다리고 있었다. 대부분은 죽어버렸고, 그들 중에서 가장 크고 가장 강한 것들만이 살아남았다.

그러나 몸통이 크고 무거워질수록 나무 위의 생활은 어려워진다. 좋든 싫든 그렇게 몸집이 큰 원숭이 족속은 나무에서 땅으로 내려갈 수밖에 없었다. 예를 들면 고릴라는 현재에도 숲의 일층에 살고 있다. 그리고 지상에서 적과 마주치면 돌이나 몽둥이가 아니라 강한 턱에 기른 크나큰 송곳니로 자신을 지키며 산다.

없어진 사슬의 고리

인간도 두 개의 발로 갑자기 빨리 걷게 된 것은 아니다. 처음 얼마 동안은 아마 위태위태하게 비틀비틀 걸었을 것이다. 그 무렵의 인간, 인간이라기보다는 원인(猿人)이라고 불러야 할 그들은 어떤 모습이었을까?

살아 있었던 모습 그대로의 원인은 어디에도 남아 있지 않다. 그렇다면 적어도, 뼈라도 지상 어디에 남아 있지 않을까? 그 뼈만이라도 발견되면 인간의 기원은 원숭이라는 것이 결정적으로 증명될 수 있다. 왜냐하면 원인은 가장 오래된 인간이요, 원숭이에서 오늘날의 인간으로 연결되는 사슬 중의 하나인 중간 고리이기 때문이다. 그런데 이 중요한 고리는 진흙이나 모래 속으로, 강바닥의 흙 속으로 흔적도 없이 모습을 감추고 말았다.

고고학자는 지면을 판다. 단 지면을 파기 전에 어느 곳을 파헤치고 어느 곳에서 사라져버린 고리를 찾을 것인가를 결정하지 않으면 안 된다. 지구 위를 빠짐없이 찾는다는 것은 그렇게 쉬운 일이 아니다. 지구상에서 고대 인간의 뼈를 찾는 일은 사막에서 바늘을 찾는 것보다 훨씬 어려울 것이다.

19세기 말엽에 에른스트 헤켈이라는 독일의 유명한 학자는 이러한 설을 새웠다. 원인[학술 용어로는 피테칸트로푸스(Pithecanthropus)]의 뼈는 남아시아에 있지 않을까? 그리고 나아가 헤켈은 피테칸트로푸스의 뼈가 발견될 만한 장소를 지도상에 명시했다. 그곳은 순다 열도였다.

헤켈의 설은 세상에서는 그다지 신빙성이 없는 것으로 여겨졌다. 그러나 이 설은 흐지부지 사라지지 않았다. 이것에 확신을 가진 인물이 나타났다. 이 인물은 일체의 일을 버리고 순다 열도로 가서 피테칸트로푸스의 뼈를 찾기로 결심했다.

이 인물은 암스테르담 대학에서 해부학을 강의하고 있던 유젠 듀보아 박사다.

그의 많은 동료 교수들은 모두 고개를 저으며 보통 머리의 사람이라면 결코 그러한 짓은 안 할 것이라고 말했다. 요컨대 듀보아 교수를 미친 사람 취급하듯 했다. 왜냐하면 그들 교수들은 모두 보통 머리의 사람들로, 그들에게는 양산을 들고 집에서 학교에 이르는 조용한 암스테르담의 거리를 매일 왕복하는 것만이 유일한 여행이었기 때문이다.

듀보아는 결심한 계획을 실행하기 위해 대학을 그만두고 육군에 입대했다. 그리고 군의관 자격으로 암스테르담을 떠나 먼 땅 수마트라 섬을 향해 출발했다.

수마트라 섬에 닿자 듀보아는 곧장 발굴 작업에 착수했다.

피테칸트로푸스의 뼈를 찾고 있는 자바 섬의 발굴 작업

그의 지시에 따라 고용된 인부들은 몇 개의 산을 쌓을 만큼 땅을 파고 또 팠다. 1개월이 지나고 2개월, 또 3개월이 지났으나 바라던 피테칸트로푸스의 뼈는 눈에 띄지 않았다.

사람은 무엇인가 잃은 것을 찾을 때는 적어도 그 잃은 물건이 어디쯤 있으며, 열심히 찾기만 하면 반드시 발견된다는 것을 알고 있다. 그러나 듀보아의 경우는 그런 가망성이 없었다. 그는 무턱대고 손으로 더듬어 찾는 격으로, 피테칸트로푸스의 뼈라는 것이 실제로 존재하는 것인지 아닌지조차 확실치 않았다. 그래도 듀보아는 끈기 있게 버티어내며 그 탐색을 계속했다. 1년이 지나고 2년, 또 3년이 지났다. 그러나 '잃어버린 고리'는 아무리 해도 발견되지 않았다.

이런 일이 듀보아의 경우가 아니고 다른 사람의 경우였다면, 이러한 구름을 잡는 것과 같은 탐색을 벌써 포기했을 것이다. 이 듀보아조차도 때로는 실의에 빠졌음에 틀림없다.

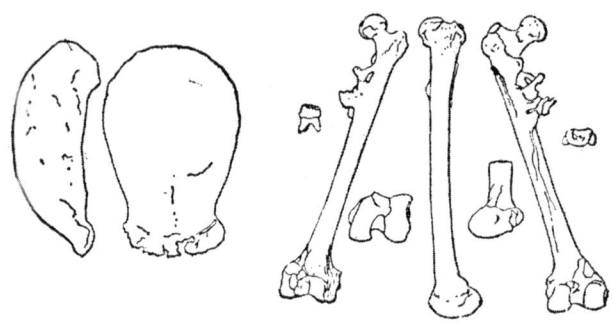

피테칸트로푸스의 뼈

그러나 그는 한 번 계획한 일은 좀처럼 체념하지 않는 사람이었다.

수마트라에서는 피테칸트로푸스가 발견될 것 같지 않아, 듀보아는 순다 열도의 다른 섬에서 모험을 하기로 했다.

행운은 끝내 그를 찾아왔다. 토리닐이라는 마을 근처에서 피테칸트로푸스의 두개골과 아래턱 조각 그리고 몇 개의 이와 대퇴골을 발견했다. 조금 후에 다시 대퇴골 조각 몇 개가 더 발견됐다.

듀보아는 자기 조상의 얼굴을 관찰하면서 부족한 부분을 상상으로 보충해보았다. 그러자 뒤로 깎인 듯이 달리는 낮은 이마와, 움푹 들어간 눈 위의 굵은 눈썹의 선이 떠올랐다. 이 얼굴은 인간의 얼굴보다도 원숭이의 얼굴을 더 많이 닮고 있었다. 그러나 두개골을 조사해보면 피테칸트로푸스가 원숭이보다 훨씬 영리한 생물이었음을 알 수 있었다. 그 뇌의 용적은 인간에 제일 가까운 원숭이보다도 훨씬 컸다.

두개골, 몇 개의 이, 몇 개의 뼈 조각 이것만으로는 부족하였다. 그래도 그것을 연구하여 듀보아는 여러 가지 생각을 어울려 맞출 수 있었다. 대퇴골과 그 위에 붙어 있는 근육이나 힘줄의 희미한 흔적을 조사하여, 피테칸트로푸스는 그럭저럭 두 다리로 걷게 되었을 것이라고 판단했다.

이렇게 하여 듀보아는 우리 조상의 옛 모습을 그

피테칸트로푸스는 이러한 모습이었을 것이다. 아직 진짜 인간으로는 되어 있지 않지만, 이것을 원숭이라고 부를 수도 없다.

려냈다. 보라, 그는 다리의 무릎을 구부리고 긴 손을 늘어뜨리고 몸을 앞으로 구부리고 숲 속을 어정거리고 있다. 밑으로 늘어진 눈썹 아래서 눈은 아래만 보고서 먹을 것이 있나 하고 땅 위를 둘러보고 있다.

확실히 이것은 원숭이는 아니다. 그러나 아직 인간도 아니다. 듀보아는 자기가 발견한 이 생물에 이름을 붙여주었다. '서 있는 원인'이라는 이름을. 원숭이와 비교하면 정말로 그는 서서 걷고 있었다. 그는 '직립 원인(直立猿人)' 피테칸트로푸스 에렉투스(Pithecanthropus Erectus)라고 불리고 있다.

피테칸트로푸스의 발견으로 목적은 달성된 듯이 보였다. 그러나 듀보아에 있어서는 제일 괴로운 시절이 이 순간에 시작되었다. 인간의 완강한 편견을 타파한다는 것이 두터운 지층을 돌파하는 일보다 훨씬 어려웠다.

인간의 기원이 원숭이라는 것을 완강하게 부인하던 무리

들은 듀보아의 발견에 대하여 비난의 화살을 퍼부었다. 가사를 걸친 고고학자들이나 프록코트를 입은 고고학자들은 듀보아가 발견한 두개골은 긴팔원숭이의 것이며, 대퇴골은 현재의 인간의 것이라고 주장했다. 요컨대 이 원인을 원숭이와 인간을 더한 것, '원숭이+인간=원인'이라는 산술식으로 변화시키고 말았는데, 그러고도 안심이 안 된 듀보아의 반대자들은 다시금 발굴 연대에 의심을 두어 그러한 뼈는 몇십만 년 전에 땅 속에 매몰되어 있었던 것이 아니라고 주장했다. 간단히 말해서 어떻게 해서든지 피테칸트로푸스 따위는 매장해버리고 말겠다는 속셈이었다. 본래대로 이것을 땅에 다시 파묻고 깨끗이 잊어버리고 싶었던 것이다.

그러나 듀보아는 이런 기세에 꺾이지 않고 자기의 주장을 지켰다. 이 발견이 학문에 있어 중대한 발견이라는 것을 안 사람들은 모두 그를 지지했다.

공격하는 사람들을 향해 듀보아는 이렇게 답했다. 피테칸트로푸스의 두개골이 긴팔원숭이의 두개골일 수는 없다. 긴팔원숭이는 앞머리에 융기가 없지만 피테칸트로푸스는 분명히 그것이 있지 않은가?

그 후 몇 해가 지났다. 사람들은 피테칸트로푸스를 아직도 역시 의심스러운 눈으로 바라보고 있었다.

이때 피테칸트로푸스와 매우 비슷한 새로운 원인이 뜻밖에도 북경에서 발견되었다.

지금으로부터 50여 년 전의 일이다. 어느 학자가 한방약을 보러 북경의 어떤 약방에 들렀다.

진열장에는 여러 가지 진기한 것이 진열되어 있었다. 사람

모습을 하고 있
는 인삼 뿌리, 여
러 가지 동물의
뼈나 이, 온갖 부
적의 재료, 그 중
에서 하나의 이
가 학자의 눈에
띄었다. 그것은

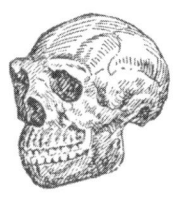

두개골을 기초로 시난드로푸스의 얼굴을 그려본 것이다.

짐승의 이라고는 할 수 없지만 현재의 인간의 이와는 확실히 구분되는 것이었다.
　학자는 이 이를 사 가지고 유럽의 어느 박물관에 보냈다. 박물관에서는 주의 깊게 '중국의 이'이라는 이름을 붙여 이것을 목록에 수록했다.
　그로부터 20여 년 후 뜻밖에 북경 근방의 방산현(房山懸) 주구점(周口店)의 석회 동굴에서 그러한 이가 두 개 발견되고, 얼마 후 이 이의 주인도 발견되었다. 학자들은 이것에 시난트로푸스(Sinanthropus: 북경 원인) 라는 이름을 붙였다.
　그런데 그 주인을 발견했다고 말했지만, 실상은 실물과 똑같은 모습으로서가 아니라 여러 가지 다른 뼈의 집합 형태로 발견했던 것이다. 이는 50개 정도, 두개골은 3개, 턱뼈가 11개, 대퇴골 한 조각, 어깨뼈, 팔뼈, 발뼈 한 조각, 이런 것들이 거기에 있었던 것이다.
　물론 이 동굴에 살고 있던 것은 머리는 셋이고 발은 하나밖에 없었다는 것은 아니다.
　문제는 간단히 설명된다. 그 동굴에는 시난트로푸스 하나

제1장 인간은 어떻게 하여 인간이 되었을까　61

가 아니라 많은 시난트로푸스가 살고 있었다. 그 많은 뼈는 몇십만 년 동안에 어디론가 없어지기도 하고 짐승들이 끌어 가기도 했으리라. 그런데 지금 동굴에 남아 있는 뼈만으로도 거기에 살고 있던 것들의 모습을 상상해내기에는 충분하다. 학자란 손가락 하나를 보고서도 그로부터 이미 인간 전체의 모습을 훌륭하게 조립해낼 수 있다.

그러면 그 머나먼 옛 시대에, 우리들의 조상은 어떤 모습을 하고 있었을까?

정확히 말하면 그들은 결코 미남, 미녀는 아니었다.

갑자기 그들을 만나면 당신은 깜짝 놀라 뒤로 물러서리라. 그만큼 이 인간은 앞으로 튀어나온 얼굴에 손은 길고 털이 많아 아직 원숭이에 가깝다. 그래서 일시적으로 원숭이라고 생각하게 되겠지만, 곧 당신은 그 생각을 지워버리게 된다. 그도 그럴 것이 인간처럼 서서 걷는 원숭이는 없고 이렇게 인간의 얼굴을 닮은 원숭이 역시 없기 때문이다.

다시금 그 동굴 안까지 살짝 시난트로푸스의 뒤를 밟아 들어가보면 당신의 의혹은 틀림없이 모두 해소될 것이다.

그는 지금 구부러진 발을 어색하게 질질 끌며 강변을 느릿느릿 걸어간다. 갑자기 모래 위에 앉는다. 알맞은 돌을 찾아낸다. 그 돌을 들고 바라보다가 다른 돌을 깨뜨려본다. 이윽고 일어나서 찾아낸 것을 소중히 들고 다시 걷기 시작한다. 길은 강변 쪽의 높은 곳으로 이어져 있다. 거기에는 동굴의 입구가 있고 그 끝에는 동료들이 모두 모여 있다. 털보 노인이 영양(羚羊)의 몸뚱이를 도끼로 베어내고 있다. 옆에서는 여자들이 손으로 고기를 잘게 찢고 있다. 아이들은 고기를 달라고 조르고 있다. 동굴 안쪽에서 타오르고 있는 모닥불이 이 광경을 물들이고 있다.

여기서는 아무리 당신일지라도 고개를 끄덕이게 될 것이다. 모닥불을 피우고 돌도끼를 쓰는 원숭이가 어디에 있을까?

그러나 여기서 당신은 이상하게 생각할지도 모른다. 시난트로푸스가 도구를 만들거나 불을 이용하거나 한 것을 도대체 어디에서 알아냈을까?

이 의문은 주구점의 동굴 자체가 대답해줄 것이다. 그곳을 발굴했을 때 발견된 것은 뼈만이 아니라 그 밖에 흙과 뒤섞인 두터운 재의 층이라든가, 조잡한 석기류라든가 하는 여러 가지 것이 있었다.

석기는 2천 개 이상 발견되었다. 재의 층은 7미터나 되었다. 이로써 시난트로푸스는 매우 오랜 동안 동굴 속에서 살고 있었으며, 불도 오랜 세월에 걸쳐 죽 피우고 있었음을 알 수 있다. 아마도 그들은 불을 일으키는 방법은 몰랐을 것이다. 먹이가 될 만한 나무뿌리나 도구용 돌을 주워모은 것처럼 그 불도 어디선가 주워왔을 것이다.

산불이 나면 거기서 불을 발견할 수가 있다. 아직 타고 있는 불씨를 주워 시난트로푸스는 이것을 조심스럽게 집으로 가지고 돌아왔다.

이렇게 해서 동굴 속에서 비바람을 피하며 귀중한 보석같이 이 불을 계속 소중히 간직했던 것이다.

3

인간이 자연의 법칙을 깨뜨리다

우리들의 조상은 돌이나 몽둥이를 손에 들었다. 이렇게 해서 그들은 훨씬 강하고 자유롭게 되었다. 이제는 가까운 곳에 좋은 과일이나 열매가 여는 나무가 있는지 없는지는 중요하지 않다. 그들은 집을 떠나 먹을 것을 찾아 떠날 수가 있다. 하나의 소세계인 숲 속에서 다른 소세계로 옮겨가거나 트인 공지에서 언제까지나 오래 있을 수도 있다. 그리하여 지금까지 먹게 되어 있지 않았던 것까지도 손을 댈 수 있게 되었다.

이리하여 모험에 가득 찬 그 생활의 시초부터 인간은 일찍이 자연계에 존재하고 있는 법칙의 파괴자가 되고 있다.

나무 위에 살면서, 나무에서 내려와 땅 위를 걸어다니기 시작한다. 그뿐인가? 뒷발로 일어서서 운명이 정해준 것과는 다른 식으로 걷는다. 그리고 한 걸음 더 나아가 늘 먹게 되어 있지 않았던 것을 먹고, 지금까지의 방식과는 다른 방식으로 먹을 것을 찾아다닌다.

자연 속에서는 어떤 동물이나 식물도 서로 '먹이사슬'로 결합되어 있다. 어느 숲 속에서 다람쥐가 전나무의 씨를 먹고 있으면, 이 다람쥐를 족제비가 잡아먹는다. 여기에서 전나무의 씨―다람쥐―족제비라는 사슬이 생긴다. 그러나 다람쥐가 먹는 것은 전나무의 씨만이 아니다. 버섯도 먹는다. 다람쥐를 먹는 것은 족제비만이 아니라 매를 비롯하여 많은 육식 동물도 다람쥐를 먹는다. 그리하여 제2의 사슬이 생긴다. 버섯이나 나무 열매—다람쥐—매. 숲 속의 주민들은 모두 이러한 사슬로 결합되어 있다.

우리들의 조상도 역시 먹이 사슬에 의하여 자기 주위의 세계와 연결되어 있었다. 예를 들면 그는 과실을 먹고, 그를 사벨 호랑이가 잡아먹는다.

그러나 그는 갑자기 이것들의 사슬을 끊어낸다. 그는 이제까지 먹지 않았던 것을 먹기 시작한다. 사벨 호랑이는 몇십만 년간 그들의 조상을 계속 잡아먹어 왔으나, 지금 그는 이러한 호랑이의 먹이가 되는 것을 완전히 거부한다.

그는 어떻게 하여 이렇게 강해졌을까? 어떻게 해서 맹수의 날카로운 이가 기다리고 있는 땅으로 내려올 마음이 그에게 들게 되었을까? 그것은 고양이가 나무에서, 개가 이를 세우고 숨어 기다리고 있는 땅으로 내려오는 것과 같은 일이 아닌가?

그것은 그들의 손이 사람에게 용기를 주었기 때문이다. 그 손에 잡은 돌과 먹이를 얻는 데 사용한 몽둥이, 그것이 또한 몸을 지키는 데도 쓸모가 있었다. 인간의 최초의 도구는 또한 무기로도 되었다.

게다가 인간은 결코 혼자서 숲을 쏘다니지 않았다.

이제는 맨손이 아니라 무기를 들고 한 떼를 이루어 맹수에 저항했다.

그 밖에 불을 잊어서는 안 된다. 불을 사용해서 인간은 어떤 위협을 가해오는 짐승도 위협하여 쫓아버릴 수 있었다.

손의 흔적

나무로부터 땅으로, 숲 속에서 강 연변의 골짜기로—이것이 나무에 묶여 있던 사슬을 끊고 인간이 더듬고 있던 코스다.

그렇지만 인간이 강 연변의 골짜기로 향했다는 것을 어떻게 알 수 있는가?

그것은 그 흔적이 남아 있기 때문이다.

그렇다 하더라도 인간의 흔적이 어떻게 하여 오늘날까지 분명히 남아 있을 수 있는가? 인간의 흔적이라 하여도 그것은 흔히 있는 흔적을 말하는 것이 아니다. 또 발이 남긴 흔적도 아니다. 그것은 손이 남긴 흔적을 말한다.

지금으로부터 1백여 년 전의 일로, 프랑스의 솜므 강 골짜기에서 인부들이 일을 하고 있을 때의 일이다. 강의 적토층(積土層) 속에서 모래, 자갈과 작은 돌들이 나왔다.

멀고 먼 옛날, 솜므 강이 아직 젊고 자신이 흘러갈 길을 처음 열고 있을 무렵에는 대단한 급류여서 큰 바위까지도 예사로 떠내려가게 하고 있었다. 이 물줄기 속에서 마찰 때문에 바위는 깎여서 자갈로 되어 갔고 울퉁불퉁한 것은 둥글게 되어 갔다. 그러는 사이에 강물은 점차 안정된 물줄기를 이루었고 물에 마모된 둥근 돌 위에 모래나 흙이 쌓여갔다.

인부들의 삽은 모래나 진흙 밑에서 그 둥근 돌을 파냈던 것이다.

여기서 기묘한 일이 일어났다. 둥근 돌 중에서 조금도 둥글지 않고 양쪽을 잘라낸 것 같은 뾰족한 모양의 돌이 발견된 것이다.

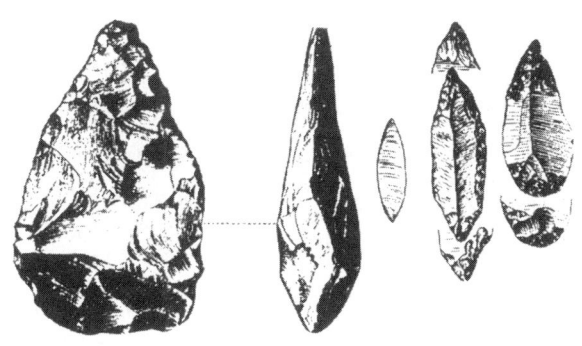

석기(石器). 인간의 손이 아니고서는 돌에다 이런 형태를 줄 수가 없다.

누가 이런 모양을 만들었을까? 강은 아니다. 강이라면 둥글게 깎았을 것이 아닌가?

이 이상한 돌은 이 지방에 사는 부슈 드 페르트라는 학자의 눈에 띄게 되었다. 페르트의 집에는 솜므 강의 강기슭에서 발견한 여러 가지 발굴물이 산더미처럼 수집되어 있었다. 거기에는 매머드의 이도 있었으며, 코뿔소의 뿔도 있었고, 동굴 곰의 두개골도 있었다. 이런 괴상한 유물들의 주인은 옛날에 지금의 말이나 양이 그랬듯이 물을 찾아 자주 솜므 강의 강기슭에 내려왔었음에 틀림없다.

그렇다면 고대의 인간은 어디 있었을까? 부슈 드 페르트도 그 뼈만은 어떻게 해도 찾아낼 수가 없었다.

모래 속에서 파낸 이상한 돌을 주목하게 된 것은 바로 이 무렵이었다. 도대체 누가 돌의 양쪽을 이처럼 뾰족하게 만들 수 있을까? 부슈 드 페르트는 고개를 끄덕였다. 이러한 것을 만들 수 있는 건 인간뿐이다.

그는 흥분하며 출토품을 조사하였다. 물론 이것은 고대인

제1장 인간은 어떻게 하여 인간이 되었을까 67

의 유골은 아니었다. 그러나 고대인의 유품이고 고대인의 생활의 흔적임은 의심할 여지가 없었다. 강이 이렇게 만든 것이 아니라 인간의 손이 이렇게 만든 것임이 확실했다.

부슈 드 페르트는 이 발견에 관한 책을 썼다. 책에는 대담하게 이러한 제명을 붙였다. 《창조론 생명의 기운과 진화에 대하여》.

여기에서 또 싸움은 시작되었다. 마치 듀보아를 뒤쫓듯이 사람들은 부슈 드 페르트에게 여기저기서 덤벼들었다.

유명한 고고학자들은, 시골에 사는 이름 없는 고고품 애호가의 말은 과학적인 가치가 없고, 그의 '돌도끼'는 위조물이라고 비난했다. 게다가 그의 저서는 교회에서 가르치는 인간 창조설에 위배되므로 고발할 필요가 있다고 주장했다.

부슈 드 페르트와 그 반대자들과의 싸움은 15년이나 계속되었다.

부슈 드 페르트는 백발의 노인이 되었다. 그렇지만 인류가 먼 고대로부터 비롯되고 있다는 것을 입증하기 위해 끝까지 싸움을 계속했다. 그는 처음의 저서에 이어서 제2, 제3의 책을 써냈다.

힘으로는 비교도 되지 않았지만, 부슈 드 페르트는 승리했다. 지질학자인 찰스 라이엘과 프레스토비치가 돕기 위해 급히 달려왔다. 이 두 사람은 솜므 강 골짜기로 와서 채석장을 조사하고 부슈 드 페르트의 수집물을 연구하여 확인한 후에 드 페르트가 발견한 도구들은 고대 인간의 도구들임에 틀림없다고 발표했다. 그것은 아직 코끼리나 코뿔소가 프랑스를 걸어 돌아다니고 있었던 시대에 그곳에 살고 있었던 인간의 석기 도구였다.

《인간의 고대 문화의 지질학적 논증》이라는 라이엘의 저서는 드 페르트의 반대자들을 침묵시켰다. 그러자 이번에는 모두들 드 페르트가 발견한 것은 새로운 것이 아니라, 고대인의 도구라면 이전부터 얼마든지 발견되어 있었다라고 트집을 잡았다.

이에 대하여 라이엘은 다음과 같이 대답하고 있다. "학문이 어떤 중요한 것을 발견하면 그때마다 사람들은 꼭 그것이 종교에 저촉된다고 하고, 나중에는 그런 것은 이전부터 알려져 있었던 것이라고 말하는 법이다."

오늘날에도 드 페르트가 발견한 것 같은 석기는 많이 발굴되고 있다. 그것이 제일 많이 발견되는 곳은 강변의 자갈 채취장이다.

이렇게 해서 오늘날 노동자의 삽은 인간들이 막 일하기 시작한 시절의 도구와 땅 속에서 자주 마주친다.

고대 석기 중에서 가장 오래 된 것은 돌로 때려서 양쪽이 부서진 것이다. 잘못 부수면 산산조각이 난다. 그런 조각도 석기에 섞여서 나오고 있다.

이 석기가 요컨대 골짜기나 개울로 유혹되어 나간 인간의 손의 흔적인 것이다. 거기에서, 강의 진흙 속이나 개울 위에서 인간은 인공 발톱이나 부리를 만들기에 적당한 재료를 찾고 있었던 것이다.

그것은 이제 진짜 인간의 행위라고 말해도 좋다. 동물도 먹이나 동굴을 만드는 데 필요한 재료를 찾을 수 있다. 하지만 동물은 자신의 발톱이나 이를 만드는 데 필요한 재료를 찾는 일은 결코 하지 않는다.

살아 있는 삽과 항아리

동물의 기술에 관하여 우리는 읽거나 들은 일이 있다. 동물 중에는 건축 기사도 있고 석공, 방직공도 있고 재봉사까지 있다. 비버를 예로 들어보자. 이 동물은 강하고 날카로운 앞니로 나무꾼에 못지않을 정도로 나무를 베어 넘어뜨리고, 줄기와 가지로 진짜와 똑같은 댐을 만든다. 개울을 막아 꽤 훌륭한 저수지를 만든다.

극히 평범한 숲 속의 불개미는 또 어떠한가! 막대기로 개미집을 파보라. 몇 층의 빌딩으로 이루어져 있는 것을 보고 경탄할 것이다. 개미의 집이 침엽수 잎과 가지로 만들어져 있는 것을 발견하게 될 것이다.

그런데 이러한 의문이 생긴다. 인간이 그들의 건축물을 파괴하지만 않는다면 언젠가는 비버든 불개미든 인간을 따라잡게 되지 않을까? 만약 1백만 년이 지난다면 불개미가 그

댐을 만들고 있는 비버

들의 신문을 읽고 불개미 공장에서 일하고 비행기를 띄우고 라디오로 불개미의 음악을 듣는 일이 일어나게 되지 않을까?

그러나 안심하라. 그런 일은 결코 일어나지 않는다. 왜냐하면 인간과 불개미 사이에는 한 가지 엄청나게 큰 차이점이 있기 때문이다.

그 차이점이란 무엇일까?

인간이 불개미보다 크다는 것일까?

아니다.

그렇다면 불개미에게는 다리가 여섯 개 있는데, 사람에게는 둘밖에 없다는 것일까?

아니다. 그런 것은 문제가 되지 않는다.

인간은 어떻게 일하고 있는가? 인간은 직접 손과 이를 사용하여 일을 하지 않고 도끼나 망치를 가지고 일을 하고 있다. 불개미의 집을 아무리 둘러보아도 도끼 하나 삽 하나 보이지 않는다.

무엇인가를 자를 필요가 있을 때 불개미는 머리에 달려 있는, 살아 있는 가위를 도구로 쓴다. 흙을 팔 필요가 있을 때는 살아 있는 네 개의 삽을 이용한다. 그것은 늘 몸에 달고 있는 네 개의 발을 말하는 것이다. 즉 앞쪽의 두 발로 땅을 파고 뒤쪽의 두 발로 그 흙을 위로 던진다. 그때 한가운데 있는 두 발은 몸을 지탱하는 역할을 한다.

식기(食器)도 개미의 세계에서는 살아 있는 것을 사용한다. 개미의 종족에 따라서 개미집에 굴 창고가 즐비하게 늘어서 있고, 그곳은 살아 있는 항아리로 가득 차 있다. 어두운

살아 있는 통이 가득 차 있는 지하실

지하실 낮은 천장 아래에 어느 것이나 모두 같은 모양을 한 것들이 매달려 있다. 그 통은 꼼짝도 않는다. 그렇지만 개미가 지하실에 들어가서 촉각으로 통을 두세 번 치면 갑자기 통은 살아 있는 것처럼 움직이기 시작한다.

이 통에는 머리도 있고 가슴도 발도 있다. 통이라는 것은 사실은 천장의 들보에 매달려 있는, 항아리 구실을 하는 개미의 크게 부푼 복부인 것이다. 턱을 열면 입 속에서 꿀이 줄줄 나온다. 일개미는 기운을 보충하러 거기에 왔기 때문에 이 꿀을 핥고서 다시 일하러 나간다. 그러면 항아리 개미는 같은 항아리 개미 사이에 끼여 또다시 꾸벅꾸벅 잠자기 시작한다.

이것이 개미의 '살아 있는 몸'의 기술인 것이다. 개미의 세계에서는 도구도 그릇도 인간의 세계의 것처럼 인공의 것이 아니라 영원히 자신의 몸에서 떼어낼 수 없는 천연의 것이다.

비버에 있어서도 도구는 역시 살아 있는 도구다. 그들은 도끼가 아닌 이빨로 나무를 자른다. 즉 개미든 비버든 자신의 도구를 만들 수 없다. 태어나면서부터 도구가 갖추어져 있는 것이다.

녹색 딱따구리도 마찬가지다.

딱따구리는 식사할 때 나이프도 포크도 사용하지 않는다. 그의 도구라면 입부리 하나뿐이다. 이것으로 전나무의 열매를 깨고 그 속에서 씨를 빼낸다. 딱따구리는 자신의 식기를 잠잘 때도 떼어놓지 않는다. 그 이유는 간단하다. 입부리가 바로 그의 식기이기 때문이다.

마치 인간이 호두까기를 호두에 사용하고 코르크 따개를 코르크에 사용하는 것과 마찬가지로 딱따구리는 이 입부리를 전나무 열매에 사용하는 것이다. 이것이 틀리는 점이다.

언뜻 보면 이것은 매우 편리한 듯하다. 살아 있는 몸의 도구이므로 줄어들지도 않고 어디에 떨어지는 일도 없다. 그러나 조금만 생각해보면 이 기구는 생각하는 만큼 훌륭한 것은 아니라는 것을 누구나 알게 될 것이다. 그것은 수선할 수도 개조할 수도 없다.

비버는 나이 들어 앞니가 약해져도 이것을 고치러 갈 곳이 없다. 개미는 발이 고장나도 공장에 주문해서 더 상태가 좋고 또한 빠르게 흙을 팔 수 있는 새롭고 완전한 발을 만들어 달라고 할 수 없다.

손 대신 삽을 가진 인간

다른 동물과 마찬가지로 사람에게도 아직 살아 있는 몸의 도구만 있고 나무, 쇠, 강철로 만든 도구가 없다고 생각해 보자.

그는 새로운 도구를 발명할 수도 없고 낡은 도구를 개조할 수도 없을 것이다. 삽이 필요했다면 그는 삽 모양의 손을 갖고 태어났으리라. 이것은 아주 터무니없는 이야기지만, 가령 그와 같은 손을 가진 사람이 태어났다고 하자. 그는 반드시 땅 파는 데 명수가 될 것이다. 그러나 자신의 기술을 남에게 전달할 수는 없다. 아무리 눈이 좋은 사람일지라도 자기 눈을 남에게 빌려줄 수는 없기 때문이다.

그런데 자신의 삽 손을 일 년 내내 몸에 달고 다녀야 한다면 다른 일을 하는 데 이번에는 방해가 될 것이다. 또한 그 사람이 죽게 되면 이 삽도 이 세상에서 사라질 것이다. 그 사람과 더불어 땅 속에 매장되고 말기 때문이다.

그렇더라도 어쩌다가 이 삽이 자손에게 전해질 수도 있지 않은가? 그의 손자 또는 증손자의 누군가가 머리털의 빛깔이나 코의 모양을 계승하듯이 이런 삽이 자손에게 유전될 수도 있는 것이다.

그런데 그뿐만 아니라 그것이 동물에게 있어서 해롭지 않고 이롭다면 살아 있는 몸의 도구는 종족에 유전되고 보존되는 것이 당연한 일이다.

만일 사람이 두더지처럼 살고 있다고 한다면 물론 삽 손은 필요한 것이 되리라.

그러나 땅 위에서 살아가는 생물에게는 그러한 손은 불필요한 것이다.

 인공적 도구가 아닌 자연이 주는 살아 있는 몸의 도구—그러한 새로운 도구가 만들어지기 위해서는 많은 조건이 필요하다. 다행히도 인간은 그러한 것을 기대하지 않았다. 그는 손 대신에 삽이 생겨나기를 기다리지 않았다. 그는 그것을 스스로 만들었다. 삽뿐 아니라 칼도 도끼도 그 밖의 많은 도구도.

 인간은 조상으로부터 물려받은 20개의 손가락·발가락과 32개의 이 외에도 나아가 수천 수백 가지 모양의 인공 손가락이나 이, 손톱, 주먹을 덧붙였다. 긴 것, 짧은 것, 굵은 것, 가는 것, 날카로운 것, 무딘 것, 찌르는 것, 자르는 것, 때리는 것 등을.

 그 덕분에 인간은 다른 모든 동물과의 경주에서 어떤 동물도 전혀 따라잡을 수 없을 정도의 스피드를 손에 넣게 되었던 것이다.

 인간이 하는 일과 강이 하는 일

 인간이 겨우 막 인간이 되었을 초기에는 돌 발톱이나 돌이를 만들지 않고 단지 주위모으는 일만을 하였다. 마치 우리들이 딸기나 버섯을 따서 모으는 것처럼 강가를 걸어다니면서 자연의 손에 의하여 깎이고 뽀족해지고 예리해진 돌을 그들은 끈기 있게 찾았다.

 이와 같이 스스로 만들어진 '천연'의 날이 있는 도구는, 대개 강이 심하게 소용돌이치며 흐르는 곳에서 발견되었다. 이 소용돌이는 많은 돌을 마치 커다란 감자를 씻는 것처럼 심한 마찰로 깎고 때리곤 하였다. 그러나 소용돌이는 자신이 하는 '일'이 어떤 것을 낳는가에 대해서는 그다지 관심을 두지 않는다. 따라서 자연이 만들어낸, 수없이 많은 돌 중에 인간에게 쓸모 있는 것은 거의 없었다. 그렇더라도 그다지 이상한 일은 아니다.

그래서 사람은 스스로 필요한 것을 돌로 만들기 시작하였다. 즉 도구를 만들기 시작한 것이다.

인간의 역사 속에서 그 후 수없이 되풀이되는 일이 일어났다. 천연의 것을 인공의 것으로 대치한다는 것이다. 자연에는 없는 새로운 것을 만들어내기 위하여 인간은 자연의 커다란 공장 한구석에 자신의 공장을 세웠다. 이리하여 석기를 만드는 공장이 생기고, 그로부터 수천 년이 지나서 금속을 만드는 공장이 생겼다. 좀처럼 발견하기 어려운 천연 금속을 사용하는 대신 광석에서 금속을 뽑아내기 시작하였다. 이리하여 자신이 발견한 것에서 자신의 손으로 만든 것으로 옮겨갈 때마다 인간은 자연의 엄격한 지배에서 벗어나 자유를 향한 새로운 일보일보를 내딛고 있었던 것이다.

인간은 맨 처음에는 도구의 재료를 스스로 만들 수 없었다. 따라서 우선 자연 속에 만들어져 있는 재료를 취해 그것을 새로운 형태로 만들어내는 것을 배웠다.

돌을 취해 다른 돌로 이것을 때려 새로운 형태를 만들어 냈다.

고고학자들은 '타제 석기'라든가 '돌도끼'라고 말하고 있는데, 그러한 도구는 돌을 자르는 데 편리했다. 잘려진 조각도 또한 유용했다. 이 조각으로 자르거나 날카롭게 하거나

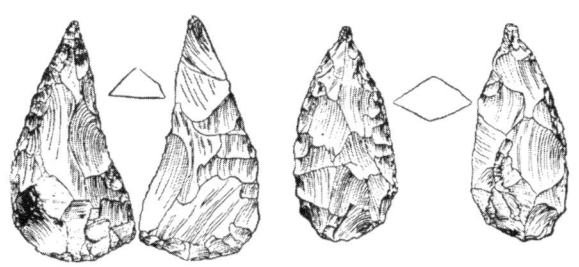

키크 코바에서 발견된 돌도끼

쪼갤 수 있었다. 땅 속 깊은 곳에서 발견되는 고대의 도구는 자연에 의하여 다듬어진 돌과 별 차이가 없었다. 따라서 이것을 만든 것이 인간인지 그렇지 않으면 강인지, 그것도 아니면 열기와 냉기인지 확실하지 않다. 열기라든가 냉기라는 것도 강물의 흐름과 짝지어져야 역시 돌을 깨거나 깎거나 할 수 있는 힘이 생기기 때문이다.

조금도 의심할 여지가 없는 다른 도구도 발견되고 있다. 옛날의 강기슭은, 지금은 진흙이나 모래의 두터운 층에 파묻혀 있으나, 이것을 파내어 고대인의 일터를 그대로 찾아내게 되는 일이 있다. 거기에는 완성해놓은 돌도끼나 이제 막 돌도끼로 만들려고 했던 미완성품들도 있다.

이런 돌도끼를 잘 보면 인간이 돌을 깎기 위해 어디쯤을 두드렸는지, 어떻게 평평하게 하고 있었는지를 분명히 알 수 있다.

이와 같은 제품은 자연에는 없다. 이것을 만들 수 있는 것은 인간뿐이다.

그도 그럴 것이 자연 속에서 만들어진 것에는 모두 목적도

제1장 인간은 어떻게 하여 인간이 되었을까 77

없고 계획도 없다. 강의 소용돌이는 별다른 생각 없이 단지 닥치는 대로 돌을 친다. 같은 일을 하더라도 인간에게는 목적이 있고 생각이 있다. 여기에서 이 세계에 비로소 목적이나 계획이란 것이 나타난다. 자연의 손으로 만들어진 돌에 손을 대면서 인간은 조금씩 자연을 바꾸고 개조하기 시작한다.

이것이 또한 인간을 다른 동물보다 한 단계 높은 곳으로 끌어올리고, 그에게 한층 더 커다란 자유를 부여하게 되었다. 그는 이제 자연이 적당한 돌을 만들어주기를 기대할 필요가 없게 되었기 때문이다. 그는 지금 스스로 자신을 위한 도구를 만들 수 있는 것이다.

전기(傳記)의 시초

인간의 전기라는 것은 보통 언제 어디서 태어났는가라는 데서 시작된다.

이를테면 "이반 이바노비치 이바노프는 1897년 11월 23일 담보프 시에서 태어났다"는 식으로 말이다.

똑같은 것을 보다 문학적으로 표현하는 경우도 있다.

"1897년의 가을에는 음울한 비가 계속 내리고 있었다. 이반 이바노비치 이바노프가 담보프 교외의 쓰러져가는 작은 집에서 태어난 것은 마침 그러한 때였다. 그는 자기 이름과 고향의 이름을 드날릴 운명을 타고 태어났던 것이다."

이 이야기는 이제 72페이지까지 이르러 있지만, 아직 우리의 주인공이 언제 어디서 태어났는지는 이야기하지 않았다. 고백하건대 실상은 주인공의 이름조차 확실히 말하지 않았다. '원인'이라고 말했는가 하면, '고대인'이라고 하거나 보다 애매하게 '우리들의 숲 속에 살던 조상'이라고 말하기도 했다.

여기서 그에 관해 약간 변명하고자 한다.

우선 주인공의 이름에 관해서부터 시작해보자.

우리들은 무척 마음에 걸렸지만, 아무리 해도 주인공의 이름을 정할 수 없었다. 왜냐하면 그 이름이 너무도 많기 때문이다.

어떤 전기를 펼쳐보아도 맨 처음 페이지부터 맨 마지막 페이지에 이르기까지 주인공의 이름은 하나로 정해져 있다. 주인공은 성장한다. 어린이에서 어른이 되고, 콧수염이 나더라도 그 이름은 대개의 경우 변하지 않는다. 태어났을 때 이반이란 이름이 붙여지면, 그는 일생을 마칠 때까지 여전히 이반이다.

그러나 우리들의 주인공의 경우에는 사정이 매우 복잡하다.

페이지가 달라짐에 따라 좋든 싫든 그 이름을 바꾸지 않으면 안 되게 되어 있다.

아직 원숭이와 몹시 비슷했던 최초의 인간에 대하여서 우리는 이를 피테칸트로푸스라 부르기도 하고, 시난트로푸스라고 부르기도 하고 또한 하이델베르크 원인(原人)이라 부르기도 한다.

하이델베르크 원인이 남긴 것은 겨우 턱뼈 한 개뿐인데, 그것이 독일 하이델베르크 시 근처에서 발견되었다. 이 턱뼈를 살펴보면, 그 주인에게는 인간이라는 이름을 붙여도 무방할 것 같은 생각이 든다. 이는 짐승보다는 인간의 이에 가깝고 송곳니는 원숭이와 같이 다른 이 위로 튀어나와 있지 않다.

그렇지만 하이델베르크 원인도 아직 진짜 인간은 아니다. 그것은 원숭이처럼 턱이 급하게 뒤로 쓰러져 있는 것을 보면 잘 알 수 있다.

피테칸트로푸스, 시난트로푸스, 하이델베르크 원인!

같은 시대, 같은 발달 단계에 있는데도 우리의 주인공에게는 벌써 세 개의 이름이 있다.

게다가 이 주인공은 언제까지나 변하지 않는 바도 아니다. 그는 점차 현재 인간에 가까워져간다. 마치 갓난 아이가 소년으로 변하고 소년이 청년으로 변하는 것처럼 가장 오래 된 인간의 뒤에는 네안데르탈 원인이 있고, 그 다음엔 크로마뇽인이 있다.

한 사람의 주인공에게 얼마나 많은 이름이 있는 것일까!

그러나 우리는 서둘러 앞으로 나아가지는 말자. 이 절(節)에서 주연공의 이름은 '피테칸트로푸스, 시난트로푸스, 하이델베르크 원인'이다.

이것은 도구의 재료를 찾기 위해 강가를 걸어다니고 있었던 그 사람을 말한다. 이것은 돌로 돌을 깎고 옛날 강바닥에서 지금 발견되고 있는 저 조잡하고 허술한 돌도끼를 만들고 있던 그 사람을 말한다.

자, 보라. 주인공에게 이름을 붙이는 것은 그렇게 쉬운 일이 아닌 것이다. 그의 탄생 연도를 정하는 일은 더욱 어렵다.

언제 태어났는가에 대해서는 어떻게도 말할 수 없다. 왜냐하면 인간은 어느 한 해에 인간이 된 것이 아니기 때문이다. 인간이 걷게 되고 도구를 만들게 되기까지는 실로 몇십만 년이라는 세월이 걸리고 있다. 만약 인간의 나이는 얼마나 되느냐고 묻는다면, 대략적으로는 대답할 수 있을 것이다. 약 1백만 년.

가장 어려운 일은 주인공이 태어난 장소를 정하는 일이다.

우선 우리들은 주인공의 할머니가 살고 있었던 장소를 확인해보기로 했다. 이것은 현재도 조사되고 있는 원숭이에 관한 것으로, 이 원숭이로부터 인간도 침팬지도 또 고릴라도 태어났다고 볼 수 있다. 학자들은 이 원숭이를 드리오피테쿠스라고 부르고 있다. 우리들이 드리오피테쿠스의 거주지를 찾기 시작하자, 드리오피테쿠스는 여기저기에 많다는 사실을 알게 되었다. 중부 유럽에도 동아프리카에도 또 남아시아에도 있었다. 학자들에게 들어보면 최근에 남아프리카에서 여러 가지 재미있는 것이 발견되었다고 한다. 숲이 아닌 트인 평지에서 살면서 뒷발로 걸을 수 있었던 원숭이의 뼈가 발견되었다는 것이다.

여기에서 다시 한 번 피테칸트로푸스와 시난트로푸스의 뼈는 아시아에서, 하이델베르크 원인의 턱뼈는 유럽에서 발굴되었다는 것을 되새겨보자. 도대체 이것으로 어떻게 인간의 고향이 어디인가를 알아맞힐 수 있겠는가? 어느 나라는 커녕 대륙을 정하기조차 곤란해진다.

우리들은 달리 생각해보았다. 그렇다면 가장 오래 된 인간의 도구가 발견된 장소를 살펴보면? 왜냐하면 도구를 만들기 시작한 바로 그때에 인간은 겨우 인간이 되었던 것이기 때문이다. 이 도구 덕택으로 인간이 나타났던 최초의 장소를 알 수 있게 될지도 모른다.

남아프리카에서 인간과 매우 비슷한 고대 원숭이의 두개골 조각이 발견됐다. 이 원숭이는 아무리 보아도 오스트랄로피테쿠스로밖에 생각되지 않는다.

세계 지도를 펴놓고 가장 오래 된 도구, 즉 돌도끼가 발견된 장소를 표시해보았다. 표시된 곳이 상당히 많아졌다. 가장 많은 곳은 유럽이었지만, 아프리카에도 아시아에도 몇 개의 표시가 되어 있었다.

이러고 보면 결론은 단지 하나밖에 없다. 인간은 구대륙, 즉 유럽과 이것에 연속되어 있는 대륙에서 나타났던 것이며, 그것도 한 군데가 아니라 여러 곳에서 나타났던 것이라는.

아마도 그러했으리라. 인류가 단지 한 쌍의 원숭이 부부, '원숭이 아담'과 '원숭이 이브'에서 나왔다고는 생각할 수 없기 때문이다. 원숭이가 인간으로 변한 것은 한 떼의 원숭이 무리, 한 장소에서의 사건은 아니다. 그것은 두 발로 걷고 손으로 일하게 되었던 원숭이가 살던 곳에서는 어디서나 일어났던 사건인 것이다. 그들이 일을 시작함과 동시에 성질이 다른 새로운 힘이 작용하기 시작했다. 그것은 그들을 인간으로 면모시킨 힘이며 노동력이라고 불리는 것이다.

인간이 시간을 벌다

어떻게 하여 철을 손에 넣는가, 어떻게 하여 석탄을 취하는가, 어떻게 하여 불을 만드는가 등에 대해서는 누구나 알고 있다.

그렇다면 시간을 벌기 위해서는 어떻게 해야 했는가?

이것을 알고 있는 사람은 의외로 적다.

그러나 인간이 시간을 버는 것을 알게 된 것은 먼 옛날의 일이다. 도구를 만들기 시작하자 인간은 생활 속에 새로운 일, 진짜 인간의 일, 요컨대 노동이라는 것이 나타나게 되었다. 이 노동에는 시간이 필요하다. 석기를 만드는 데는 우선 그에 적합한 돌덩이를 찾지 않으면 안 된다. 어떤 돌이든 쓸모 있다고는 할 수 없기 때문이다.

가장 적합한 것은 단단하고 강한 돌이다. 하지만 그런 돌은 함부로 굴러다니지 않기 때문에, 그것을 찾아내야 한다. 그것을 찾기 위해서는 얼마간의 시간을 소비해야 하며, 때로는 허탕을 치는 경우도 있다. 그럴 경우에는 그다지 단단하지 않은 돌덩이로 만족하든지, 그렇지 않으면 사암(砂岩)이나 석회암(石灰岩) 같은 무른 재료로 대신할 수밖에 없다.

그러는 가운데 뜻밖에 적합한 돌이 발견된다. 그 돌을 필요한 모양으로 만들기 위해서는 딴 돌로, 즉 돌도끼로 쳐서 평평하게 하기도 하고 깎기도 해야 한다. 그러면 또한 이 일을 하기 위해 시간이 필요해진다. 어쨌든 일하는 것이 익숙하지 않았기 때문에 인간의 손가락은 아직 지금처럼 잘 놀려지지 않았고 재빠르지도 못했다. 따라서 하찮은 돌도끼를 만드는 데도 현재 강철로 도끼를 만드는 데보다 훨씬 많은 시간이 소요됐다.

그러면 이 시간을 어디서 얻었을까?

원시인에게는 자유로울 시간이 없었다. 아마도 오늘날의

가장 바쁜 사람보다도 훨씬 시간이 없었을 것이다. 아침부터 밤까지 숲 속이나 숲의 공지를 쏘다니면서 먹을 것을 찾고, 먹을 것만 있으면 무엇이든 자신의 입과 자식들의 입에 넣었다. 먹을 것을 찾아다니며 먹는 일—잠자는 시간을 빼고 나머지 시간은 모두 그것을 위해 사용했다. 하지만 먹을 것이 풍족하지 않았기 때문에 그들은 곤란을 겪었다.

사실 딸기, 나무 열매, 달팽이, 쥐, 나뭇잎, 먹을 수 있는 나무뿌리, 애벌레 따위가 그들의 먹을거리였다면 그들은 이런 것들을 도대체 얼마나 많이 먹어야만 했을까!

사슴의 무리는 현재의 숲 속에서 버섯류를 먹으며 살아가고 있다. 그 무렵에 인간도 무리를 지어 숲 속에서 그러한 생활을 하고 있었다. 하루를 몽땅 먹이 찾기와 먹는 일로 보낸다면 일하는 시간 따위는 없지 않겠는가?

여기에 묘한 일이 일어났다. 일에는 이상한 성질이 있다. 일은 시간을 빼앗기만 하는 것이 아니라 시간을 주기도 한다. 사실 그러하다. 다른 사람이 8시간에 할 일을 당신이 4시간에 해치웠다면 당신은 4시간의 시간을 번 것이 아닌가? 또 두 배나 빨리 일할 수 있는 도구를 발명해냈다면 그것은 그때까지 이 일을 위해 사용하고 있었던 시간의 반을 벌어 자유로이 보낼 수 있게 되었음을 뜻한다.

이러한 시간을 버는 방법을 이제 옛 인간은 발견하게 되었다.

돌을 깎는 데는 많은 시간이 소요된다. 그 대신 그 후는 날카로운 돌을 가지고 나무껍질을 벗겨 애벌레를 잡는 일이 매우 수월해진다.

돌로 몽둥이를 깎기 위해서도 역시 상당히 오랫동안 일하지 않으면 안 되지만, 그 대신 이 몽둥이를 사용하면 땅 속에서 먹을 수 있는 나무뿌리를 캐내거나 혹은 풀 사이를 어슬렁거리는 작은 동물을 때려잡는 일이 매우 쉬워진다.

이 때문에 먹이를 모으는 일이 빨라지게 되면 일에 소요되는 시간이 그만큼 남아 돌아가게 된다. 그리하여 먹이를 찾고 남은 시간을 도구를 만드는 데 사용하던 인간은 그 도구를 점점 더 훌륭한 것으로 만들어간다. 이리하여 새로운 도구가 만들어질 때마다 먹을 것도 더 많이 얻게 되었다. 즉 시간을 더욱 많이 벌게 되었다.

특히 많은 시간을 인간에게 가져다준 것은 사냥이다. 반시간만 쓰면 하루치의 식량이 될 만한 고기를 얻을 수가 있었다. 하지만 처음에는 좀처럼 고기를 얻기가 어려웠다. 몽둥이나 돌로써는 커다란 짐승을 잡을 수가 없으며 들쥐 따위를 잡으려고 해서는 시간만 낭비할 뿐이다.

인간은 아직 진짜 솜씨 좋은 사냥꾼은 아니었다. 그렇다면 인간은 무엇이었는가?

그들은 채집가(採集家)였다.

인간 채집가

오늘날 채집가가 되는 일은 조금도 어렵지 않다. 그런 기분으로 숲 속을 돌아다니면 누구든지 버섯이나 딸기를 딸 수 있다. 이끼 속에서 갈색 머리의 식용 버섯을 찾아내거나 풀 사이에서 눈이 번쩍 뜨일 만큼 새빨간 버섯을 갑자기 발견하거나 할 때의 그 기분을 어떻게 말로 표현할 수 있는가! 이끼나 풀 속을 헤집고 통통하게 살찐 버섯의 단단한 줄기를 살살 뽑아낼 때의 그 재미!

하지만 만약 버섯이나 딸기 채집이 당신의 본업이라면 어떨까? 늘 만족할 수 있을까? 바구니를 가득 채우고 덤으로 모자에 넘치도록 버섯을 따서 돌아올 때도 있겠지만, 때로는 아침부터 밤까지 하루 종일 돌아다녔지만 바구니가 텅 빈 채로 돌아올 때도 있을 것이다.

우리들이 알고 있는 열 살 난 아이는 언제나 숲으로 가면서 이렇게 자랑한다.

"자, 오늘은 맛있는 버섯을 백 개 따올게요."

그런데 대개는 빈 바구니로 돌아온다. 만약 이 아이의 집에 다른 먹을 것이 없다고 한다면 굶어죽을 수밖에 없었으리라.

먼 옛날 인간 채집가의 생활은 훨씬 나빴다. 그래도 굶어죽지 않았다면, 그것은 그들이 오로지 먹을 것을 찾는 데 하루를 다 보내고 아무것이나 먹은 덕분이다. 과연 나무 위에 서 있던 조상들보다 강해지고 자유롭게는 되었지만, 늘 배고파하고 있는 가엾은 생물 이상의 것은 아니었다.

이런 데다가 이 지상에 무서운 재난이 닥쳐왔다.

4

재난이 닥쳐오다

어떠한 원인 때문이었는지 지금에 이르러서도 아직 확실

히 알 수 없으나, 여하튼 북쪽에 있던 얼음이 그 자리를 떠나 남쪽으로 떠내려가기 시작했다. 거대한 빙산의 흐름은 산과 들을 덮치고, 경사면을 도려내고 산꼭대기를 갈아 편편하게 하고 암석을 부수었다. 마치 전리품처럼 산더미 같은 부서진 조각들을 운반해갔다. 그것이 앞으로 나아감에 따라 빙산이 녹아 이제 빙하가 아닌 보통 강이 되어 이번에는 무서운 기세로 자신의 강바닥을 파면서 앞으로앞으로 흘러갔다.

 물밀듯이 공격해오는 대군(大軍)처럼 빙산은 이에 발맞추어 북쪽으로부터 내습해왔다. 그러자 산골짜기나 분지로부터 우군(友軍)이 내려왔다. 그것은 산빙하(山氷河)였다.

 빙하가 흘렀던 길은 들판에 산재해 있는 빙하석을 더듬어 가면 알 수 있다. 이따금 깊은 솔밭 속에서 이끼가 낀 거대한 돌을 볼 수 있다. 이런 돌은 대체 어디서 이런 데로 온 것일까? 빙하가 운반해온 것이다.

 북쪽의 빙하는 그 이전에도 남쪽으로 내려온 일이 여러 차례 있었으나, 이렇게 먼 곳까지 내려온 일은 이번이 처음이었다. 러시아에서는 빙하가 훨씬 남쪽에 있는 현재의 스탈린그라드 시나 드네프로페트로프스크 시가 있는 데까지 내려왔다. 서유럽에서는 중부 독일 산맥에까지 이르렀으며, 또한 지금의 영국 여러 섬들 거의 모두를 뒤덮어버렸다. 미국에서는 큰 호수들이 있는 지방보다 훨씬 남쪽까지 내려왔다.

 빙하의 발걸음은 빠르지 않으므로 인간이 살고 있는 주변에서 그 기색을 느끼기까지는 상당히 오래 걸렸다. 빙하의 기색을 맨 먼저 알아차린 것은 육지의 동물이 아니고 바다의 동물이었다.

해안은 여전히 이전처럼 따뜻하였다. 숲 속에서는 아직 월계수도 목련도 무성했다. 넓은 들에서는 크게 자란 풀을 밟으면서 코끼리, 코뿔소와 같은 남쪽 지방의 거대한 짐승들이 거닐고 있었다. 하지만 바다 속은 급속히 차가와졌다. 바다 속을 흐르고 있는 강물인 해류는 북쪽으로부터 빙하의 찬 기운과 때로는 빙산 조각들을 날라왔다.

해안의 흙을 조사해보면 따뜻한 바다가 찬 바다로 변하고 있었던 상태를 지금도 역시 확실하게 알 수 있다. 육지에서는 아직 온대성 식물이나 동물이 살고 있을 때에 바다 속의 주민은 벌써 변하고 있었다. 그 무렵의 지층을 파내보면 차가운 물 속에서만 살 수 있는 종류인 연체동물의 껍데기를 많이 발견할 수 있을 것이다.

숲의 싸움

그러는 가운데 육지에서도 빙하가 가까워지고 있음을 느낄 수 있게 되었다.

북극이 천천히 남쪽으로 미끄러져 내려왔다고 하면 지나친 과장일까! 하지만 툰드라나 북쪽 지방의 침엽수가 자리를 옮겨 남쪽으로 내려온 것은 그 때문이었다.

툰드라는 밀림에 도전하고 밀림은 후퇴하면서 활엽수의 숲을 공격했다.

숲의 대전쟁이 시작되었다. 그러나 숲은 오늘날에 있어서도 전쟁을 하고 있다. 이를테면 전나무와 백양나무는 첫날부터 적이었다. 전나무는 음지를 좋아하고 백양나무는 양지를 좋아한다.

전나무 숲에서는, 백양나무는 그 전나무의 응달 때문에 자라지 못한다. 그러나 사람이 전나무를 베어버리면 백양나무는 밝은 빛을 받아서 금방 원기를 되찾아 쭉쭉 자란다.

홀연 주위의 모습이 변한다. 전나무 발치 가까이에서 자라고 있던, 응달을 좋아하는 이끼류는 죽어버린다. 아직 어리다 하여 사람이 베지 않고 남겨두었던 어린 전나무는 햇빛을 지나치게 받아 바싹 말라간다. 커다란 어미 전나무가 살아있을 무렵에는 그 넓은 초록의 스커트 덕분에 어린 전나무도 살아갈 수가 있었다. 이제 햇빛을 막아주는 것이 없어지자 어린 전나무는 바싹바싹 말라갈 수밖에 없다.

그 대신에 백양나무는 승리의 환성을 올린다. 지금까지는 그 적수였던 전나무의 사이에서 새어나오는 빛을 겨우 붙잡았을 뿐이었다. 헌데 그 전나무가 베어졌다. 이제는 백양나무의 천하가 된 것이다.

이리하여 울창했던 전나무의 숲 뒤에 활짝 트인 밝은 백양나무의 숲이 나타난다.

시간이 지난다. 시간은 위대한 일꾼이다. 조금씩 눈에 띄지 않게 숲 속의 집들을 고쳐 세워나가고 있다. 백양나무는 점점 높아지고, 가지는 자라고, 위쪽에서는 가지와 가지가 서로 얽히게 된다. 그러자 그림자가 생기게 되어 처음에는 활짝 트이고 속이 들여다보였지만, 점차 울창해지고 약간 어두워진다. 그것은 확실히 백양나무의 승리였다. 그러나 이 승리는 실제로는 패배로의 제일보가 되었던 것이다.

인간이 자신의 그림자 때문에 죽었다는 이야기는 여태껏 한 번도 들은 적이 없다. 그러나 나무의 세상에서는 그런 일이 흔히 일어나고 있다. 이윽고 백양나무의 그늘 때문에 그 적인 전나무가 소생한다. 백양나무가 햇빛을 좋아하는 것처럼 전나무는 그늘을 좋아하기 때문이다. 머지않아 땅 위는 어린 전나무의 따끔따끔한 솔과 같은 초록색 잎으로 뒤덮인다. 그로부터 몇십 년이 지나면 전나무의 키가 백양나무의 키를 능가하게 된다. 숲은 얼룩덜룩해진다. 백양나무의 밝은 녹색을, 검고 끝이 뾰족한 전나무의 꼭대기가 뚫고 나간다. 전나무는 점점 높이 머리를 쳐들어, 이윽고 울창하고 약간 어두운 가지가 백양나무를 햇빛으로부터 가리고 만다.

백양나무로서는 어쩔 도리가 없다. 전나무의 그늘 때문에 바싹 말라간다. 전나무는 자기의 권리를 되찾아서 처음의 자리를 차지한다.

인간의 도끼가 숲 속의 생활에 간섭을 할 경우에 숲은 이렇게 싸운다.

그렇지만 빙하 시대의 찬 기운이 숲 속의 생활에 간섭했을 때 숲의 싸움은 훨씬 더 무서웠다.

찬 기운은 온대 식물을 죽이고 북쪽 지방의 식물을 위해 길을 열어주었다. 소나무, 전나무, 자작나무가 떡갈나무나 보리수에 싸움을 걸어왔다. 떡갈나무와 보리수는 후퇴하면서 최후까지 버티고 있던 월계수, 목련, 무화과 등의 상록수를 숲에서 추방했다.

바람과 추위를 맞게 되는 곳에서 열대성의 연약한 나무들은 좀처럼 살아남을 수가 없었다. 그들은 침공군(侵攻軍)에게 성을 내주고 멸망해갔다.

오히려 산 속에서 버티는 편이 더 쉬웠다. 바람을 막아주는 분지를 골라 온대성 나무들은 포위된 성 속에서 사는 것 같은 상태로 해 오래 버티었다. 하지만 이번에는 산 위에서 다른 빙하가 미끄러져 내려왔다. 빙하의 선발대로 당회나무, 악화나무가 밀어닥쳤다.

이러한 숲의 싸움은 몇천 년 동안 계속되었다. 패한 부대인 온대성 나무들은 남으로남으로 점점 멀리 도망가고 있었다.

그런데 성을 함락당한 숲 속의 주민들은 어찌 되었을까?

오늘날에도 벌채나 산불 때문에 숲이 멸망하는 일이 있다. 이때 숲과 함께 운명을 같이하는 주민도 있지만 요행히 도망쳐 피하는 주민도 있다. 그러나 전나무가 벌채되면 그 옛날부터의 주민—녹색의 딱따구리도, 다람쥐도, 그 밖의 무리도 모두 사라지고 만다.

울창한 전나무의 건물이 있었던 장소에 새로운 백양나무의 빌딩이 세워진다. 이 빌딩에서 다른 새와 짐승들이 '낙성식'을 축하한다.

그러나 오랜 세월이 지나면 전나무가 백양나무를 이기고 백양나무의 자리에 전나무 숲이 서게 되고 그러면 그 숲에는 다람쥐나 딱따구리나 그 친구들이 살기 시작한다.

이와 같이 식물과 동물은 아무렇게나 결합되어 있는 것이 아니라 떼려고 해야 뗄 수 없는 하나의 세계로서 숲과 함께 소멸하기도 하고 부활하기도 하는 것이다.

빙하 시대에도 역시 이와 마찬가지였다. 온대성 숲의 소멸과 함께 거기에 살고 있던 주민들도 함께 소멸하였다. 고대의 거대한 코끼리도 두 번 다시 모습을 볼 수 없게 되었다.

코뿔소와 하마는 남쪽 지방으로 사라지고 인간의 오랜 적이었던 저 사벨 호랑이도 멸망했다.

그 밖에 대단히 많은 짐승이나 새가 사벨 호랑이와 함께 멸망하거나 남쪽으로 도망쳤다.

그도 그럴 것이 그 밖에 다른 방도가 없었기 때문이다. 어느 동물도 자기 세계, 자기 숲 속의 사슬에 매여 있다. 따라서 이 세계가 무너지기 시작하자 그 많은 주민들도 그것에 말려들지 않을 수 없었다.

나무나 덤불 그리고 풀이 사라지자, 식물들을 먹으면서 숲지붕 아래서 살고 있었던 많은 동물들은 먹을 것도 집도 잃게 되었다. 그에 따라 이번에는 다른 동물—육식 동물이 사라져갈 차례가 되었다. 즉 초식 등물이 점점 줄어들었기 때문에 초식 동물을 먹이로 삼고 있었던 육식 동물도 굶어죽는 수밖에 없었던 것이다.

'먹이 사슬'로 서로 연결되어 있던 동물과 식물은 숲의 멸망과 함께 모두 멸망했다.

옛날의 죄수들에게도 그러한 일이 있었다. 그들은 배의 노젓는 일을 맡고 있었는데, 배에 사슬로 묶여 있었으므로 배가 가라앉으면 배와 함께 모두 익사할 수밖에 없었다.

어떻게 하든 살아남기 위해서는 그러한 사슬을 끊지 않으면 안 된다. 짐승이라면 다른 먹이를 발견하고 발톱이나 이를 개조하고 추위를 막기 위해 긴 털을 기르지 않으면 안 된다. 간단히 말하면 짐승들은 부득이 변화할 필요가 있었던 것이다.

그러나 변화하는 것은 쉬운 일이 아니다.

말의 역사를 생각해보자. 말의 발가락이 하나로 되기까지에는 몇백만 년이 걸렸다.

원시인의 동굴 벽에 그려진 이 코뿔소는 오늘날의 코뿔소와는 달리 온몸이 긴 털로 덮여 있다.

당연히 남쪽의 짐승이 북쪽의 숲에서 살아남기란 어려운 일이었다.

게다가 숲과 함께 북쪽에서 털북숭이 맹수들이 몰려왔다. 긴 털이 달린 코뿔소, 매머드, 굴 속에 사는 사자, 곰 따위 어느 것이나 북쪽의 숲 속에서 제멋대로 행동하고 있었던 무리였다.

고마운 것은 그 털이었다. 덥수룩하여 참 따뜻했다! 따라서 매머드나 긴 털을 가진 코뿔소는 한기쯤은 아무렇지도 않았지만 벌거숭이의 남쪽 코끼리, 코뿔소, 하마는 사정이 전혀 달랐다.

북쪽의 짐승들 가운데는 굴 속으로 들어가는 또 하나의 방법으로 추위를 견디는 것들도 있었다. 더구나 숲은 그들의 숲이며 그들의 세계였으므로 먹이를 찾는 데도 전혀 불편하지 않았다. 멸망해가는 숲 속의 주민들은 지금 이 새로운 맹수들과도 싸움을 하지 않으면 안 되었다. 그렇다면 살아남는다는 것이 오히려 이상할 정도다!

그러면 인간은? 인간은 어떻게 되었을까?

따뜻한 나라에 살고 있던 인간은 그곳 기후가 매우 추워져 갔지만 살아남는 것은 별 문제가 되지 않았다.

곤란한 것은 빙하의 공격을 정면으로 받는 장소에 살고 있던 사람들이었다.

그들은 덜덜 떨면서 자신도 따뜻이 하고 자식들도 따뜻하게 만들기 위해 바싹 달라붙어, 처음으로 무서운 겨울을 맞으며 처음으로 눈이란 것을 바라보았다.

굶주림, 추위 그리고 맹수까지도 인간을 죽음으로써 위협해왔다. 만일 인간이 주위에서 일어나고 있는 일에 대해 생각할 수 있었다면 틀림없이 세계의 종말이 온 것이라 생각했을 것이다.

세계의 종말

세계의 종말이란 말이 입 밖에 내어진 적은 한두 번이 아니다.

중세 때 하늘에 나타난 혜성을 보고 사람들은 십자가를 그리면서 말하였다.

"이것으로 드디어 세상도 끝이다."

흑사병이라 불리는 페스트가 마을을 마구 휩쓸어 묘지가 모자랄 정도일 때 사람들은 말하였다.

"이것으로 드디어 세상도 끝이다."

굶주림과 전쟁이 계속되어 세상이 시끄러워지면 주술사들은 단념하고서 중얼거렸다.

"이것으로 드디어 세상도 끝이다."

그런데도 지금까지 세계의 종말은 오지 않았다.

오늘날 우리는 알고 있다. 혜성이 나타난 것은 사람들에게 미래를 예고하기 위해서가 아니라는 것을. 혜성은 태양을 돌면서 자신의 정해진 궤도를 달리고 있을 뿐으로, 미신에 빠진 지구의 주민이 무엇을 생각하든 알 바 아닌 것이다.

　우리들은 또 기근도 전염병도 전쟁도 별달리 세계의 종말을 의미하는 것은 아니라는 것을 알고 있다. 중요한 것은 여러 가지 재난의 원인을 아는 것이다. 원인만 알면 재난과의 싸움도 어려운 일이 아니다.

　그런데 세계의 종말을 예언하는 것은 언제나 반드시 무지한 사람만은 아니다. 세계의 종말, 인류의 파멸을 예언하는 학자도 있다. 예컨대 연료 부족으로 인류는 멸망한다고 말하여 그 증거로 통계 수치를 나열한다. 지구의 석탄 매장량은 차츰 줄어만 가고, 삼림은 점차 벌채되고, 석유는 앞으로 1백 년 갈까 말까다. 연료가 없어지면 공장의 기계는 멈추고, 열차는 선 채로 가지 못하고, 집의 등불도 도시의 등불도 사라지고 만다. 대다수의 인간은 추위와 배고픔에 시달려 죽어버리고, 살아남은 사람들도 야만인으로 돌아가 본래의 원시인으로 되고 말 것이다.

　참으로 끔찍한 장면이다! 하지만 그것은 정말일까?

　지하에는 대단히 많은 연료가 저장되어 있으며, 아직 연구가 다 되지 않고 있다.

　지질학자는 석탄이나 석유의 새로운 산지를 계속해서 발견해내고 있다. 숲을 벌채할 뿐만 아니라 또한 나무를 심고 있기도 하다.

　그렇지만 설령 연료가 언젠가 없어질 때가 온다고 해서 그것으로 세계의 종말이 올까?

　그렇지는 않다.

그도 그럴 것이 연료만이 지상에서 유일한 열의 원천도 아니며, 유일한 에너지원도 아니기 때문이다. 에너지원의 본령으로 태양이라는 것이 있다. 그러므로 연료가 다 없어지기 전까지는, 사람들은 태양을 이용하여 열차를 움직이고 집 안이나 밖을 밝히고 기계를 회전시키고 밥 짓는 일조차 할 수 있게 될 것임에 틀림없다. 현재도 태양열 발전소라든지 태양열 조리장(調理場)이 이용되고 주택용으로 실험이 진행되고 있지 않은가?

"그렇지만 잠깐만 기다려" 하고 세계의 종말을 점치고 있는 사람들은 또 말한다.

"태양도 역시 언젠가는 냉각될 것이다. 태양은 벌써 나이 어린 별들과 비교할 때 열도 빛도 그에 미치지 못한다. 몇 백 년이 지나면 온도도 내려가고 그 때문에 지구도 추워질 것이다. 거대한 빙산의 흐름은 그다지 튼튼하지 못한 인간들의 행적을 지상에서 깨끗이 씻어내고 말 것이다. 지금 종려나무가 무성한 곳에서 백곰이 어슬렁거리게 될 것이다. 그런 때가 된다면 아무리 인간이라도 견뎌내지는 못할 것이다."

정말로 지구에 다시 한 번 빙하 시대가 온다면 그것은 곤란한 일이다. 하지만 원시인들조차도 빙산 속에서 훌륭하게 살아남을 수 있었다. 현재의 과학 정도가 아니라 고도로 발달한 과학을 지닌 미래인들이 어째서 창피하게 비명을 지르겠는가?

추위를 극복하기 위해서 그들은 어떻게 해야 할까. 그것은 지금이라도 확실히 말할 수 있다. 먼저 핵에너지를 이용하리라. 원자 핵에너지에는 끝이 없다. 단지 이것을, 전쟁을 위해서가 아니라 인류의 행복을 위해, 평화를 위해 유용하게 사용하기만 하면 되는 것이다. 그렇지만 이제 본래의 이야기로 돌아가자. 우리들의 주인공—원시인 곁으로 돌아가자.

세계의 시작

만일 인간이 그의 고향인 숲에 매여 있던 사슬을 끊어버릴 수 없었다면, 숲의 멸망은 또한 인간의 멸망이었으리라. 그러나 세계의 종말은 오지 않고 단지 변화했을 뿐이었다. 옛 세계는 끝이 났지만, 이제 새로운 세계가 시작된 것이다.

이 새롭게 다시 태어난 세계에서 살아남기 위해서는 인간도 또한 다시 태어날 필요가 있었다. 지금까지의 먹을 것이 없어지고 나자 무엇인가 새로운 먹을 것을 손에 넣는 법을 배우지 않으면 안 되었다. 도토리나 솔방울 같이 단단한 것은 물기가 많은 남쪽 숲 속의 과일과는 달리 인간의 이에 적합하지 않았다.

따뜻한 기후 대신에 추운 기후가 닥쳐왔다. 태양이 지구를 외면하게 되자, 그 따뜻한 빛이 없어도 살아갈 수 있는 방법을 익혀야 했다.

극히 짧은 기간에 다른 것이 되어야 한다!

모든 생물 중에서 이 일을 해낼 수 있는 것은 인간밖에 없었다.

왜냐하면 어떤 동물도 결코 할 수 없는, 자기 자신을 변화시키는 기발한 재주를 인간은 벌써부터 익히고 있었기 때문이다.

인간의 호적수였던 사벨 호랑이는 제 몸에 두터운 털을 나오게 할 수는 없었다. 인간에게는 그것이 가능했다—곰을 죽여서 그 모피를 입기만 하면 되었다.

　사벨 호랑이는 불을 지필 수 없었지만, 인간에게는 그것이 가능했다. 인간은 이미 불을 이용하는 법을 알고 있었다. 인간은 자기 자신을 바꾸고 자연에 손을 댈 수 있을 만큼 성장해 있었다.

　그리고 그로부터 몇천만 년이 지난 지금에 와서도 그 무렵의 인간이 자연 속에서 무엇에 손을 댔는지, 그리고 자기 자신을 어떻게 변화시켰는지를 똑똑히 볼 수가 있다.

돌로 된 책

　우리들이 밟고 있는 땅은 커다란 책과 같은 것이다.

　지각(地殼) 하나하나의 주름, 지층 하나하나의 단(段)— 그것은 책의 한 페이지 한 페이지다.

　우리들은 이 많은 종이의 제일 위에 있는 맨 마지막 페이지에서 살고 있다. 책의 맨 처음 페이지는 대양(大洋)의 밑바닥이나 대륙의 근원인 어딘가 깊은 곳에 있다.

　이 맨 처음 페이지, 맨 처음의 장절(章節)에는 도저히 눈이 미칠 수 없다. 우리들은 그곳에 무엇이 씌어 있는지를 상상할 수 있을 따름이다.

　그러나 책의 페이지가 우리들에게 가까워지면 가까워질수록 점차 그것은 읽기 쉬워진다.

　온통 타서 눌은 어떤 페이지는 지하의 용암이 어떻게 지상의 산맥을 솟구쳐 오르게 했는가를 우리에게 이야기해주고 있다.

또 다른 페이지는 지각이 융기하거나 함몰하거나 하면서 어떻게 바다를 넓히고 다음으로 또 줄어들게 하였는가를 이야기해주고 있다.

페이지를 넘겨가면 바다의 조개로 이루어져 있는 것 같은 새하얀 페이지 다음에 석탄처럼 새까만 페이지가 이어져 있다.

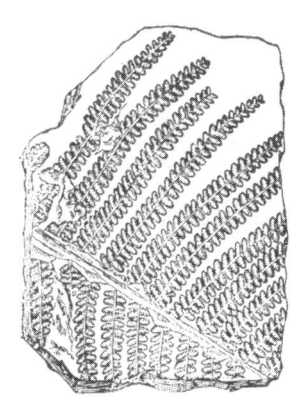

책의 삽화처럼 석탄층 속에 양치식물의 흔적이 남아 있다.

그렇다. 이것이 바로 석탄이다. 이 새까만 층을 보면 석탄을 만든 숲의 역사를 읽을 수 있을 것이다.

책의 삽화처럼 군데군데 나무 흔적이나 짐승의 뼈가 섞여 있다. 이 뼈는 후에 석탄이 된 많은, 숲 속에 살고 있던 동물의 유물이다.

이렇게 계속 페이지를 더듬어 지구의 역사를 쭉 읽어가면, 마지막으로 제일 끝인 제일 위의 페이지에 이르러 겨우 인간이 나타난다. 처음에는 그들이 이 커다란 책의 첫 번째 주인공이라는 생각 따위는 좀처럼 들지 않는다. 어떻게 보아도 고대의 커다란 코끼리나 코뿔소에 비하면 인간은 단역(端役)일 뿐이다. 하지만 다시 페이지를 넘겨가면 이 새로운 주인공은 전편 무대의 중앙에 나서게 되고, 드디어는 이 커다란 책의 주인공일 뿐만 아니라 이 책의 저자 중의 한 사람으로까지 되고 만다.

지금 강 언덕의 대지의 단면(斷面)을 보면, 빙하시대의 지층 사이에 한 가닥 검은 선을 뚜렷이 볼 수 있다. 이 검은 선은 커다란 책의 페이지에 목탄(木炭)으로 그려져 있다. 모래나 흙 사이에 엉뚱하게 목탄의 선이 깊이 들어가 있는 것은 어떤 이유에서일까? 그곳에서 산불이라도 일어났기 때문일까?

산불이 일어났었다면 넓은 범위에 걸쳐 타다 남은 나무 토막 같은 것이 있어야 한다. 하지만 이 목탄의 선은 매우 짧다. 이 짧은 목탄의 선을 남긴 것은 아마도 모닥불일 것이다.

모닥불을 피우는 것은 인간밖에 없다.

게다가 모닥불 주변에는 인간의 손 흔적까지 있다. 그것은 석기와 사냥해서 잡은 짐승의 뼈다.

불과 사냥—이것이 빙하의 공격에 대처하여 인간이 준비한 것이다.

인간이 숲에서 나오다

몹시 추운 북쪽 숲 속에서는 채집할 만한 것은 아무것도 없었다. 그래서 인간은 숲 속을 이리저리 뛰어다니며 사냥감을 찾아다니기 시작하였다. 그것은 잡히기를 가만히 앉아 기다리지 않았다. 도망치거나 숨거나 저항하거나 했다.

보다 따뜻한 지방에서도 이 무렵에는 이미 인간의 식량으로서 육류의 비중이 점차 높아지고 있었다.

육류는 인간을 배부르게 해주었다. 게다가 보다 힘이 세게 해주었다. 육류 덕분으로 일하는 시간이 훨씬 많아졌다. 발달해가는 인간의 두뇌 또한 영양 있는 육식을 요구했다.

이리하여 인간의 도구가 점점 발달하면서 사냥이 인간의 생활 속에서 커다란 자리를 차지하기 시작하였다.

따뜻한 남쪽에서도 사냥이 필요하게 되었다고 한다면, 북쪽에서는 사냥을 할 수 없으면 살아갈 수 없게 되었다고 할 수 있다.

인간은 이미 작은 짐승으로는 만족할 수 없게 되어 있었다. 큼직한 사냥감이 필요했다. 북쪽 숲에서는 눈이나 혹심한 추위가 사냥을 방해하였다. 따라서 오랫동안 저장할 수 있을 만큼의 고기가 있어야만 했다.

그렇다면 인간은 도대체 어떠한 짐승을 노렸던 것일까?

숲 속에서는 상당히 커다란 짐승들이 적지 않게 제멋대로 날뛰고 있었다. 이끼를 뜯어먹으면서 숲 속의 공지를 거닐고 있었다. 흙을 후비는 놈은 멧돼지였다. 하지만 힘센 큰 짐승은 숲 속이 아니라 들판에 있었다. 거기 끝없이 넓은 들판에서 아직도 긴 털이 수북한 야생마가 떼를 지어 풀을 뜯고 있었다. 새우등처럼 등이 굽은 들소 떼가 지축을 흔들고 바람을 일으키며 뛰어다니고 있었다. 느릿느릿 살아 있는 작은 산처럼 움직이고 있는 것은 털이 덥수룩한 매머드였다.

원시인에게 이것은 느릿느릿 도망가는 고기 덩어리였다. 놀리는 듯 손짓을 하며 빨리 와 죽여달라는 것 같았다.

그리하여 인간은 사냥감을 쫓아 자신이 태어나 자랐던 숲 속에서 나오게 되었다.

점차 멀리멀리 인간은 들판으로 옮겨갔다. 그때까지 인간 채집가가 살아본 적도 없고 또한 살 수도 없었던 그러한 숲 속으로부터 멀리 떨어진 곳에서, 우리들은 그들의 모닥불 자국, 그들의 사냥터의 흔적을 발견할 수 있었다.

인간이라는 말

사냥터의 캠프에는 석기, 모닥불의 재, 잡아먹은 짐승뼈 따위가 지금도 그대로 보존되어 있다. 거기에는 노랗게 변한 말의 갈비뼈도 있고, 뿔 달린 들소의 두개골도 있으며 뒤로 젖혀진 멧돼지의 송곳니도 있다. 때로는 이것들의 뼈가 산더미처럼 높게 쌓아올려진 곳도 있다. 이것은 한 장소에서 인간이 오래 머물러 있었다는 증거다.

특이한 것은 말, 멧돼지, 들소 등의 뼈 사이에서 때로는 매머드의 커다란 뼈, 놀랄 만큼 커다란 두개골, 활 모양으로 굽은 긴 앞니, 강판 같은 치열, 전주(電柱)처럼 어마어마한 발 따위가 보인다는 것이다.

러시아 중부의 보로네지 시 근처의 어느 마을에서 매머드를 위시하여 그 밖의 동물의 뼈가 많이 발견된 일이 있다. 그때부터 이 마을은 코스텐키, 즉 뼈마을이라고 불리고 있다.

매머드와 같은 거대한 짐승을 때려잡기 위해서는 얼마만 한 용기와 힘이 필요했을까! 그러나 그 덩치를 몇 부분으로 갈라 그것을 캠프까지 운반하는 데에는 더 많은 힘이 필요했다. 발 하나만도 1톤 정도였으며 두개골은 한 사람이 드나들 수 있을 만큼 컸기 때문이다. 특제 총으로 코끼리 사냥을 하는 오늘날의 사냥꾼도 매머드를 상대하기에는 힘이 벅찰 것이었음에 틀림없다. 그런데 원시인에게는 총이 없었다. 그들의 무기로는 돌칼과 끝에 돌이 달린 창 정도가 있을 뿐이었다.

 인간 채집가가 인간 사냥꾼이 되기까지의 몇천 년 사이에 석기도 변화하여 잘 들고 우수한 것이 되어 갔던 것은 사실이다. 돌칼 혹은 날카로운 창끝을 만들기 위해서는 우선 돌의 겉껍질을 쳐서 떨어내고 다음으로 울퉁불퉁한 부분을 깎아내고 다음으로 얇은 판 모양으로 쪼개내어 이 판으로 겨우 필요한 날붙이를 만들어냈던 것이다.

 부싯돌과 같이 단단하여 다루기 어려운 돌로 날붙이를 만드는 데에는 상당한 기술과 적지 않은 시간이 필요했다. 그 때문에 일이 끝난 뒤에도 석기를 버리지 않고 소중히 간직해 두고 무디어지면 갈아서 썼다. 인간은 도구를 소중히 여겼다. 왜냐하면 자기의 노동, 자기의 시간을 값어치 있는 것으로 생각하고 있었기 때문이다.

 그러나 아무리 노력해보아도 돌은 역시 돌이었다. 매머드와 같은 짐승을 상대하는 데 있어서 돌을 끝에 매단 창은 그다지 믿을 만한 무기가 못 되었다. 매머드는 마치 장갑차처럼 두터운 가죽을 뒤집어쓰고 있었다.

 하지만 인간은 여하튼 매머드를 때려잡았다. 사냥터에서 발견된 그 두개골이나 앞니가 이것을 증명해주고 있다.

 그러면 원시인은 어떻게 하여 매머드와 대결했던 것일까? 이것은 '인간' 이라는 말이 지닌 뜻을 이해하는 사람만이 알 수 있다. 이런 사람은 입으로 '인간' 이라고 말할 뿐만 아니라 그 말에 내포되어 있는 '인간들' 이라는 말의 뜻을 아는 사람이다.

 인간은 결코 혼자 행동하지 않았다.

그들은 한 명의 단순한 인간이 아닌 여러 사람들이 협력하여 도구를 만드는 것과 사냥하는 것을 배우고 불을 피우고 집을 세우고 땅을 갈고 하는 것을 배웠던 것이다. 단순한 한 명의 인간이 아닌 인간이 사회가 몇천만 명의 노동력을 통해서 문화도 학문도 수립한 것이다. 인간 혼자뿐이었다면 언제까지나 짐승과 같은 상태에 있었으리라.

사회 속에서의 노동이 짐승을 인간으로 변모시켰던 것이다.

로빈슨 크루소는 홀로 견뎌내면서 무엇이나 손에 넣었다. 원시 사냥꾼을 이 로빈슨 크루소에 비유하고 있는 책도 있다. 그러나 인간이 참으로 로빈슨 크루소와 같이 혼자뿐이고, 사람들이 전체 사회로서가 아니라 따로따로 흩어져서 한 집씩 살고 있었다면 그들은 결코 오늘날과 같은 인간이 되지 못했을 것이다.

로빈슨 크루소의 실제 생활은 디포우가 말하고 있는 것처

무인도의 로빈슨 크루소

럼 훌륭하지는 않았다. 디포우는 실제로 있었던 어느 선원의 이야기를 근거로 로빈슨 크루소의 이야기를 썼다. 그 선원은 배에서 소동을 일으킨 장본인이었다. 그 벌로서 바다 한가운데에 있는 작은 무인도에 혼자 남겨지게 되었다. 오랜 세월이 지난 후에 그 무인도에 상륙한 탐험대는 완전히 야만인화된 사람이 혼자 살고 있는 것을 발견했다. 말할 것도 없이 그것은 그때의 그 선원으로 나이가 꽤 들어 있었고, 이제 말도 거의 할 수 없었다. 인간이라기보다 짐승 쪽에 가까워져 있었다. 인간 혼자서 살아가기란 어려운 일이다.

하물며 원시인들의 경우에 있어서야!

함께 살고, 함께 사냥하고, 함께 도구를 만든다는 그것이, 그것만이 그들을 인간으로 만들 수 있었던 것이다.

마을에서 사람들이 총출동하여 매머드를 덮쳤다. 한 자루의 창이 아니라 수십 자루의 창이 털북숭이 매머드의 배 옆구리를 찔렀다. 손과 발이 많이 달린 생물처럼 한 떼의 인간이 매머드를 몰아댔다. 거기서는 수십 개의 손발만이 아니라 몇십 개의 머리도 활동했던 것이다.

매머드는 인간보다 몇 배나 크고 힘도 몇십 배 세었지만, 인간에게는 지혜가 있었다.

매머드는 힘도 들이지 않고 인간을 짓밟아 죽일 수 있을 만큼의 몸무게를 갖고 있었다. 땅으로서도 짐이 될 만큼 거대한 매머드를 이겨내기 위하여 사람들은 매머드의 중량을 이용했다.

사람들은 사방에서 포위하고 초원에 불을 놓았다. 매머드는 불에 쫓겨 바람이 불어가는 쪽으로 도망쳤다. 여기에서 인간은 머리를 썼다. 바람이 불어가는 쪽에서는 늪지대가 기다리고 있었다. 마치 석조 빌딩같이 매머드는 순진하게 이 안에 빠졌다. 천둥과 같은 울부짖음으로 대기를 진동시키며 매머드는 이 안에서 발버둥쳤다. 그러나 그럴수록 늪 속 깊이 가라앉을 뿐이었다. 이렇게 되면 매머드에게 마지막 일격을 가하는 일만 남게 된다. 매머드를 몰아서 잡는 일도 수월한 일이 아니었지만 이것을 야영지까지 운반하는 일도 이만저만 어려운 일이 아니었다. 야영지는 대개의 경우 물에 젖지 않도록 강가 벼랑에 있었다. 강은 사람들에게 물을 제공했고, 또한 얕은 여울이나 기슭은 일의 재료가 되는 돌을 제공해주었다.

요컨대 제일 낮은 늪에서 벼랑 위까지 매머드를 끌어올리지 않으면 안 되었던 것이다.

여기서도 또한 두 개의 손이 아니라 몇십 개의 손이 함께 일을 하였다. 사람들은 돌칼로 끈기 있게 매머드의 두터운 껍질을 벗기고 단단한 힘줄을 끊어 억센 살을 저며내었다. 경험이 풍부한 나이 많은 이들은 머리나 발을 몸통에서 빨리 베어내려면 어디를 갈라야 되는가를 지시해주었다. 이렇게 하여 사체(死體)를 자른 다음 사람들은 이것을 벼랑 위의 캠프로 운반했다. 사람들은 박자에 맞추어 소리를 지르면서 그 커다란 털북숭이의 발과 땅에 질질 끌리는 긴 코가 달린 머리를 끌고 올라갔다. 땀투성이로 기진맥진하여 그들은 야영지에 겨우 도착했다. 그 대신 기쁨도 또한 대단했다. 사람들은 매머드야말로 오랫동안 기대하였던 최상의 식량임을 잘 알고 있었다. 한 마리의 매머드—그것은 매우 오랜 시일 동안 저장할 수 있는 식량이었다.

경쟁의 끝

인간과 다른 동물과의 게임은 끝났다. 짐승 중에서 제일 큰 것을 이긴 우승자로서 그들은 결승점에 뛰어들었다. 게다가 인간의 수가 이 세계에서 대단한 기세로 증가하기 시작했다. 백 년마다 천 년마다 점점 증가되어, 드디어는 전 세계 어느 곳에서나 그 모습을 볼 수 있게까지 되었다.

다른 어떤 동물에게서는 일어날 수 없는 일이 일어났던 것이다.

간단히 말해서 토끼가 인간과 같이 이렇게 많은 수로 불어날 수 있을까?

물론 이러한 일은 일어날 수 없다. 첫째로, 토끼의 수가 20억이 된다면 이 세계에서 먹을 것이 부족할 것이다. 다음으로 토끼 수가 늘어나는 것과 동시에 이리의 수도 늘어나서 그 이리가 토끼의 수를 조금이라도 더 줄이기 위해 반드시 안달을 하게 되어 있다.

요컨대 동물의 수가 무한히 늘어날 수는 없는 일이다. 그들이 넘으려고 해도 넘을 수 없는 어떤 경계선이 그어져 있는 것이다.

인간은 이미 훨씬 이전에 모든 경계선과 영역을 넓히고 있었다. 도구를 만드는 것을 알고 나서부터 그는 그때까지 먹어본 적이 없는 음식물을 먹기 시작하고, 자연을 훨씬 기분 좋은 곳으로 만들었다. 그때까지 한 부락만이 먹고 살던 자리에서 지금은 두 개 부락도 세 개 부락도 살 수 있게 되었다.

그 후 커다란 짐승 사냥이 시작되자 인간은 점점 자기의 생존 조건을 개선하여 전 세계로 뻗어나갔다. 이제 인간에게는 식물 먹이를 채집하면서 돌아다닐 필요가 없게 됐다. 인간 대신에 들소나 말이나 매머드가 풀을 뜯어먹으면서 들판을 돌아다녔다. 그들 무리는 몇 톤의 풀을 몇 킬로그램의 고기로 바꿔가면서 달이 가고 해가 지나면서 그 무게를 더해갔다. 인간은 이 들소 또는 매머드를 잡아 오랜 세월에 걸쳐 만들어진 물질과 에너지를 곧 자기 것으로 만들었다. 폭풍이나 혹한 때에도 먹을 것이 있어야 했으므로 식량의 저장이 필요하게 되었다. 이제 겨울도 여름도 따뜻하고 행복했던 시대는 벌써 지나갔다.

그런데 하나의 변화는 스스로 그 다음의 변화를 부르고 있었다.

인간은 저장물을 갖게 되자, 함부로 나돌아다니는 일 없이 일정한 자리에 정착하지 않으면 안 되게 되었다. 매머드의 커다란 덩치를 질질 끌면서 헤매고 다닐 수 없었기 때문이다.

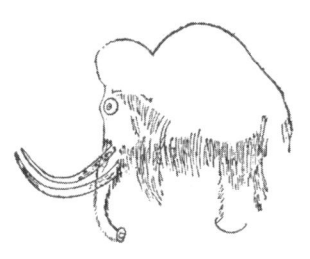

원시의 화가가 그린 맘모스 들소, 말(위로부터)

또 그 밖의 이유에서도 집이 없는 방랑자 생활을 그만두어야 할 때가 되어 있었다. 전에는 나무 하나하나가 인간에게 있어서 맹수의 추격을 피하는 하룻밤의 피난처가 되어 있었지만, 이제 인간은 맹수를 그렇게 두려워하지 않게 되었다. 대신에 추위라는 적이 나타났다.

추위나 바람이나 눈으로부터 몸을 보호할 수 있는 피난처가 필요했다.

인간이 제2의 자연을 만들다

이리하여 드디어 광대하면서도 추운 세계에 인간이 자신의 조그마한 따뜻한 세계를 만들 시기가 왔던 것이다. 그들은 동굴 입구나 밖으로 튀어나온 바위 아래에 짐승 가죽과 나뭇가지로, 비도 눈도 오지 않고 바람도 불지 않는 자기 세상을 만들었다. 이 자그마한 세계의 한가운데에 방도 밝히고 겨울에도 따뜻하게 해주는 태양을 만들어놓았다.

전에 말한 '뼈마을'이나 보로네지 주의 돈 강에 면한 가가리노 마을에서는 지금도 역시 그러한 소세계의 흔적이 그대로 남아 있다. 고대 사냥꾼의 야영지를 보면 기둥을 때려박았던 구멍이 몇 개 뚫려 있다. 이 기둥에 지붕을 걸쳐 덮개로 삼았던 것이다. 그 아래 주거지 한가운데, 기둥과 기둥 사이에는 불에 달구어진 돌이 나란히 놓여 있어, 돌로 화덕을 쌓아 거기에 인공의 태양을 두고 지켰었다는 것을 이야기해주고 있다.

벽은 먼 옛날에 떨어져 나가고 흔적도 없지만, 그래도 어디에 그것이 있었는지 분명히 알 수 있다.

돌칼과 돌대패, 부싯돌 조각, 조각난 동물의 뼈, 화로의 숯과 재—그러한 것들이 모래와 흙과 범벅이 되어 있다. 이런 것들은 어느 모로 보나 자연이 만든 것이 아니라 인간의 손재주에 의해 만들어진 것이다.

그런데 단 몇 발자국만 옮겨 이미 아득한 옛날에 사라져버린 거처 밖으로, 이젠 눈에 보이지 않는 벽 밖으로 나서 보면, 인간의 생활을 상기시킬 만한 것은 일체 눈에 띄지 않는다. 땅을 파도 연장은 나오지 않는다. 모닥불의 재도 숯도 나오지 않는다. 물론 뼈도 없다.

이리하여 원시인의 손에 의해 만들어진 '제2의 자연'은 오늘날까지도 보이지 않는 선이라도 그어놓은 것처럼 주위의 모든 것으로부터 명확하게 격리되어 있다.

인간이 일한 흔적이 남아 있는 땅을 파서 돌칼이나 돌대패를 살펴보거나 옛날에 꺼져버린 화로의 숯을 조사해 우리는 세상의 종말이 곧 인간의 종말은 아니었음을 알 수 있다. 왜냐하면 인간은 자연의 여러 재료로부터 자기의 '제2의 자연'을 만드는 방법을 이미 알고 있었기 때문이다.

5

과거로의 첫 번째 여행

들소나 매머드를 상대하던 사냥꾼의 야영지에서 발견된 석기 중에서 제일 먼저 눈에 띄는 것은 크고 작은 두 개의 연장이다.

큰 것은 양쪽에 날을 세운 무거운 삼각형의 돌이고, 작은 것은 한쪽에 날을 세운 가벼우면서도 가늘고 긴 돌이다.

이 두 종류의 연장은 제각기 다른 용도가 있었음이 분명하다. 그렇지 않다면 이렇게 다른 형태일 리가 없다. 두 개 모두 날이 잘 서 있다는 것은 이것으로 자르든지 쪼개는 일을 했음을 말해준다. 하나가 크고 무거운 것은 힘든 일에 이것을 사용했음을 말해준다. 이것을 사용하려면 많은 힘이 필요했으리라는 것도 알 수 있다.

그렇다면 도대체 그것으로 무엇을 했을까?

이것을 알아낼 수 있는 가장 빠른 길은 석기시대로 돌아가서 사람들이 석기를 어떻게 사용하고 있었는가를 살펴보는 것일 것이다.

지금도 석기를 사용하는 사람들이 어딘가에 있다고 한다. 그렇다면 설사 그곳이 오스트레일리아 같은 먼 곳일지라도 시간 여행을 공간 여행으로 바꾸는 것이 편리하다. 옛날 사람들이 어떤 생활을 하고 있었는가를 알고자 하는 학자들은 대개 그러한 바꿔치기를 하고 있다.

실제로 오스트레일리아에서는 아직도 석기를 소중히 다루고 있는 사람들을 볼 수 있다. 한번 당신과 함께 이 사람들이 일하는 모습을 보러 가기로 하자.

우리들은 지금 가시 돋힌 덤불이 무성하고 쓸쓸한 황야 깊숙이 들어가 오스트레일리아 사냥꾼의 야영지가 있는 곳으로 다가가고 있다. 강기슭의 나무들 아래에 나무껍질과 가지로 만들어진 작고 허름한 집이 보인다.

작은 집 앞에서 아이들이 놀고 있다. 어른들은 땅에 앉아

오스트레일리아의 사냥꾼

무언가 일을 하고 있다. 더부룩한 머리털, 수염에 묻힌 얼굴을 가진 한 노인이 사냥에서 잡아온 캥거루의 가죽을 벗기고 있다. 노인은 삼각형의 돌칼을 쓰고 있다. 이것이야말로 우리들로 하여금 먼 여행길에 나서게 하여 이곳까지 오게 만든 그 커다란 석기임에 틀림없다.

그 옆에서는 한 여인이 가늘고 긴 판석(板石)을 사용하여 짐승 가죽을 재단하고 있다.

이것도 눈에 익은 물건이다. 이것과 꼭 닮은 가늘고 긴 돌칼은 고대 유럽 사냥꾼의 야영지에서도 볼 수 있다. 물론 오늘날의 오스트레일리아 사람들은 원시인은 아니다. 원시인과는 몇천 세대의 차이가 있다. 그 석기는 과거의 생존물에 불과하다. 그러나 이것은 여러 가지를 우리에게 말해주고 있다. 예컨대 오스트레일리아 사람이 일하는 것을 보고서 우리는 커다란 삼각형의 돌은 남자의 도구, 사냥꾼의 도구라는 것을 알 수 있다. 이 삼각형의 돌로 짐승의 숨통을 끊고 사체의 배를 가르고 가죽을 벗긴다. 한편 작은 칼은 여자의 연장, 집안일에 쓰이는 도구다. 이 칼로 옷을 재단하고 혁대를 만들고 가죽을 고른다.

연장의 용도가 다르다는 사실은 사람들의 일도 기능별로 나누어져 있다는 것을 말해준다. 이것은 이미 원시 사냥꾼들의 시대에서 시작된 것이다.

노동은 점점 더 복잡해가기만 했다. 일을 잘하기 위해서는 한 사람이 한 가지의 일을 하고 다른 사람은 또 다른 일을 해야 한다. 남자들이 짐승을 사냥하고 있는 동안 여자들은 놀지 않고 오두막을 세우고 옷을 만들고 나무뿌리를 모아 저축하는 데 바빴다.

그리고 늙은이와 젊은이의 하는 일이 또한 달랐다.

천년 학교

어떠한 일에서도 솜씨가 필요했다. 그러나 솜씨라는 것은 하늘이 내려주는 것은 아니다. 누구에게선가 이것을 전수받지 않으면 안 된다.

만약 어떤 목수도 스스로 끌이나 통, 대패까지 발명해야 하고 게다가 이러한 연장을 사용하는 방법까지 생각해내야만 한다면 이 세상에 목수가 될 수 있는 사람은 하나도 없을 것이다.

또 지리를 연구하는 데 있어서도 우리들 한 사람 한 사람이 전 세계를 두루 돌아다니며 다시 한 번 아메리카를 발견하고 아프리카를 탐험하고 에베레스트를 등반하고 모든 곶과 해협을 몽땅 조사해야 한다면 설사 인간의 생명이 천 배로 늘어난다 해도 이것을 다 해내지 못할 것이다.

앞으로 가면 갈수록 사람들이 공부하지 않으면 안 되는 것이 점점 더 많아진다. 새로운 세대는 어느 세대고 그 앞 세대에 축적된 엄청난 양의 지식이나 자료, 발견 등을 이어받게 마련이다.

2백 년쯤 전에는 불과 16세의 나이로 박사가 되는 일도 있었다. 어떻게 되는가, 지금 이와 똑같은 나이에 박사가 되려고 해보라!

고등학교를 졸업하기까지 10여 년이 날아가버린다. 더 앞으로 나가면 더 오랫동안 배우지 않으면 안 된다. 해마다 각 학문에서 새로운 발견이 이루어지기 때문이다. 학문의 수도 많아져만 가고 있다. 옛날에는 물리라고 하면 물리학 하나였지만 지금은 지구물리학도 있으며 천체물리학도 있다. 화학도 옛날에는 하나였으나 지금은 살아 있는 조직의 화학, 즉 생화학도 있고 또 농화학도 있다.

새로운 지식을 계속해서 받아들여 학문은 마치 살아 있는 세포와 같이 성장하고 분화하고 증가한다.

석기시대에는 물론 어떤 학문도 없었다. 사람들은 단지 경험을 쌓아가는 것부터 시작하였다. 인간의 노동은 지금과 같이 복잡하지 않았다. 따라서 배우는 것도 별로 시간을 많이 필요로 하지 않았다. 그렇지만 당시에도 역시 공부는 해야 했다.

짐승을 사냥하고 가죽을 다듬고 오두막을 세우고 돌칼을 만들기 위해서는 숙련된 솜씨가 필요했다.

그러면 어떻게 하여 숙련된 솜씨를 몸에 익혔을까?

인간은 태어나면서부터 숙련공은 아니다. 그들은 솜씨를 닦지 않으면 안 된다.

보라, 이것을 보아도 인간이 동물과 얼마나 다른가를 알 수 있지 않은가?

동물은 그 살아 있는 도구와 이것을 능숙하게 다룰 수 있는 솜씨를 털 빛깔이나 몸매와 마찬가지로 부모로부터 물려받는다. 멧돼지는 땅 파는 것을 배우지 않아도 된다. 땅 파는 데 적합한 코를 달고 태어나기 때문이다. 비버는 나무를 쓸거나 자르고 하는 것을 수월하게 익힌다. 그것은 칼날과 같은 이가 입 속에 자연히 생겨나기 때문이다. 그런 까닭에 동물의 세계에는 직장도 학교도 없는 것이다.

누가 가르쳐주지 않아도 새끼 오리는 알에서 깨어나면 곧 파리나 잔새우를 잡으려고 한다. 두견새의 새끼들은 다른 새의 둥우리 속에서 어미 없이 자란다. 그러나 가을이 오면 누구의 안내도 받지 않고 여행을 떠나며 누구의 가르침도 없이 아프리카로 가는 길을 발견해낸다. 그들을 그곳으로 인도하는 것은 지혜가 아니라 타고난 본능인 것이다.

물론 동물도 특이한 기술을 부모를 통해 보고 배운다. 하지만 그것은 인간이 배우는 것과는 비교도 할 수 없는 것이다.
 인간은 다르다.
 인간은 스스로 필요한 도구를 만든다. 그는 도구를 몸에 지니고 태어나지 않는다. 따라서 도구를 소유하고 이것을 사용하는 능력을 부모로부터 자연히 물려받은 것이 아니라, 선생과 일의 선배로부터 배우게 된다.
 만일 인간이 문법 지식과 산수 문제를 풀 수 있는 능력을 몸에 지니고 태어난다고 한다면 게으름뱅이는 매우 편리할 것이다. 그렇게 되면 학교도 필요치 않을 것이다. 하지만 인간에게 있어서 이것은 좋은 것이 아니다. 만약 학교가 없다면 사람들은 새로운 것을 아무것도 알 수 없을 것이다. 인간의 능력이나 특기는 예컨대 다람쥐의 능력이나 특기와 마찬가지로 하나의 수준에서 얼어붙고 말 것이다.
 다행히도 사람들은 특기를 몸에 지니고 태어나지 않는다. 그들은 가르치거나 배우거나 한다. 그리고 하나하나의 세대는 인간의 경험이라는 전체적인 창고 속에다 무엇인가 자기의 경험을 보태어간다. 경험은 점점 불어난다. 인류는 자기가 모르는 것을 둘러싸고 있는 울타리를 한쪽 끝에서부터 부수어간다.
 아이들은 7세가 되면 학교에 간다. 요컨대 나라 전체로 본다면 나라 전체가 역시 학교에 가서 새로운 것을 계속해서 배워간다.
 천년 학교는 인간을 오늘날과 같은 인간으로 만들고 학문, 기술, 예술을 전해주고 모든 문화를 전해준 노동의 학교였다.
 인간은 이미 석기시대부터 이 천년 학교에 입학했다. 경험

많은 백발의 늙은 사냥꾼이 어려운 사냥 기술을 청년들에게 가르쳤다. 땅 위에 남은 짐승의 발자국을 분별하는 방법, 사냥감에 눈치채지 못하게 가까이 접근하는 요령들도 가르쳤다.

오늘날에도 사냥을 하는 데에는 '기술'이 필요하다. 그러나 오늘날의 사냥꾼은 스스로 자신의 도구를 만들지 않아도 되기 때문에 그만큼 한층 더 편해졌다. 석기시대의 사냥꾼은 제각기 몽둥이나 칼이나 창을 만들어야 했다. 거기에서 노련한 대가(大家)는 젊은이들에게 여러 가지를 가르치는 일을 맡았던 것이다.

여자의 일에 있어서도 기술이 필요했다. 여자들은 동시에 주부가 되기도 하고 목수가 되기도 하고 나무꾼이 되기도 하고 양재사가 되기도 해야 했기 때문이다.

어느 부락에도 박식한 노인들이 있어 오랜 노동의 경험을 젊은이들에게 전해주었다.

그러면 각자의 솜씨, 각자의 경험을 어떻게 다른 사람에게 전했을까?

우선 말로 한 다음에 실제로 해보인다.

그러나 거기에서는 말이 필요하다.

동물은 그 새끼들에게 살아 있는 도구, 즉 발이나 이를 사용하는 방법을 따로 가르치지 않는다. 그러므로 동물에게는 언어가 필요없다.

그러나 인간에게는 아무래도 말을 할 필요가 있었다. 모두 함께 일을 하기 위해서나 일을 하는 기술과 경험을 노인으로부터 젊은이에게로 전수하기 위해서도 말을 필요로 했다.

그렇다면 석기 시대의 인간은 어떻게 해서 말을 하게 됐을까?

과거로의 두 번째 여행

다시 한 번 과거로 거슬러 올라가보자. 그렇지만 이번에는 앞에서처럼 귀찮은 방법을 취하지 않아도 될 것이다. 일부러 배를 타지 않고 자기 집에 가만히 앉아서 여행할 수 있기 때문이다.

라디오의 스위치를 켜면 우리들은 방에서 한 발자국도 나가지 않고서 눈깜짝할 사이에 서울로부터 부산으로, 부산에서 제주도로 옮겨갈 수 있다. 텔레비전이라면 몇백, 몇천 킬로미터나 멀리 떨어져 있는 사람들의 소리뿐만 아니라 모습까지도 듣고 볼 수 있다. 라디오와 텔레비전 덕택으로 우리들은 공간을 정복한다.

그러면 몇백, 몇천 킬로미터가 아니라 몇백 년, 몇천 년, 또 몇만 년이나 멀리 있는 사람들의 소리를 듣고 모습을 보려면 어떻게 해야 하는가?

지금 우리들이 에테르(빛이나 전자파를 전하는 매질로 가정된 가상적 물질) 속을 여행하고 있는 것처럼 시간 속을 여행할 수 있는 어떤 기계가 있을까?

있다. 그것은 영화다.

현재에 있는 것뿐만 아니라 그 전에 있었던 일까지도 포함하여 전 세계의 사건을, 스크린을 통해서 볼 수 있다.

보라, 모스크바의 붉은 광장에서 수많은 군중이 북극 탐험대를 환영하면서 와글와글 떠들어대고 있다. 보라, 성층권 기구인 새하얀 곤돌라가 마치 새로운 스푸트니크(소련에서 발사한 인공위성)처럼 먼 상공으로 사라져간다. 우리들이 지금 보고 있는 것은 벌써 20년 전에 일어난 사건들이다.

그러나 영화의 카메라는 그것이 만들어진 해보다 더 이전의 과거로는 우리들을 데려가지 못한다. 더구나 그것이 만들어진 것은 오래 전의 일이 아니다. 1927년—이 해에 처음으로 유성 영화가 나타났다.

더 거슬러 올라가서 '시간 여행'을 하려 한다면 우리들은 어떻든 간에 이 배에서 저 배로 갈아타야만 하고, 그때마다 배는 점점 나빠져간다. 기선에서 범선으로, 범선에서 더 작은 배로 갈아타는 식으로. 유성 영화의 전신은 무성 영화다. 우리들은 거기서 과거는 볼 수는 있지만 들을 수는 없다.

축음기가 있다. 우리들은 미묘한 소리까지 들을 수 있다. 하지만 말을 하고 있는 사람의 모습을 볼 수 없다. 여기에서도 또한 이들 배는 그들이 출항한 해변까지밖에 우리들을 데려다주지 않는다.

무성 영화라 할지라도 1895년보다 더 오래 된 것은 우리들에게 보여줄 수 없다. 축음기는 그것이 만들어진 1877년까지밖에는 우리들을 데려다주지 못한다.

목소리는 문자의 기초로 보존되어 어느 것이나 마찬가지로 책 속의 행간 사이에 벙어리처럼 아주 조용히 있을 뿐이다.

미소도 시선도 사진 속에서는 얼어붙은 그대로다.

우리 집의 옛날 앨범을 들여다보자. 거기에는 몇 세대의 생활이 있다. 80년 전에 찍은 계집아이의 퇴색한 사진이 눈에 띈다. 계집아이는 사진관 현관에 걸려 있는 정원 그림 앞에 서 있다.

같은 페이지에 신랑과 신부의 사진이 붙어 있다. 신부는 긴 면사포를 덮어쓰고 있고, 신랑은 뚱뚱보에다 대머리로 프록코트를 걸치고 있다. 신랑은 어디를 보나 신부보다 30세 가량 연상이다. 신부는 옆 사진의 계집아이와 꼭 닮았는데, 천진하고 겁먹은 눈초리를 하고 있다.

다음은 그로부터 40-50년 지난 뒤의 사진. 이번에는 처음 계집아이의 옛 모습을 찾기 어렵다. 검은 레이스가 달린 스카프 밑에 주름잡혀 있는 이마, 체념한 듯한 가냘픈 눈, 이가 빠진 입. 그 오른쪽에는 손에 카메라를 들고 있는 귀여운 소녀의 사진. 그 사진 아래쪽에 노인이 떨리는 손으로 쓴 서명이 있다―"귀여운 손녀에게, 사랑하는 할머니로부터."

앨범의 한 페이지에 사람의 일생이 담겨져 있다.

옛날로 거슬러 올라가면 갈수록 사진이 보여주는 얼굴의 표정, 머리의 방향, 손의 움직임은 점점 어색해진다. 현재 우리들은 전속력으로 말을 달리게 하고 있는 기수, 물에 뛰어들려고 하고 있는 수영 선수를 어렵지 않게 카메라로 포착할 수 있다.

그러나 훨씬 이전에는 사람을 찍으려면 조임틀이 달린 특제 의자에 앉게 하고서 머리나 어깨를 고정시켜 몸을 움직일 수 없게 할 필요가 있었다. 그렇게 만들어진 사진을 보면 인간이라기보다는 인형에 가까운 모습이다.

1838년. 이 해를 경계로 그 이전에는 그 사진조차 없다. 그 전으로 여행을 하기 위해서는 다른 과거의 증인들에게 의존하지 않으면 안 되게 된다. 그렇지만 이 증인들은 카메라와 같이 공정하지도 정확하지도 않다.

과거를 다시 한 번 보기 위해서는 미술관이나 박물관이나 도서관에 보존되어 있는 증거물을 비교 검토할 수밖에 없다.

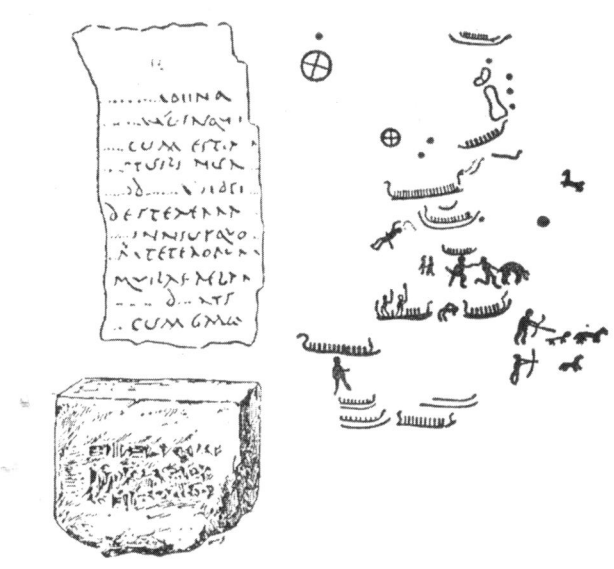

과거의 증인들
왼쪽 위: 양피지에 씌어진 로마인의 필적
왼쪽 아래: 점토판에 씌어진 아시리아인의 설형문자
오른쪽: 원시인이 바위에 새긴 그림

 그러면 연도표의 숫자처럼 몇백 년이란 세월이 눈 깜짝할 사이에 지나간다.
 거기에서 다시 배를 갈아타게 된다.
 1440년. 그 경계를 넘으면 이제 인쇄된 책을 찾을 수 없다. 읽기 쉬운 활자(活字)는 기록하는 서기의 달필로 바뀐다.
 서기의 거위털 펜은 양피지 위를 천천히 미끄러져간다. 그 것과 함께 우리들도 한 걸음 한 걸음씩 문자 하나하나를 더 듬어 과거로 들어간다.
 양피지에서 고대의 파피루스로, 사찰의 벽에 있는 서화(書 畵)로 우리들의 길은 점점 먼 과거로 거슬러 올라가고 있다.

과거 사람들에 의해 남겨진 문자는 더욱더 알기 어려워지고 더욱더 수수께끼 같아진다.

그러한 가운데 문자는 사라져버리고 과거의 목소리는 전혀 들리지 않게 된다.

그 이전에는 어떻게 되어 있을까?

우리들은 지하에 있는 인간의 유적(遺蹟)을 찾고, 옛날의 분묘를 파헤쳐 고대의 도구와 완전히 썩어버린 주거지의 돌, 사라져버린 지 오래인 화덕의 숯을 바라본다.

이러한 과거의 유물은 인간이 어떻게 살았고 일했는지를 이야기해준다.

그런데 그것은 인간이 어떻게 말하고 생각하고 있었는지에 대해서도 우리들에게 이야기해줄 것인가?

말 없는 말

원시의 사냥꾼들이 야영지로 삼고 있었던 동굴의 깊숙한 곳에선 그들의 모습을, 아니 더 정확하게 말하면 그들이 남긴 것을 발견하는 경우가 많이 있다.

1924년, 크리미아 반도의 심페로포리 시에서 그리 멀지 않은 키크 코바 동굴에서 고고학자들은 원시인의 뼈를 발견했다. 그것은 동굴의 한가운데에 있는 장방형의 구멍에 묻혀 있었다.

그곳 바위 끝 아래에서는 사슴의 뼈와 함께 몇 개의 석기 양쪽에 칼날이 달린 돌도끼가 발견되었다.

석기 시대 초기에 살고 있던 사람들의 그러한 야영지는 중앙아시아의 우즈베키스탄에 있는 데시크 타시 동굴에서도 발견되었다.

이곳에서는 원시의 사냥꾼들이 산골짜기의 경사면에서 진을 치고 있었다. 꽤 솜씨가 있는 사람들이었던 것 같다. 손쉽게 잡히지 않는 영양이 주로 그들의 사냥감이었기 때문이다.

석기와 동물의 뼈 외에 8세쯤 되는 아이의 두개골과 뼈가 그 동굴에서 발견되었다. 석기시대 초기 사람들의 유골은 아메리카를 뺀 세계 도처에서 발굴되고 있다.

그러한 유골이 처음 발굴된 독일의 네안데르라는 산골짜기 이름을 따서, 학자들은 이 시대의 사람들을 '네안데르탈인(네안데르탈 원인)'이라 부르고 있다.

우리들도 우리들의 주인공을 '네안데르탈인'이라고 부르기로 하자.

주인공의 새로운 이름이 필요해진 이유는 피테칸트로푸스로부터 몇십만 년이 지나는 동안에 인간이 전혀 다른 것으로 되어버렸기 때문이다.

등뼈는 꼿꼿해지고 양손은 한결 부드러워졌으며 얼굴은 훨씬 인간의 얼굴과 비슷해졌다.

보통 소설가는 표현을 아끼지 않고 자상하게 자기의 주인공을 그려 보인다. '불타는' 눈, '독수리같이 높은' 코, '까마귀 깃처럼 검은' 머리카락 등 이런 식으로 말이다. 하지만 소설가는 그 주인공의 두개골 용적에 대해서는 결코 말한 적이 없다.

그러나 우리들의 입장은 다르다. 주인공의 두개골 용적은 우리들에게 있어서 무엇보다도 중요한 의미가 있으며 그의 눈의 표정이나 머리털의 색깔보다도 훨씬 더 우리들의 주목을 끈다.

　네안데르탈인의 두개골을 주의 깊게 재어보면, 우리는 약간 만족스러워져 이렇게 말할 수 있게 된다. 그의 뇌가 성장하여 피테칸트로푸스보다도 더 커져 있다고.

　몇만 년이라는 노동의 세월이 헛수고가 아니었음을 알 수 있다. 그것은 인간 전체를 변화시켰다. 특히 손과 머리의 변화가 두드러진다. 손은 일을 하고 머리는 생각하지 않으면 안 되었기 때문이다.

　돌도끼와 같은 것을 휘두르고 돌을 새로운 꼴로 만드는 동안에 인간은 자신도 모르는 사이에 자기의 손가락을 변하게 하고 머리를 개조해가고 있었던 것이다. 그 덕분에 손가락은 점점 솜씨 좋게 되어 갔고, 머리는 점점 복잡한 것으로 되어 갔다. 언뜻 보아 누구도 네안데르탈인을 원숭이라고 생각하지는 않으리라.

　그러나 잘 보면 아직도 얼마나 원숭이를 닮아 있는가!

　낮은 이마는 차양처럼 눈 위를 덮어씌우고 있다. 이는 기울어져 앞으로 튀어나와 있다.

죽은 뒤 몇만 년이 지나 그려진 네안데르탈인의 초상화

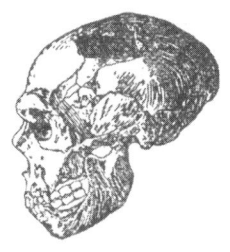

네안데르탈인의 두개골

이마와 턱—이것이 우리들과는 다른 바다. 이마는 급경사로 위로 낮아지고 턱은 있는 둥 마는 둥하다.

거의 이마가 없는 이 두개골에는 오늘날의 인간의 뇌는 도저히 들어가지 않는다. 비스듬히 잘린 듯한 아래턱은 아직 인간의 말을 하기엔 적합하지 않다.

이러한 이마, 이러한 턱을 갖고 있는 인간은 우리들이 생각하거나 말하거나 하는 것처럼 생각할 수도 말할 수도 없었음에 틀림없다.

그렇지만 그에게도 뭔가 말을 할 필요는 있었다. 모두 함께 노동하게 되고부터는 일에 관해 상담을 하지 않으면 안 된다. 턱이 발달해서 턱뼈가 넓혀질 때까지 기다릴 수는 없었다. 그것을 기다리자면 몇천 년이 걸릴지 모른다.

그렇다면 인간은 어떻게 해서 이야기를 하게 되었을까?

인간 자신이 할 수 있는 방식으로 이야기했다. 인간에게는 아직 말을 할 수 있는 특별한 기관이 없었다. 따라서 몸을 사용하여 말을 했던 것이다. 즉 얼굴의 근육을 움직여서 말을 하고 어깨로 말하고 발로 말했는데, 가장 말을 잘하는 것은 손이었다.

당신은 개와 이야기한 적이 있는가? 주인에게 무엇인가를 말하고 싶을 때 개는 눈을 노려보기도 하고 무릎 위에 발을 얹기도 하고 꼬리를 치기도 하고 콧등으로 툭툭 치기도 하고 앞다리를 쭉 펴고 하품을 하기도 한다. 개는 말을 할 수는 없다. 그러므로 코끝에서 꼬리 끝까지 몸 전체를 사용하여 얘기할 수밖에 없다.

원시인도 역시 말로 이야기할 수는 없었다. 그러나 손이 있었다. 이것을 사용하여 다른 사람과 의사소통을 하였다. 현재 그는 손으로 일을 하고 있다. 혀는 일하는 데는 쓸모가 없었기 때문이다.

'자르라'는 말 대신에 인간은 손을 흔들었다. '달라'는 말 대신에 손바닥을 폈다. '이리 오라'는 말 대신 손으로 불렀다. 그때 손은 목소리의 응원을 받았다. 울부짖거나 끙끙거리거나 큰소리로 외치거나 하여 상대의 주의를 끌어 이쪽 손짓에 주목하게 했다.

하지만 우리들은 어떻게 해서 그런 일을 알 수 있게 되었을까?

땅 속에서 발견되는 석기의 조각들은 모두 과거의 조각이지만 손짓의 조각이라는 것이 참으로 남아 있을까? 훨씬 이전에 없어진 손의 움직임을 어떻게 하면 볼 수 있을까?

만일 원시인이 우리들의 조상이 아니고 오늘날의 인간들에게 유산 같은 것을 아무것도 남기지 않았다면 확실히 그것을 볼 수 없을 것이다.

몸짓으로 하는 말

그다지 오래 전 얘기는 아닌데, 레닌그라드에 아메리카 인디언이 온 일이 있다. 이 인디언은 '코에 고리를 꿴다'는 의미의 네메프 족의 한 사람이었는데, 그를 보았더니 아메리카의 소설가 페니모어 쿠퍼가 쓴 것과 같은 저 독특한 창을 휘두르는 인디언다운 점은 어디에서도 찾아볼 수 없었다.

이 아메리카의 손님은 모카신이라는 사슴 가죽신도 신지 않았고, 머리에 새털 장식도 없었다. 그는 우리들과 같은 의

복을 입고 있었고 영어도, 자기 종족의 언어도 자유로이 말했다.

이 두 가지의 말 이외에도 그는 또 하나의 말을 알고 있었다. 그것은

몸짓으로 하는 인디언의 말

먼 옛날부터 인디언에게 전해져온 말이었다.

그것은 세계에서 가장 간단한 말이다. 명사나 형용사의 변화도 없으며 동사의 변화도 없다. 접속사라든지, 형용사라든지 부사와 같은 귀찮은 것은 하나도 없다. 발음을 배우는 데 있어서도 역시 아무런 곤란이 없다. 우선 발음할 필요가 없기 때문이다.

이 인디언이 사용한 말이라는 것은 발음이 없는 언어, 즉 몸짓의 언어였다.

가령 이 말의 사전을 만든다면, 예컨대 다음과 같은 것이 되리라.

몸짓어 사전의 한 페이지
활—한 손으로 활을 잡고 다른 한 손으로 활시위를 당기는 시늉을 한다.
오두막—손가락을 합쳐서 양쪽이 경사진 지붕 꼴을 만든다.
백인—이마에 손을 대고 모자의 차양을 만들어 보인다.
이리—한쪽 손의 손가락 두 개를 두 개의 귀인 양 앞으로

내민다.

토끼—역시 한쪽 손의 손가락 두 개를 앞으로 내밀어 다시 둥글게 반원을 그린다. 긴 귀가 두 개 있고 등이 둥글다는 뜻이다.

물고기—손바닥을 세워 팔랑팔랑 좌우로 움직인다. 이렇게 하면 꼬리를 좌우로 흔들며 헤엄쳐가는 물고기의 모습이 된다.

개구리—물건을 손가락으로 잡는 것같이 손가락을 합쳐서 팔짝팔짝 뛰어오르는 흉내를 낸다.

구름—양쪽 주먹을 머리 위에 얹고 구름이 덮인 형태를 만든다.

눈—역시 양쪽 주먹을 머리 위에 얹고 이것을 천천히 펴면서 흔들흔들 아래로 내린다.

비—역시 양손의 주먹을 이번에는 갑자기 벌리고 힘차게 아래로 내린다.

별—두 개의 손가락을 높이 쳐들고 닫았다 열었다 한다. 별이 반짝반짝하는 형태다.

이 모든 형태는 공중에서 그리는 그림으로 표현된다.

가장 오랜 문자도 사실은 문자가 아니고 그림이었던 것과 마찬가지로 옛날의 손짓도 아마 손짓 그림이 아니었을까?

물론 오늘날의 인디언의 손짓 언어는 원시인이 말하던 언어와는 같지 않으리라. 인디언의 언어에는 옛날의 손짓 외에 원시인이 꿈에도 알지 못했던 것들이 들어와 있다. 예컨대 근래에 사용되고 있는 손짓에는 이런 것들이 있다.

자동차—먼저 양손으로 원을 그려서 두 개의 바퀴를 나타낸 다음에 핸들을 돌리는 시늉을 한다.

기차—역시 두 개의 바퀴를 그려 보인 다음, 손을 파도가 치듯 흔들어 기관차 연통에서 나오는 연기를 흉내낸다.

이것이 가장 새로운 손짓이다. 동시에 또 몸짓의 사전 속에는 다분히 원시인으로부터 오늘날에 이르기까지 친해져 왔다고 생각되는 것도 있다.

이를테면, **불**—손을 파도가 치듯 흔들어 아래에서 위로 기어오르듯 하게 한다. 모닥불에서 치솟는 연기인 셈이다.

일—손바닥으로 공기를 자른다.

"자, 일이다"라고 말할 경우, 원시인은 아마도 손바닥으로 공기를 잘랐을 것임에 틀림없다. 맨 처음 도구가 돌칼, 즉 사물을 자르는 것이었기 때문이다.

일을 한다는 것과 자른다는 것은 같은 것이었다. 따라서 지금도 손, 팔, 도구, 병기, 부수다 등의 말이 서로 몹시 비슷한 나라들이 있다. 러시아 어에서는 손을 루카, 도구를 오루제, 자르다를 루시치라 한다. 영어에서는 '팔'도 '무기'도 역시 암(arm)이고, '군대'는 아미(army)다.

우리들의 몸짓 언어

우리들에게도 몸짓 언어가 있다.

'그렇다'라고 할 경우, 반드시 '그렇다' 하고 말로 하지만은 않는다. 약간 고개만 끄덕끄덕해 보이는 경우도 흔히 있다.

'저쪽이다' 또는 '거기다'라고 말하고 싶을 때는 손가락을 쑥 앞으로 내민다. 원하는 사물을 가리키는 특별한 손가락이 있어, 이것을 일부러 '집게손가락'이라 이름짓고 있다.

인사할 경우에는 머리를 숙여 절한다. 우리들은 또한 머리를 흔든다든지, 어깨를 으쓱한다든지, 양손을 편다든지, 눈살을 찌푸린다든지, 입술을 깨문다든지, 손가락으로 위협하는 모양을 한다든지, 테이블을 두드린다든지, 발을 구른다든지, 손을 젓는다든지, 머리를 감싼다든지, 손을 가슴에 댄다든지, 양손을 낀다든지, 손을 뻗친다든지, 헤어질 때 입술에 손을 대었다가 상대방에게 던지는 시늉을 한다.

한 마디의 말 없이도 이것으로 훌륭하게 말할 수 있지 않은가?

이러한 '말 없는 언어'—몸짓 언어는 좀처럼 없어지지 않는다. 그도 그럴 것이 매우 뛰어난 점이 있기 때문이다. "눈은 입만큼 말한다"라는 말이 있듯이 단 한 번의 몸짓이 천만 개의 말보다 훨씬 많은 것을 표현하는 경우가 있다. 훌륭한 배우가 되면, 30분 동안 한 마디도 지껄이지 않고 단지 그 눈썹, 눈, 입술만으로도 말 이상의 것을 얘기할 수 있다.

그러나 함부로 몸짓 언어를 사용한다는 것은 그다지 칭찬할 일이 못 된다.

말로 할 수 있는 것을 일부러 손이나 발로 표현할 필요가 있을까! 원시인이라도 그러지 않으리라. 발을 구르고 혀를 내밀고 손가락으로 사람을 찌르는 습관 같은 것은 빨리 없애는 것이 좋을 것 같다.

하지만 '말 없는 말'이 다른 무엇으로도 대치될 수 없는 경우가 있다.

기를 흔들어서 배에서 배로 신호를 보내고 있는 것을 본 일이 있는가? 먼 거리라면 바람이 윙윙거리는 소리나 파도

소리, 때로는 포성마저 거스르면서 큰 목소리로 외친들 도저히 전달되지 않을 것이다. 이럴 때는, 귀는 사람이 말하는 것을 들을 수 없으므로 눈의 도움을 받는 수밖에 없다.

당신도 실제는 끊임없이 '말 없는 말'을 사용하고 있다. 학교에서 선생님께 질문을 할 때 당신은 손을 들 것이다. 이것은 좋은 일이다. 3, 40명의 학생이 한꺼번에 떠들어댄다면 수업을 할 수 없을 것이기 때문이다.

이렇게 오랫동안 계속해서 존재해왔으며 게다가 사람들에게 필요한 것임을 보면 몸짓 언어는 결코 시시한 것이 아닌 것이다.

확실히 말하는 언어가 이기긴 했으나 옛날의 몸짓 언어를 완전히 몰아내지는 못했다. 패자는 승자의 하인이 되었다. 많은 민족 사이에서 몸짓 언어가 하인의 언어, 머슴이나 손아래 사람의 언어로 남아 있는 것은 바로 그 때문이다. 오늘날에도 예의범절상으로는, 아랫사람은 불쑥 말하지 않고 먼저 인사를 하고 난 다음에 이야기를 해야 하는 것으로 되어 있다.

중동의 어느 나라에서는 최근까지도 부인은 다른 남자와 말을 주고받을 수 없었다. 손짓으로만 말하지 않으면 안 되었다.

몸짓 언어는 시리아에도 이란에도 그 밖의 많은 나라에도 널리 퍼져 있다.

예컨대 이란에서는 궁정의 하인은 손짓으로만 말해야 했다. 신분이 같은 자에게만 말을 할 수 있었다. 글자 그대로 '말하는 권리'를 잃었다. 실로 가엾은 사람들이었다.

인간이 지혜를 몸에 익히다

숲 속의 짐승은 사방에서 수없이 들려오는 신호에 대하여 어떤 것에든 눈을 크게 뜨고 귀를 기울이고 있다. 나뭇가지가 삐걱 소리를 낸다. 이는 적이 몰래 다가오는 신호일지도 모른다. 도망치든지 또는 반격 준비를 하든지 해야 한다.

뇌성이 울리고 세찬 바람이 불어와 숲을 지나가면서 나뭇잎을 뒤흔든다. 이것은 폭풍우의 예고이므로 구멍이나 둥우리 속에 숨지 않으면 안 된다.

마른 잎이나 버섯 냄새와 함께 먹이의 냄새가 슬며시 지면을 타고 전해져온다. 먹이를 뒤쫓아가 붙잡지 않으면 안 된다.

속삭임, 냄새, 풀밭의 발자국, 울음소리. 그 하나하나는 무엇인가의 의미를 갖고 있고 무엇인가를 요구하고 있다.

원시인도 역시 세계가 자기에게 보내오는 신호에 귀를 기울이고 있었다. 그러나 그러한 신호 이외에 그는 얼마 안 가서 부락(部落) 사람들이 보내오는 다른 신호를 이해하는 것도 배웠다.

숲의 어디에선가 사슴의 발자국을 발견했다. 그는 손을 흔들어 뒤따라오는 다른 사냥꾼들에게 이를 알린다. 그들은 아직 사슴의 모습을 보지 못했지만, 보내온 신호를 보고 긴장해서 무기를 꽉 움켜잡는다. 마치 사슴의 가지 많은 뿔과 쫑긋 세운 귀를 눈으로 본 것처럼.

땅 위에 남겨진 발자국—이것은 신호다. 발자국을 발견했다는 손짓—이것은 신호의 신호다.

사냥꾼들 중에서 누군가가 땅 위에서 짐승의 발자국을 발견하거나 발소리를 들을 때마다 그는 부락의 사람들에게 신호를 보낸다.

　이렇게 하며 자연이 인간에게 보내오는 신호에 인간이 인간에게 전하는 '신호의 신호', 즉 말이 결합된다.

　파블로프 박사는 자신의 저서에서 인간의 말이란 것은 즉 '신호의 신호'라고 말하고 있다.

　처음에 그것은 몸짓과 외침뿐이었다. 눈과 귀가 받아들인 이 '신호의 신호'는 마치 중앙 전화국에 가는 것처럼 인간의 뇌로 간다. '짐승이 있다'는 '신호의 신호'를 받으면 뇌는 곧 명령을 내린다. 손으로 단단히 창을 잡고 눈으로 나뭇잎 사이를 가만히 노려보고, 귀로 숲 속의 바스락거리는 소리에 주의를 기울이라고. 짐승의 모습은 아직 보이지 않고 소리도 들리지 않고 있는데, 사람은 벌써 그것을 맞이할 준비를 갖추고 있다.

　몸짓이 점점 많아져 머리 속에 들어온 '신호의 신호'가 많아지면 많아질수록 인간의 두개골의 전두부(前頭部)에 있는 '중앙 전화국'의 일거리는 그만큼 많아진다.

　따라서 '중앙 전화국'으로서는 점차 확장되어 가지 않으면 안 되게 되었다. 새로운 세포가 잇달아 나타나고 이들 세포간의 연락이 더욱더 복잡해져간다. 뇌는 성장하고 용적이 커진다.

　네안데르탈인의 두개골 용적은 피테칸트로푸스의 것보다도 4백 내지 5백 입방센티미터 더 크다. 인간의 뇌는 발달하고 인간은 생각하는 것을 배우게 되었다.

　'태양'이라는 뜻의 신호를 보거나 들으면, 그때가 설사 밤중일지라도 인간은 태양에 대하여 생각했다.

창을 가져오라는 신호를 받으면 설령 손에 창을 갖고 있지 않더라도 인간은 창에 대해 생각했다.

모두 함께 일하는 노동은 인간에게 말하는 것을 가르쳤고 말하는 것을 배우면서 인간은 생각하는 것을 배웠다.

인간은 그 지혜를 자연으로부터 받은 것이 아니라 자기 손으로 획득한 것이다.

혀와 손이 임무를 바꾸다

아직 도구가 적고 경험도 별로 많지 않았던 때에는 경험을 전수하는 데 있어서도 극히 쉬운 몸짓만으로 충분했다. 하지만 노동이 복잡해짐에 따라서 몸짓도 그만큼 복잡해졌다. 물건 하나하나에 각기 다른 몸짓이 필요하게 되어 몸짓으로 물건을 정확히 그려내는 것이 필요했다.

그리하여 몸짓의 그림이 나타나게 되었다. 인간은 짐승, 무기, 나무를 공중에 그려보였다.

지금 인간이 호저(豪豬)를 그려 보이고 있다. 그는 그냥 호저를 그려 보이는 것만이 아니라, 그 사이에 자기 자신이 호저가 되어 버린 것같이 행동한다. 호저가 땅을 파고 발로 흙을 옆으로 헤치고 몸의 가시털을 곤두세우는 시늉을 몸짓으로 해 보인다.

그러한 무언의 말을 하기 위해서는 오늘날 진정한 예술가만이 해낼 수 있는 대단한 관찰력이 필요할 것이다. 지금 당신이 "물을 마신다"라고 말했다 하자. 하지만 어떻게 마실 것인가, 컵으로 병으로 아니면 단순히 손으로 퍼서 마실 것인가를 이 언어만으로는 잘 알 수 없다.

손짓으로 말하는 것을 아직 잊어버리지 않은 사람이라면 그렇게는 하지 않는다.

그는 입에 손바닥을 대며 정말로 목이 마른 것처럼 입맛을 다신다. 그러면 물이 참으로 마시고 싶을 만큼 맛있게 보이고 시원하게 갈증을 풀어줄 듯이 보인다.

우리들은 단순히 "낚시하러 가자"라든지, "시장 가자"라고 하지만, 고대 인간은 사냥의 장면을 자기의 몸짓으로 그려 보였다.

몸짓의 언어는 빈약하기도 했지만 풍부하기도 했다.

물건이나 사건을 생생하게 그려 보인다는 점에서 몸짓 언어는 풍부했지만, 동시에 그것은 빈약하기도 했다. 몸짓으로 오른쪽 눈도 왼쪽 눈도 가리킬 수는 있지만 단순히 눈이다 할 때는 몹시 어려웠다.

몸짓으로 사물을 올바르게 그려 보일 수는 있지만 사물의 성질을 나타내는 것과 같은 사고 방식은 표현할 수 없었다.

몸짓의 언어에는 그 밖의 결점도 있었다.

해가 져서 어두워지면 몸짓 언어로는 말할 수 없었다. 캄캄한 곳에서는 아무리 손짓을 해도 아무도 보지 못하기 때문이다. 아니, 대낮에도 반드시 몸짓 언어가 통한다고는 할 수 없었다.

들판이라면 별다른 어려움 없이 몸짓으로 이야기할 수 있었다. 그러나 숲 속에 들어가서 나무 때문에 사냥꾼들이 서로 떨어지게 되면 몸짓 언어는 전혀 통하지 않게 되었다.

인간이 소리를 내서 말하지 않으면 안 되게 된 것도 요컨대 그 때문이다.

처음에는 혀도 목구멍도 마음대로 돌아가지 않았다. 하나의 음과 다른 음을 구별하기도 어려웠다. 소리를 내면 곧 외치는 목소리, 으르렁거리는 목소리로 뒤죽박죽이 되었다. 이윽고 인간이 혀를 굴복시키고 한 마디 한 마디를 확실히 발음하게 되기까지에는 적지 않은 시간이 흘렀다.

그렇더라도 처음에는, 혀는 손을 도울 뿐이었다. 그러나 점차 확실하게 또 똑똑히 말하는 것을 배우게 됨에 따라 혀는 차차 오케스트라의 제1바이올린의 임무를 스스로 맡기에 이르렀다.

손짓 언어의 얌전한 조수에 불과했던 발성어(發聲語)는 제1선으로 올라섰다.

입 속의 혀의 움직임은 다른 몸짓에 비하여 제일 눈에 띄지 않는 움직임이다. 그러나 혀의 움직임에는 그것을 귀로 들을 수 있다는 뛰어난 성질이 있다.

맨 처음 발성어는 몸짓 언어와 매우 비슷했다. 그것은 역시 그림이었다. 역시 하나하나의 물건과 동작을 생생하고도 확실하게 그리고 있었다.

서아프리카의 기니아 연안에 에베라는 종족이 살고 있다. 이 종족의 말에는 단순히 '걷는다'라는 것은 없다. 단지 이렇게 말하고 있다.

'조 제 제'—씩씩한 발걸음으로 육중하게 걷는다.

'조 보코 보코'—뚱뚱보가 걷는 것처럼 무거운 발걸음으로 걷는다.

'조 브라 브라'—길을 가리지 않고 대단히 급하게 황급히 걷는다.

'조 피아 피아'—종종걸음으로 걷는다.

'조 고브 고브'—머리를 앞으로 숙이고 약간 발을 끌 듯이 걷는다.

어느 표현이나 바로 발성어로서 자상하게 모든 발걸음을 극명(克明)하게 그려내고 있다. 거기에는 단순히 씩씩한 걸음걸이가 있는가 하면 호리호리한 사람의 씩씩한 걸음걸이와 발을 구부리지 않고 걷는 사람의 씩씩한 걸음걸이도 있다.

여러 가지 걸음걸이 그 수만큼의 표현이 있다.

몸짓 그림은 언어의 그림으로 바뀌었다.

이리하여 인간은 말하는 것을 익혔다. 처음에는 몸짓으로 나중에는 언어로.

강과 그 수원(水源)

우리들은 과거로 여행하는 동안 무엇을 찾아냈는가?

강줄기를 따라 거슬러 올라가서 그 수원을 찾아내는 탐험가처럼 우리들은 인간의 경험이라는 대하(大河)가 시작되는 그 지점에까지 이른 것이다.

그 원류(源流)에서 우리들은 인간 사회의 시초(始初)도 언어의 시초도, 사물을 생각하는 시초도 찾아냈다.

하나하나의 지류(支流)가 흘러 들어올 때마다 강이 커져가는 것처럼 인간의 경험이라는 강 또한 하나하나의 세대가 축적한 경험을 가지고 들어옴으로써 차차 넓고 깊어져간다.

세대는 세대로 이어지고 과거로 퇴장한다. 사람들도 종족도 흔적 하나 없이 사라져버리고 도시도 마을도 형체 하나 없이 무(無)로 돌아간다. 시간의 파괴력 앞에서 버틸 수 있는 것은 하나도 없는 것처럼 보인다. 하지만 인간의 경험은 사라져버리는 일이 없었다. 시간을 이겨내고 그것은 언어의 속에, 기능 속에, 학문 속에 살아남았다. 언어 속의 하나하나의 단어, 노동 속의 하나하나의 작용, 학문 속의 하나하나의 지식—그것은 쌓이고 쌓여 함께 결합된 몇 세대의 경험이다.

강으로 흘러든 지류의 물이 한 방울도 헛되지 않은 것같이 이들 세대의 노동도 헛되이 끝나는 일은 없었다. 옛날 사람들의 노동은 지금 사람들의 노동과 일체가 되어 인간의 경험이라는 강 속에서 융합되고 있다.

우리들은 강의 원류에, 우리들의 일체의 원천에 당도한 것이다. 거기에서 우리들은 일을 하고 말을 하고 생각하는 생물—인간의 발생을 보았다.

인간을 원숭이로부터 떼어놓은 몇천만 년이란 오랜 세월을 돌이켜볼 때 "노동이 사람을 만들었다"고 한 프리드리히 엥겔스의 유명한 말을, 우리들은 생각하지 않을 수 없다.

제2장 거인의 청년 시대

1

고향의 폐가(廢家)

  사람들이 떠나버린 뒤의 집 안에는 대개 쓸데없는 물건들이 남아 있게 마련이다. 텅 빈 방 앞의 마루에서 종이 조각, 깨진 그릇, 빈 병 등이 뒹굴고 있다. 오랫동안 불을 피운 일이 없는 부엌의 아궁이에는 깨진 항아리나 접시 조각이 즐비하게 늘어서 있다. 또 선반 위에 놓고 간 유리 없는 남포는 한층 황량한 분위기를 자아내고 있다.
  방의 한쪽 귀퉁이에 너덜너덜 솜뭉치가 비어져나온 안락의자가 기분 좋게 잠들어 있다. 이 안락의자는 오래 전에 발이 하나 없어졌기 때문에 같이 떠나지 못하고 홀로 남게 되었던 것이다.
  이 집에서 살던 사람들이 어떤 생활을 했는지 물건만을 보고는 알기 어렵다. 마찬가지로 이와 같은 문제에 부딪히는 것이 고고학자의 일이다. 고고학자는 늘 맨 뒤에 그 집에 들어가게 된다. 그것도 집이 본래 있던 대로의 집이면 좋겠지만, 보통 그가 찾아가는 것은 대개 맨 마지막 주인이 집을 떠나고 몇백 년이 지나고 나서다. 때로는 집이란 아예 없고 무너져내린 벽과 주춧돌의 흔적만 눈에 띄는 경우도 있다. 거기에서는 하나하나의 조각이 발견이요, 하나하나의 부스러기가 성공이다.

그 언어를 알고 있는 사람에게 낡은 집은 얼마나 많은 것을 이야기해줄까!

남루한 돌 옷을 걸치고 있는 고탑, 무정한 풀에 묻혀버린

16세기 버지니아 인디언의 부락. 이 사람들은 이제 동굴이나 움막에 살지 않고 분명한 집에서 살고 있었다.

고벽은 얼마나 많은 사람들을 바라보고 얼마나 많은 사건을 보아왔을까!

하지만 가장 많은 세월을 지켜보아온 것은 그것과는 다른 집, 이 세상에서 가장 오래 된 집, 바로 저 동굴이다.

동굴 가운데는 5만 년 전에도 사람이 살고 있었다는 것을 말해주는 오래 된 유물도 있다. 다행히도 산이 지극히 단단해서 그 산에 있는 동굴의 벽도, 사람들이 세운 집의 벽처럼 쉽게 허물어지지는 않는다.

여기에 그와 같은 동굴이 하나 있다. 동굴의 주민은 여러 번 바뀌었다. 맨 처음의 주인은 지하수였다. 동굴 속에 진흙이나 모래나 자갈 등을 산처럼 쌓아놓은 것은 이 지하수였다.

이윽고 물은 빠져나갔다. 동굴 속에서 사람들이 살게 되었다. 진흙 속에서 발견된 서툰 솜씨로 만든 돌칼이나 돌도끼가 이것을 이야기해주고 있다. 원시인은 이러한 칼이나 도끼로 짐승의 사체를 째고 살과 뼈를 분리하고 고기를 얻기 위해 뼈를 발랐다. 이것으로 여기에 들어온 사람들이 사냥꾼이었음을 알 수 있다.

또 오랜 세월이 흘렀다. 사람들은 동굴을 떠났다. 대신 새로운 주인이 나타났다. 동굴의 벽이 곱게 다듬어져 있다. 이것은 오소리가 살면서 바위벽에 등을 비벼댄 흔적이다. 보라, 거기 있는 것이 바로 오소리가 아닌가? 아니, 정확하게 말해서 오소리의 머리뼈가 아닌가? 이마가 넓고 코 부분이 뾰족한 머리뼈.

한층 위에는 또 사람들이 살았던 흔적이 있다. 모닥불의 숯과 재, 곱게 빻은 뼈, 돌로 만든 그릇, 뼈로 만든 도구. 사람들이 다시 동굴로 돌아왔던 것이다. 우리는 그때의 사람들을 보지는 못했지만 그들에 대해서 여러 가지 얘기를 할 수 있다. 그러기 위해서는 그들이 남긴 물건들을 바라보기만 해도 된다.

익숙하지 않은 눈에는, 그것은 보통의 돌 조각에 지나지 않으나, 꼼꼼히 살펴보면 칼이나 톱이나 송곳 비슷한 것들을 발견할 수 있을 것이다. 칼처럼 날이 있는 것, 송곳같이 끝이 뾰족한 것, 톱같이 끝에 톱니가 있는 것 등.

이것들이 바로 우리 조상들의 도구인 것이다. 그중에서도 가장 오랜 것은 망치의 조상인 환석(丸石)이다. 환석으로 돌을 부수거나 쪼개 얇은 조각을 만들고 이를 재료로 하여 도구를 만들었던 것이다.

망치가 있다고 하면 그곳에 모루와 같은 대석(臺石)이 있어야만 한다.

이리하여 동굴의 밑바닥에 괴여 있는 쓰레기를 열심히 파내 보았더니, 있었다! 망치에서 가까운 곳에서 대석이 발견되었다.

망치는 돌로 되어 있다.

대석은 뼈로 되어 있다.

그것은 오늘날의 모루와는 너무도 다르지만 주의해서 보면 얼마나 성실하게 자신의 임무를 다하였는가를 잘 알 수 있다. 망가지고 상처투성이다. 필요한 모양을 만들기 위해 망치로 도구를 두들기고 있을 때, 받침돌 또한 호되게 얻어맞고 있었던 것이다.

이들 도구는 우리들에게 무엇을 가르쳐주고 있는가?

동굴의 새로운 주인은 여러 가지 점에서 처음 주인을 훨씬 앞지르고 있었다고 말하고 있다. 지난 몇천 년 동안에 인간의 노동은 훨씬 종류도 많아지고 어려워졌다.

처음에는 칼날이 붙은 돌 하나로 무엇이든 하고 있었다. 지금은 물건을 자르는 도구, 찍는 도구, 깎는 도구, 쪼개는 도구 등 각기 따로따로 만들어져 있다. 끝을 뾰족하게 만든 것은 송곳이다. 옷을 바느

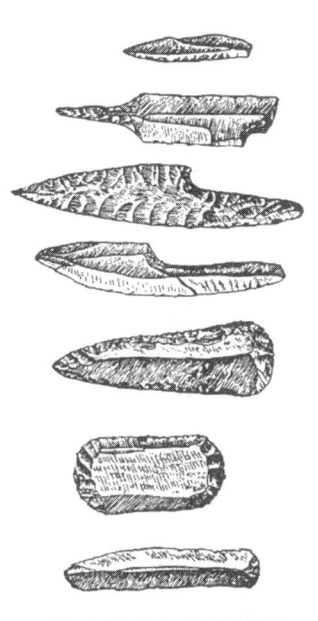

여러 가지 형태의 도구(위에서부터 창의 끝부분(두 개), 송곳, 날을 세운 칼 조각, 그외 여러 가지 도구)

질할 때 이 송곳으로 털가죽에 구멍을 낸다. 톱니 같은 칼날이 달린 도구는 톱으로 가죽이나 살을 자른다. 가늘고 길게 깎은 것은 창끝이다.

인간에게는 바깥일과 가사 일이 늘어만 갔다. 그때 마침 닥쳐온 것이 혹심한 추위다. 인간은 곰가죽으로 옷을 만드는 일, 겨울에 먹을 고기를 마련하는 일, 또 겨울 동안 춥지 않게 지낼 수 있는 장소를 마련하는 일 등으로 이리저리 마음을 써야 했다. 이러한 일을 위해서는 한두 개의 도구가 아니라 한 벌씩의 도구가 필요했다.

우리 조상들의 거처에서 도구들의 조상도 발견되는 것은

이러한 이유에서다.

　물론 우리들의 눈에 띄는 것은 시간이 보존해온 물건들뿐이다. 그러나 시간은 그다지 좋은 파수꾼은 아니다. 돌이나 뼈로 만들어진 것 중 가장 강하고 튼튼한 물건밖에 보존해주지 않았다. 나무나 짐승 가죽으로 만들어진 것은 모두에서 없어지고 말았다. 그러므로 송곳은 지금까지 남아 있지만, 이 송곳으로 바느질했던 옷은 남아 있지 않다. 돌로 만든 창끝은 전해져오고 있지만 이 창끝을 달았던 나뭇가지는 전해져오고 있지 않다.

　따라서 우리들은 남아 있는 물건들을 보고 도중에 사라진 물건들을 상상해볼 수밖에 없다. 있을까 말까 한 그 흔적과 조각들을 바탕으로 하여 이제는 사라져버린 것, 지금으로부터 몇천만 년 전에 완전히 없어진 것을 새로이 만들어볼 수밖에 없다.

　어쨌든 좀더 발굴을 계속해보자.

　발굴은 위에서 아래로 해가는 것이 보통이다. 먼저 맨 위층을 파내 점점 아래로 아래로 땅 속 깊이, 즉 역사의 깊은 곳까지 파내려간다. 고고학자는 책을 맨 끝에서부터 거꾸로 읽어가는 셈이다. 맨 마지막 페이지에서 시작하여 맨 처음 페이지에서 끝이 난다.

　우리들의 이야기는 그것과는 다르다. 우리들은 맨 아래층에서부터 즉, 동굴 역사의 맨 처음 장에서부터 시작했다. 그리고 점점 위로 올라 우리들 시대에까지 다가왔다.

　그런데 그 후의 동굴 속에서는 어떤 일들이 일어났을까?

　지층을 조사해보면 사람들이 몇 번이고 동굴을 떠나고 또한 몇 번이고 되돌아왔다는 것을 알 수 있다. 사람들이 동굴을 떠난 동안에는 곰이나 산짐승들이 주인이 되어 진흙이나 먼지를 가득 가지고 들어왔다. 천장에서는 바위 조각이 떨어졌다. 그래서 많은 세월이 흐르고 사람들이 다시 동굴을 찾아왔을 때는 이전 사람들에 관해 이야기해줄 만한 것은 무엇 하나 찾아볼 수 없게 되어 있었다.

몇 년, 몇 세기, 몇천 년이 흘렀다. 사람들은 푸른 하늘 아래에 자기 집을 짓고, 자연이 만들어준 은신처를 사용하는 것을 그만두었다. 동굴은 빈 집이 되어, 단지 겨우 산허리에서 소나 양을 기르는 목동이나 산에서 악천후를 만난 나그네의 잠깐 동안의 은신처로 되고 말았다.

이리하여 동굴사(洞窟史)의 최후의 장이 시작되었다. 동굴에 또다시 사람들이 들어왔다. 단 여기에 살기 위해서가 아니라 이전에 사람들이 어떤 모습으로 살고 있었나를 알기 위해서였다.

고대의 석기를 파내기 위하여 그들은 최신식의 현대의 철기를 갖고 왔다. 지층에서 지층으로 파내려가면서 이 과거의 연구가들은 동굴의 역사를 처음부터 끝까지 쭉 읽어 내려갔다. 도구를 비교하면서 세대에서 세대로 어떻게 솜씨가 발전하였고, 어떻게 사람들의 경험이 성장해갔는가를 조사했다. 인간의 도구가 몇천 년 동안 쉴 새 없이 변해가고 차츰 나아져가고 있음을 발견했다. 거칠고 조잡했던 돌도끼는 얇고 넓게 다듬어진 재료로 만들어진 창끝, 대패, 송곳, 칼 등으로 변했다. 또 돌로 된 도구 외에도 뼈나 뿔이라는 새로운 재료로 만들어진 도구가 덧붙여졌다. 돌을 깨뜨리는 망치 외에

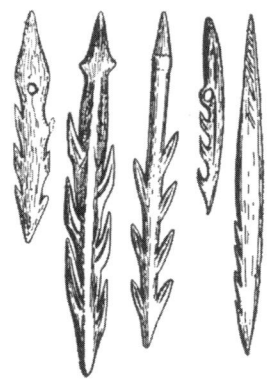

순록의 뼈로 만든 칼과 작살

뼈나 가죽이나 나무를 세공하는 도구가 나타났다. 똑같은 돌을 가지고 인간은 뼈를 자르는 칼을 만들고, 가죽 제품을 마무리하는 대패를 만들고 나무에 구멍을 뚫는 송곳을 만들었다. 인공 손톱과 이는 더욱더 예리해지고, 더욱더 다양하게 되었으며, 사냥감을 잡는 인공 손은 더욱더 길어져 갔다.

긴 손

막대기에 돌로 만든 창끝을 달아 창을 만들었을 때, 인간은 자신의 손을 그만큼 길게 만든 것이었다.

그 덕분에 인간은 한층 강해지고 대담해졌다.

이전에는 갑자기 곰을 만나면 놀란 나머지 도망을 쳤었다. 이 동굴에 사는 털북숭이 동물은 인간의 힘으로는 벅찬 상대였었다. 작은 짐승들이라면 그다지 힘들이지 않고서도 잡을 수 있었지만, 곰과는 맞서 싸울 용기가 나지 않았었다. 곰의 발톱에 걸리게 되면 우선 목숨이 위태로웠기 때문이었다.

이것은 창을 갖기 이전의 인간의 상태였다. 창은 그에게 용기를 주었다. 곰을 보아도 도망치지 않을 뿐더러 먼저 나아가 싸움을 걸었다. 곰은 거대한 몸을 똑바로 세우고 사냥꾼을 덮쳐온다. 그러나 곰의 앞발이 인간에게 닿기 전에 뾰족한 창끝이 곰의 배를 찌른다. 창이 곰의 발보다도 훨씬 길기 때문이다.

창끝에 다친 곰은 사납고 난폭해져서 일부러 꼬챙이에, 즉 창에 맹렬하게 달라붙는다. 따라서

잡혀 죽은 곰(원시인의 그림)

돌로 만들어진 창끝은 더욱더 깊이 곰의 몸 속으로 파고 들어간다.

단 창의 자루가 끊어진다면 큰일이다.

곰은 인간을 밑에 깔고 얼굴이든 어깨든 가리지 않고 발톱과 이로 마구 물어뜯었다. 그러나 곰이 인간을 이기는 일은 좀처럼 없었다. 인간은, 그 무렵에는 혼자서는 사냥을 나가지 않았다. 외치는 신호를 들으면 온 부락 사람들이 총출동하여 사방에서 포위하고 마구 덤벼 돌칼로 숨통을 끊었다.

창은 이전에는 꿈에도 생각지 못했던 사냥감을 인간에게 가져다주었다. 지금도 동굴 속에서 석판(石板)으로 만든 창고를 발견할 수 있다. 그 가운데에는 곰의 뼈가 쌓여 있다. 여기에 곰고기를 많이 쌓아두었다고 한다면 확실히 곰 사냥은 순조로웠음에 틀림없다.

곰과 같은 느림보를 상대하는 것이라면 창만큼 편리한 것이 없다. 그러나 인간은 더욱 빠르고 영리한 다른 짐승들과도 싸우지 않으면 안 되었다.

들판을 돌아다니다가 인간은 말이나 들소 떼를 자주 만났다. 사냥꾼들은 넙죽 엎드려 그 무리에 살금살금 다가갔다.

사냥꾼이 활을 손에 들었다.
(동굴 벽에 그려진 그림)

하지만 그 기미를 알아차리면 그 무리는 튀듯이 펄쩍 뛰어 질풍 같은 기세로 도망가버린다.

말이나 들소를 상대하기에는 아직 인간의 손은 지나치게 짧았다. 그리하여 생각해낸 것이 뼈라는 새로운 재료다.

돌칼로 뼈를 깎아 가볍고 잘 드는 창끝을 만들었다. 이 창끝을 막대기에 매달았다. 새로운 도구 투창(投槍)이 만들어졌다. 도망치는 말에 무거운 창은 던질 수 없지만, 가벼운 뼈로 만든 창끝을 단 투창이라면 던질 수 있다. 게다가 멀리까지 던질 수 있다.

이로 인하여 인간의 손은 또다시 훨씬 더 길어졌다. 인간은 투창이라는 날아가는 도구 덕분에, 도망치는 말을 따라잡을 수 있게 되었다.

그러나 달리는 표적을 맞히는 것은 그리 쉬운 일이 아니다. 그 일에는 힘센 팔과 확실한 눈이 필요하다.

사냥꾼은 어려서부터 창을 던지는 것을 배웠다. 그러나 사냥을 나가 백 개를 던져 열 개를 맞히는 경우도 드문 것이었다.

몇 세기가, 몇천 년의 세월이 흘러갔다. 말도 들소도 적어졌다. 인간이 그들을 너무나 많이 사냥했기 때문인지도 모른다. 이리하여 사냥꾼들이 빈손으로 돌아오는 경우가 점점 많아졌다. 더 멀리까지 닿을 수 있는 새로운 도구를 생각해야 할 필요가 생겼다. 더욱더 손을 길게 할 필요가 생긴 것이다.
 이리하여 인간은 또다시 새로운 도구를 발명했다.
 그는 잘 휘어지는 가느다란 나무를 찾아내 이것을 눌러 구부려 양쪽 끝에 줄을 팽팽하게 했다.
 활이 나타났다.
 사냥꾼이 천천히 활시위를 당기면 팔의 긴장된 근육 에너지가 활시위에 쌓인다.
 다음으로 사냥꾼이 활시위를 놓으면 활시위에 모였던 에너지가 한꺼번에 몽땅 화살에 전달된다. 화살은 무거운 기세로 사냥감을 덮치는 매처럼 앞으로 날아간다.
 손으로 던진 창보다 훨씬 멀리 날아간다.
 투창과 화살은 마치 형제처럼 거의 비슷하다. 하지만 형인 투창 쪽에서 보면 동생인 화살은 몇천 년이나 나이가 젊다.
 요컨대 인간이 화살을 만들게 되기까지 몇천 년이 걸렸다는 얘기가 된다.
 처음에는, 활로 쏜 것은 화살이 아니라 역시 저 투창이었다. 따라서 그 시절의 활은 인간의 키만큼이나 커다란 것이어야 했다.
 이리하여 인간은 자기의 약하고 짧은 손을 길고 강한 손으로 만들어갔다.
 인간은 사슴의 뿔나 매머드의 앞니를 가지고 잘 드는 창끝을 만들어 이 동물의 무기, 즉 그들의 뿔이나 앞니로 하여금 반대로 그들 자신에 맞서게 했다. 인간이 세상에서 제일 강한 생물이 된 것은 바로 이 때문이다.

창을 던지고 활시위를 당기는 손은 이미 평범한 손이 아니라 그것은 거인의 손이었다.

바야흐로 사냥을 나가 이 젊은 거인은 단지 한 마리의 짐승이 아니라 짐승의 무리 전체를 상대로 쫓고 몰아댈 수 있게 되었다.

생물의 폭포

프랑스에 솔뤼토르라는 바위 절벽으로 둘러싸인 고지(高地)가 있다.

이 고지의 기슭에서 고고학자들은 굉장한 뼈의 산을 파냈다. 그곳에는 맘모스의 어깨뼈가 있는가 하면 원시시대의 소뿔도 있었고 오소리의 두개골도 있었다.

그 중에서도 가장 많은 것이 말뼈였다. 사람의 키보다 훨씬 높은 산을 이루고 있는 곳도 있었다. 이 뼈의 산을 조사한 결과 학자들은 말뼈가 적어도 10만 마리나 된다고 계산해냈다.

어떻게 하여 이러한 커다란 말의 무덤이 생겼을까?

다시 세밀히 조사해본 결과 뼈의 대부분은 부서지거나 쪼개지거나 불태워져 있었다. 이들 뼈는 일단 원시시대의 요리사들의 손을 거쳐 이곳에 버려졌음에 틀림없었다. 말의 무덤은, 실상은 무덤이 아니라 부엌의 쓰레기를 버리는 곳이었다.

이렇게 커다란 쓰레기의 산은 1년이나 2년 사이에 만들어진 것은 아니다. 그것은 아주 오랜 세월 동안 사람들이 이곳에서 살고 있었다는 증거다.

그렇더라도 왜 쓰레기의 산이 딴 곳도 아닌 이 장소에, 이

말과 사슴(원시인들이 그린 그림)

절벽 아래에 쌓이고 쌓인 것일까? 원시시대의 사냥꾼들이 들판의 평지를 포기하고 호기심에서 이런 곳에서 야영을 하고 있었던 것일까?

아마도 다음과 같은 사건이 여기서 일어났을 것이다.

들판에서 말 떼를 발견하면 사냥꾼들은 무성한 풀 속에 엎드렸다가 살그머니 다가갔다. 저마다 손에는 몇 자루의 투창을 갖고 있었다. 맨 앞에 있는 사람은 말이 어디쯤 있는가, 몇 마리나 되는가, 어디를 향하여 가고 있는가를 신호로 알린다.

사냥꾼들은 포위망을 구성하여 말 떼를 멀리서 둘러싸고는 차츰 그것을 좁혀간다. 들판의 한가운데 검은 반점처럼 보였던 말도 이제는 아주 뚜렷하게 보인다. 커다란 머리, 가는 다리, 뻣뻣한 긴 털이 잔뜩 자라나 있다.

말 떼는 깜짝 놀란다. 적의 기미를 알아차리고는 도망치려 한다. 그러나 이미 늦었다. 날개 없는 부리의 긴 새 떼처럼 투창이 날아온다.

투창은 말의 볼기에, 배에, 머리에 꽂힌다. 어디로 도망쳐야 좋단 말인가? 말은 삼면이 적으로 둘러싸여 있다. 불쑥 밀어닥친 사람의 울타리 속에는 오직 하나의 탈출구밖에 없다. 문이 있다. 발을 구르고 비명을 울리면서 사냥꾼의 손에서 빠져나가려고 할 때는 이 문으로 달려든다. 거기에 함정이 있었다. 사냥꾼들은 말 떼를 오직 한 방향으로, 벼랑 위로 몬다. 놀라 눈이 뒤집힌 말들에게는 이제 앞뒤를 분간조차 못 할 지경이다. 땀을 흠뻑 흘리며 머리를 흔들면서 하나의 살아있는 물줄기처럼 열심히 계속해서 달린다. 이 흐름은 차츰 고지의 꼭대기에 올라선다. 갑자기 벼랑이 나타난다. 맨 앞에 선 말은 이미 벼랑 끝에까지 와버렸다. 위험을 깨닫자 쿵쿵거리며 뒷다리로 버틴다. 그러나 그대로 머무를 수 없다. 뒤로부터 다른 말들이 몰려와 사정없이 앞으로 계속 밀친다.

이 생명체의 물줄기는 높은 곳에서 폭포가 되어 떨어진다. 벼랑 아래에 피투성이의 시체가 산을 이룬다.

사냥은 끝났다.

벼랑 밑에서 모닥불의 연기가 오른다. 야영지에서 장로(長老)들이 잡은 것을 나눈다. 잡은 것은 부락 전체의 것이다.

그러나 가장 맛있는 살점은 제일 용기 있고, 제일 솜씨 좋은 사냥꾼에게 주어진다.

새로운 사람들

언뜻 보면 시계 바늘은 움직이고 있는 것 같지 않다. 하지만 한 시간, 두 시간이 지나면 확실히 바늘이 움직였음을 알 수 있다.

사람들의 생활도 이와 마찬가지다. 주위에서나 우리들 안에서 일어나고 있는 변화는 금방 알아차릴 수 없다. 역사의 시계 바늘은 움직이고 있지 않은 듯이 보인다. 이윽고 몇 년이 지나고 나서야 비로소 바늘이 움직였다는 것, 우리들 내부도 변했고 주위 것들이 모두 변했다는 것을 문득 깨닫는다.

낡은 것과 새로운 것을 비교하려 할 때

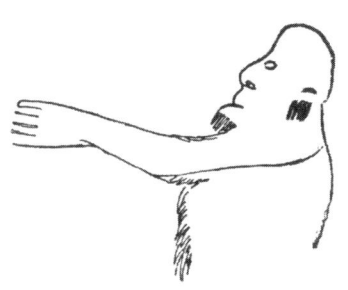
크로마뇽인이 그린 그들의 초상

우리는 일기, 사진, 신문, 책 등을 보면 된다. 우리들에게는 비교해볼 수 있는 자료가 있다. 그러나 우리들의 조상에게는 비교해볼 만한 것이 아무것도 없었다. 그들에게는, 생활은 움직이지도 변하지도 않는 것으로 생각되었다. 마치 숫자가 적혀 있지 않은 새하얀 시계의 문자반에서는 바늘의 움직임이 보이지 않는 것처럼 낡은 것과 새로운 것을 비교해보지 않고서는 변화를 알 수 없다.

석기를 만든 사람은 누구나 이 기술을 가르쳐준 사람의 동작이나 방법을 그대로 흉내내려고 애를 썼다.

집을 짓고 나면 여자들은 그 할머니들이 만들었던 그대로 부뚜막을 만들었다.

사냥꾼들은 관습 그대로의 법칙에 따라 짐승을 몰았다.

그런 가운데서도 사람들은 자신도 모르는 사이에 자신의 도구를, 사는 집을 그리고 자기가 하는 일을 변화시켜갔다.

그러나 처음의 새로운 도구는 어느 것이나 낡은 도구와 매우 비슷했다. 새로운 투창도 이전의 창과 그다지 다르지 않았다. 처음 화살은 투창과 거의 같았다. 그러나 창과 화살은

크로마뇽인은 현대인과 그리 다르지 않은 모습을 하고 있었다. 이것은 크리미아에서 발굴된 두개골을 기초로 복원시킨 크로마뇽인의 얼굴.

이미 다른 물건이다. 화살로 사냥을 하는 것은 창으로 사냥을 하는 것과는 전혀 다른 것이다.

인간의 도구만 변한 것이 아니라 인간 자신도 변해갔다. 발굴해낸 골격을 보면 그것을 잘 알 수 있다. 동굴에 들어간 인간과 빙하시대 말기에 동굴로부터 나온 인간을 비교해보면 이 두 사람이 똑같은 생물이라고는 믿기 어렵다.

동굴에 들어간 것은 네안데르탈인이다. 등은 앞으로 구부러지고 비틀비틀 걸었으며 이마는 거의 없고 턱도 없는 그런 얼굴을 갖고 있었다. 동굴에서 나온 것은 크로마뇽인이다. 늘씬하게 키가 크고 우리들과 그다지 다르지 않은 모습을 하고 있었다.

집의 역사

인간의 생활이 변화함에 따라 그들이 사는 집도 또한 변해 갔다. 여기에서 집의 역사를 쓰려면 먼저 동굴에 관한 것부터 쓰기 시작하지 않으면 안 된다. 그러나 이 집은 자연의 손으로 만들어진 것으로 인간이 지은 것이 아니다. 인간은 이것을 단지 발견했을 뿐이다.

하지만 자연은 그다지 훌륭한 건축 기사는 아니다. 산을 움직여서 거기에 동굴을 만들기는 했지만 동굴에 누가 살든 살지 않든 알 바 아니었다. 그러므로 이것을 찾아내도 인간이 거주하기에 적합한 경우는 거의 없었다. 천장이 지나치게 낮거나 곧 벽이 무너질 듯하거나, 엎드려 기어 들어가기도 어려우리만큼 입구가 좁거나 했다. 살기 좋게 하기 위해서 부락민이 총출동하여 동굴의 바닥과 벽을 돌대패와 말뚝으로 깎고 골랐다.

동굴 어귀 가까운 곳에 화로용 구덩이를 파고 돌로 둘러쌓았다. 어머니들은 아이들을 위해 서둘러 침대를 만들었다. 침대는 땅에 구덩이를 파고 이 구덩이에 이불 대용으로 화로의 따뜻한 재를 깔아 만들었다.

이리하여 사람들은 자연의 손으로 만들어진 동굴에 인간의 손을 보태어, 자신의 노동으로 이것을 사람들이 살 수 있는 곳으로 바꾸었던 것이다.

세월이 흐름에 따라 자기의 거처를 만들기 위한 인간의 노동은 점점 늘어만 갔다.

천연 바위로 된 차양을 발견하면 이것을 지붕으로 하여 벽을 세웠다. 벽이 발견되면, 이 위에 지붕을 만들어 덮었다.

남프랑스의 산지에 원시인의 거주지가 남아 있다. 그 고장 사람들은 이 거주지에 '귀로장(鬼爐莊)'이라는 기묘한 이름을 붙였다. 그도 그럴 것이 큼직한 바위의 동굴 속에 있는 화

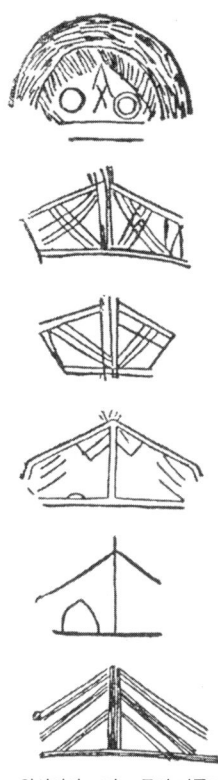

원시인이 그린 그들의 거주지

로를 사용해서 불을 편다는 것은 아마 귀신만이 할 수 있는 일이라고 여겨졌을 것이기 때문이다. 그러나 다름 아닌 자신들의 조상의 역사를 잘 알아보면 그 고장 사람들도 '귀로장'은 귀신이 아닌 인간이 만든 것이라는 것을 깨닫게 될 것이다.

원시 시대의 사냥꾼들은 언젠가 여기에서 바위 차양 아래에 산에서 굴러 내려온 두 개의 바위가 벽처럼 멈추어 서 있는 것을 발견했다. 이 두 개의 벽에 그들은 다시 다른 두 개의 벽을 만들어 붙였다. 하나는 커다란 판석이고, 또 하나는 나무줄기를 짐승가죽으로 감싼 말뚝으로 만든 벽이다.

이 벽이 시간이 흐름에 따라 이제는 사라지고 말았기 때문에 우리는 단지 그렇게 됐을 것이다라고 추측할 수밖에 없다.

벽은 움막을 에워쌌다. 여기서 움막이란 널찍한 구멍으로 그 밑바닥엔 석기 조각들이나 뼈나 뿔로 만들어진 도구의 조각들이 남아 있다.

'귀로장'은 반은 집이고 반은 동굴이다. 이른바 집과 동굴의 잡종과 같은 것으로 거기에서 오늘날의 집이 되기까지는 그다지 멀지 않은 길이다.
 이미 두 개의 벽을 세울 수 있었다면 다음에 네 개의 벽을 세우기란 그다지 어려운 일은 아니기 때문이다.
 이리하여 이제는 동굴 속도 아니고 바위 아래도 아닌 넓디넓은 푸른 하늘 아래에 맨 처음의 집이 나타나게 된 것이다.

원시 수렵인들의 주거지

 1925년 가을, 앞에서 말한 적이 있는 저 돈 강의 가가리노 마을에서 안트노프라는 농민이 자기 뜰을 파고 있었다.
 새 헛간의 벽을 바르는 데 흙이 필요했기 때문이다.
 그런데 간혹 괭이 끝에 무엇이 탁탁 걸렸다.
 안트노프는 지나가던 블라디미노프 선생에게 소리쳤다.
 "여기에 무슨 뼈 같은 것이 있어요? 그래서 전혀 파지지 않아요. 괭이 날은 부러질 것 같고……."
 상대가 선생이 아니고 다른 사람이었더라면 아마 적당히 흘려버리고 그냥 지나갔을 것이다.
 그러나 이 마을의 선생은 대단한 학문 애호가였다.
 선생은 그곳으로 가까이 다가가 방금 구멍에서 파낸 노란빛을 띤 크고, 흡사 닦아서 광을 낸 것 같은 앞니 조각을 요리조리 만져보고 문질러보았다.
 이렇게 커다란 앞니의 주인이 될 수 있는 것은 매머드밖에 없다.
 매머드! 이것은 대단히 놀랄 만한 일이다.
 선생은 구멍에서 파낸 뼈 조각을 모아 차에 싣고 이웃 마을의 박물관으로 가져갔다.

이렇게 작고 보잘것없는 박물관에서도 간혹 뜻밖의 귀한 것들이 나오는 수가 있다. 어떤 방에는 대리석 큐피드와 에카테리나 왕조의 고위 관리의 초상화가 나란히 진열되어 있다.

다음 방을 살펴보면 그 고장의 광석과 식물의 수집품들 곁에 피테칸트로푸스가 털북숭이 손에 몽둥이를 쥐고 허세를 부리고 있다. 선생이 가가리노 마을에서 발견된 뼈를 가지고 간 곳도 그러한 박물관이었다.

박물관장은 매머드의 이를 비롯하여 그 밖의 뼈들을 목록에 기록하고 나서 이것을 광석과 피테칸트로푸스 옆에 진열했다.

이것으로 일단 관장의 임무는 끝났지만 그는 곧 책상에 앉아 레닌그라드의 인류학 민속 박물관에 편지를 썼다. 그곳은 네바 강 언덕에 있는 밝은 건물로, 거기에는 러시아의 학자들이나 탐험가들이 세계 각지에서 모은 수많은 수집품들이 보관되어 있다.

얼마 후 자미야친이라는 고고학자가 레닌그라드에서 가가리노 마을을 찾아왔다. 자미야친은 블라디미노프 마을 선생의 도움을 받으면서 연구를 시작했다.

이런 일은 자주 있는 일이다. 학교 선생이라든지, 마을의 도서관장들이 무엇이든 오래 된 것을 발견하면 이것을 시(市)에 알리고, 시에서는 학자를 마을에 보내 연구하게 한다.

가가리노에서는 무엇이 발견되었을까?

곧이어 발견된 것은 돌대패와 돌도끼, 뼈로 만든 송곳, 구멍이 뚫린 여우의 이, 화로의 재에 섞인 매머드나 기타 동물의 뼈였다.

석기나 앞니 조각들은 땅 속에서뿐만 아니라 창고 벽에 칠해진 흙 속에도 섞여 있었다. 즉 벽 틈에 섞여 있을 정도로 많은 뼈나 석기가 있었음을 알 수 있다.

발굴은 몇 달이나 계속되었고, 출토품(出土品)은 점점 늘어갔다. 이들 출토품— 석기, 장식품, 비품, 동물의 뼈는 조심스럽게 상자에 넣고 포장하여 레닌그라드로 보냈다. 연구는 여러 전문가들의 손으로 옮겨졌다.

광물학자는 어떤 돌로 도구가 만들어졌는가를 알아냈고, 고생물학자는 뼈를 조사하여 원시인들이 어떤 동물을 잡았었는가를 알아냈다. 고미술사가는 세월의 흐름에 따라 완전히 손상된 매머드 뼈로 세공품을 만들어 매머드를 본래의 모습대로 복원시켰다.

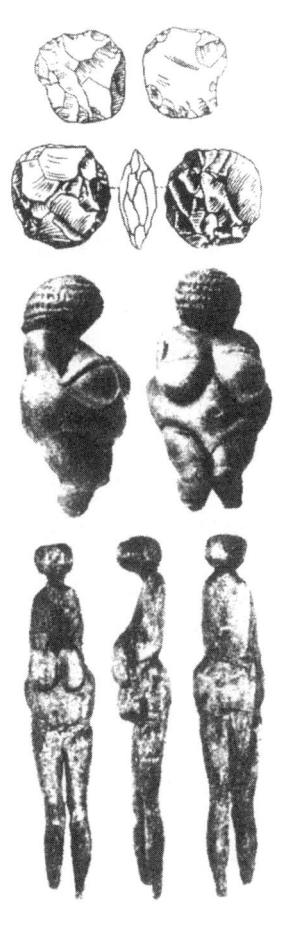

가가리노 마을에서 발견된 석기와 조각

그 동안에도 고고학자는 학문의 법칙대로 주의 깊게 발굴을 계속해갔다. 이들의 눈앞에 고대 사냥꾼들의 거주지의 모습이 점차 확실하게 떠올랐다.

그것은 둥근 움막이었다. 벽을 따라서 판석이나 매머드의 이나 턱뼈가 둘러쳐져 있었다. 벽은 짐승의 가죽으로 감싸인 나무 막대기들로 이루어져 있었던 것 같다. 몇 개의 나무막대기를 꼭대기에서 하나로 묶어 지붕을 만들었다. 벽을 튼튼히 하기 위해 큼직한 돌과 매머드의 뼈를 거기에 기대어 세워놓았다.

밖에서 보면 이 집은 큼직한 천막의 모양이었다.

벽 앞에는 매머드의 앞니로 만든 여자 인형이 놓여져 있다.

하나는 매우 뚱뚱한 여자이고 다른 하나는 여윈 여자다. 아마도 그러한 모델이 있어서 만들었을 것이다. 특히 머리 모양이 정성 들여 조각되어 있었다.

움막 가운데 바닥에 있는 둥근 구멍은 벽장이다. 뼈 바늘, 여우의 송곳니로 만든 장식용 구슬, 매머드의 꼬리 등 간수해두어야 할 물건들을 이 안에 넣었다.

바늘은 옷을 꿰매고 장식용 구슬은 목에 건다. 그런데 매머드의 꼬리는 무슨 이유에서 그렇게 소중히 간수해두고 있었을까?

다른 장소에서 발견된 인형을 보고 판단해보건대, 원시 시대 사냥꾼들은 짐승 가죽을 뒤집어쓰고 위에 꼬리까지 달고서 짐승 흉내를 내는 일이 자주 있었던 듯하다. 어째서 그러한 짓을 했을까? 이것은 다음에 이야기하기로 하자. 지금은 원시인의 거주지에 대해 이야기하고 있으므로.

가가리노에 있었던 것과 같은 거주지가 다른 장소에서도 많이 발견되었다.

뼈를 보고 판단해보건대, 그곳에 살고 있던 사람들은 매머드, 동굴 사자, 동굴 곰 그리고 말을 사냥하고 있었다. 고고학자 에피멘코는 저 자미야친과 함께 뼈마을의 거주지를 세밀히 검토했다.

이로써 뼈마을의 사람들이 하나의 움막이 아니라 여러 개의 움막에서 살고 있었음을 알 수 있었다. 그들은 협동하여 부락 전체가 사냥을 했다. 석기도 뼈제품도 꽤 잘 만들어져 있다. 상아로 만들어진 여자 인형도 발견되었다. 인형 중에는 문신을 한 것도 있었고 가죽으로 된 앞치마를 두른 것도 있었다. 그 무렵에는 벌써 가죽을 다룰 수 있었던 것 같다.

원시 시대 사냥꾼의 거주지는 우리들이 현재 살고 있는 집과는 많이 다르다. 밖에서는 둥근 언덕 같은 지붕만 보인다. 집 안으로 들어가기 위해서는 '굴뚝'으로 들어가지 않으면 안 된다. 어쨌든 문이라고는 연기 배출구인 지붕의 구멍 하나밖에 없기 때문이다.

흙벽 앞에는 의자 대신에 매머드의 턱뼈가 놓여 있다. 어머니인 대지(大地)가 침대가 되어 주었다. 지면을 네모꼴로 밟아 다지고 흙더미를 베개로 하여 누웠다.

뼈로 만든 의자와 흙침대 위에 돌로 만든 책상도 있었다.

 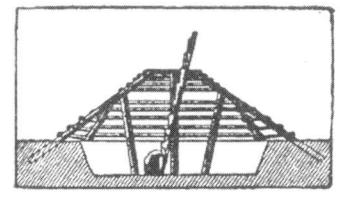

톰슨 강 주변 인디언의 겨울 주거지. 그 구조는 원시인의 주거지와 매우 비슷하다.

뼈로 만든 목걸이

화로 앞의 가장 밝은 장소에 평평한 판석으로 만들어진 작업대가 놓여 있었다. 이러한 작업대 위에서 지금도 갖가지 도구와 재료 부스러기나 조각들, 미처 완성되지 못한 세공품등을 발견할 수 있다.

보라, 뼈로 만든 장식용 구슬이 흩어져 있다. 그 중에는 세공이 완전히 끝나 닦여지고 구멍이 뚫려 있는 것도 있다. 아직 완성되지 못한 것도 보인다. 뼈 막대기에 많은 자국을 그어놓은 채로, 이것을 하나하나의 장식용 구슬로 다듬는 데까지는 이르지 못한 것도 있다. 그때 무엇인가가 일을 방해하여 사람들로 하여금 거처를 떠나지 않을 수 없게 했음에 틀림없다. 상당히 큰 위험이 닥쳐왔을 것이다. 그렇지 않다면 이렇게 훌륭히 다듬어진 창 끝이나 바늘귀가 뚫린 뼈바늘이나 여러 가지 일에 사용할 수 있는 돌도끼 따위를 여기에 그대로 남겨두었을 리가 없다.

이러한 물건을 만드는 일은 결코 쉽지 않았다. 어느 하나를 만드는 데도, 매우 긴 시간이 걸렸을 것이다. 뼈바늘, 즉 인간 역사상 최초의 바늘을 예로 들어도 알 수 있다. 아무리 작은 것일지라도 이것을 만들기 위해서는 굉장한 기술이 필요했다.

어떤 거주지에서 뼈바늘을 만들던 곳이 발견되었다. 여러 가지 도구, 원료, 반제품(半製品)이 그대로 모두 남아 있었다.

만일 누군가 뼈바늘이 필요한 사람이 있

뼈바늘과 이것을 뾰족하게 만든 박편

었다면 당장이라도 만들어줄 수 있을 정도였다. 이 일을 할 수 있는 직공을 지금 발견할 수 있을지 어떨지는 보증할 수 없지만.

바늘을 만들려면 먼저 돌도끼로 토끼의 뼈를 깎아서 막대기로 만든다. 그런 다음 끝이 톱니 모양으로 된 돌 조각으로 막대기 끝을 뾰족하게 다듬는다. 그 다음 돌송곳으로 바늘 구멍을 낸다. 맨 끝으로 숫돌로 바늘을 간다.

한 개의 바늘을 만드는 데 얼마나 많은 도구가, 얼마나 많은 손이 가야 했을까! 바늘을 만드는 솜씨가 좋은 직공은 그다지 많지 않았다. 바늘은 대단한 귀중품이었다.

이쯤에서 원시시대 사냥꾼의 진영(陣營)을 잠깐 살펴보자.

눈에 덮인 들판에 몇 개의 언덕이 늘어서 있고, 그 언덕에서 연기가 모락모락 피어오르고 있다. 우리들은 가까이 가서 눈을 못 뜨게 하는 연기를 무릅쓰고 지붕에 뚫린 구멍으로 기어 들어간다.

우리들은 마법의 모자를 쓴다. 이렇게 하여 누구에게도 들키지 않는다. 움막 속은 연기로 맵고 어둡고 소란스럽기까지 하다. 적어도 어른이 열 명, 아이들은 훨씬 더 많이 있다. 연기에 눈이 익숙해지자 차츰 사람들의 얼굴이나 모습이 분명히 보이기 시작한다. 이들에게는 이미 조금도 원숭이의 모습

따위는 없다. 훤칠하고 날씬한 키에 힘도 세어 보인다. 광대뼈는 나오고 두 눈은 움푹 들어가 있다. 검은 몸 어딘가에 붉은 물감으로 그린 그림이 있다.

마루에 앉아서 여자들은 뼈바늘로 가죽옷을 꿰매고 있다. 아이들은 말의 발이나 사슴 뿔 따위를 가지고 놀고 있다. 화로 앞의 작업대에는 직공이 앉아 있다. 그는 투창 자루에 뼈로 만든 창끝을 붙이고 있다. 그 옆에서는 또 하나의 직공이 돌칼로 무엇인가 그림을 새기고 있다.

좀더 다가가서 무엇을 새기고 있는가 잘 살펴보자.

그는 뼈로 된 판대기 위에 가느다란 몇 개의 선으로 풀을 찾아다니는 말의 모습을 새기고 있다.

솜씨는 뛰어나고 끈기도 있다. 늘씬한 다리, 큰 머리, 짧은 말갈기가 새겨져간다. 말은 마치 살아 있는 것 같다. 금방이라도 뛰어갈 것 같다. 이 예술가는 눈앞에서 말을 보고 있는 것처럼, 그만큼 솜씨 있게 발의 움직임, 머리의 자세를 그리고 있다.

그림은 다 되었다. 그러나 이 예술가는 아직 일손을 놓지 않는다. 이번에는 말 위에 가늘게 사선(斜線)을 그어간다.

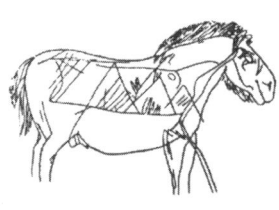

몇 채의 오두막과 함께 그려진 말 그림

두 채의 오두막과 함께 그려진 매머드 그림

두 개, 세 개, 계속해서 그어간다. 말 그림 위에 뭔가 기묘한 모양이 겹쳐진다. 이 예술가는 무엇을 하려는 것일까? 오늘날의 화가가 보아도 부러워할 정도로 훌륭한 그림을, 왜 엉망으로 만드는 것일까?

그 그림은 점차 복잡해져간다. 놀랍게도 어느 사이엔가 말의 몸통 위에 집의 그림이 떠올라 있다. 한 채의 집을 그린 다음 그는 다시 두 채의 집을 덧붙여 그린다. 이것이 부락 전체다.

이 기묘한 그림은 무엇을 뜻하는가? 이 사람의 특별한 착상인가 아니면 우연한 일인가?

그렇지 않다. 원시인의 동굴 속에서 우리들은 이러한 기묘한 그림을 많이 발견할 수 있다. 매머드의 그림 위엔 두 채의 집이 그려져 있다. 또 다른 그림도 있다. 한가운데 반쯤 먹다 남은 들소의 그림도 있다. 남은 것은 머리와 허리뼈 그리고 발뿐이다. 튀어나온 코에 털이 나 있는 머리를 앞발 사이에 처박아 놓고 있다. 그 옆에 두 줄로 사람들이 서 있다.

전에는 한동안 동물과 인간과 거주지를 그린 이러한 수수께끼 같은 그림을 벽에서 발견하지 못했다.

그때 우리들은 그저 사람들이 먹거나 자거나 일을 하거나 한 입구만을 살펴보았을 뿐이었다.

여기서 한번 동굴 깊숙이 들어가 그 구석이나 골목을 살피고, 몇십 미터 몇백

뼈에 그려져 있는 이 그림은 무엇을 표현하고 있는 것인가?

미터 뻗어 있는 바위 틈바구니로 들어가 보자.

지하의 화랑

자, 회중전등을 켜고 동굴로 들어가보자. 길을 가면서 꺾어지는 모퉁이라든지 십자로를 잘 기억해두지 않으면 안 된다. 지하의 미로에서 길을 잃게 되면 큰일이기 때문이다.

길은 점점 좁아진다. 천장에서 물방울이 뚝뚝 떨어진다. 전등을 돌려 벽을 잘 살펴보자.

지하의 천장은 물방울로 수정처럼 반짝거린다. 그러나 거기에는 사람의 손이 닿은 흔적은 없다.

우리들은 더 깊이 들어간다. 갑자기 누군가 외친다.

"있다! 있어!"

동굴 벽에 그려져 있는 들소

검은 물감과 붉은 물감으로 벽에 들소의 그림이 그려져 있다. 들소는 앞발이 부러진 채 쓰러져 있다. 그 새우처럼 굽은등에는 투창이 박혀 있다.

몇만 년 전 옛날에 여기에서 일을 하고 있었던 화가의 작품을 바라보면서 우리들은 언제까지나 그곳을 떠나지 못한다.

좀더 깊은 곳에서 또 다른 그림을 찾아냈다. 벽에

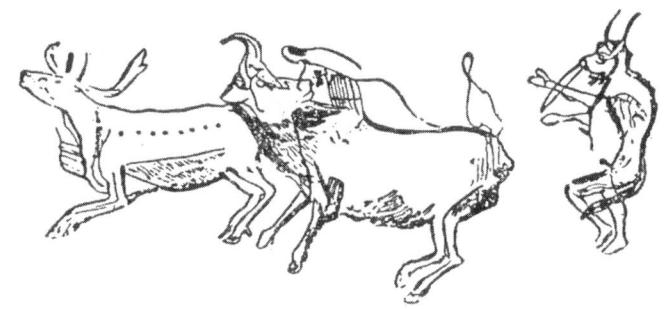

짐승도 아니고 인간도 아닌 활을 손에 든 이 괴물은 도대체 무엇일까?

서 이상한 괴물이 춤추고 있다. 인간 같기도 하고 짐승 같기도 하다. 괴물의 머리에는 뒤로 젖혀진 긴 뿔이 나 있고, 등엔 혹이 솟아 있으며 털투성이의 꼬리를 늘어뜨리고 있다. 손발은 어딘지 모르게 인간의 손발 같고, 손에 활이 쥐어져 있다.

자세히 주의해서 보면 이것은 확실히 인간으로, 들소 가죽을 뒤집어쓴 모습이다.

이 그림에 이어서 다음 그림, 또 다음 그림…….

이 이상한 화랑은 대체 무엇을 위한 것일까?

지금의 화가들은 밝은 아틀리에에서 일을 한다. 전시회에서는 밝은 조명을 이용하여 좀더 그림이 잘 보이게 한다.

도대체 어떤 이유에서 원시인은 이렇게 남의 눈에 띄지 않도록 캄캄한 지하실에서 그림 전시회를 열었던 것일까?

남에게 보이기 위해서 그린 그림이 아님은 분명하다.

그렇다면 무엇 때문에 그렸을까? 우리들은 전혀 알 수 없지만 짐승 가죽을 입고 춤을 추는 사람들의 그림 속에서 무엇인가 이유를 발견할 수 있지 않을까?

수수께끼와 그 풀이

"무용수는 사냥꾼들입니다. 각기 들소 머리에서 벗긴 가죽이나 혹은 뿔을 붙여서 만든 가면을 머리에 씁니다. 각기 활과 창을 갖고 있습니다. 춤은 들소 사냥을 흉내낸 것입니다. 드디어 춤추던 무리 중 한 사람이 지친 모습으로 휘청거리며 쓰러집니다. 아니, 그 흉내를 냅니다. 그러면 다른 한 사람이 활을 당겨 앞이 둥글게 되어 있는 화살을 그에게 쏩니다. '들소'는 상처를 입습니다. 발을 잡아끌고 춤의 울타리 밖으로 끌어내면 토인들은 이 '들소' 위에서 세차게 칼을 휘두릅니다. 이 사람이 물러나면 역시 들소의 가면을 쓴 다른 사람이 교대해서 들어옵니다. 잠시도 쉬지 않고 2주 또는 3주 동안 계속해서 이런 춤을 추는 경우도 있습니다."

이것은 원시 사냥꾼의 춤을 본 사람의 이야기다. 그런데 어디서 그런 춤을 볼 수 있었을까?

이 사람은 그것을 북아메리카의 벌판에서 보았다. 인디언 종족 중에는 고대 사냥꾼의 풍습을 어딘지 모르게 보존하고 있는 종족이 있다고 한다.

우리들은 뜻밖에도 원시의 화가가 동굴의 벽에 그린 사냥꾼의 춤과 똑같은 모양의 춤을 어느 탐험가의 일기 속에서 발견한 것이다.

이것으로 그 이유를 알지 못했던 그림의 수수께끼는 풀렸다. 그러나 이 수수께끼의 풀이 속에서 또다시 새로운 의문이 생겨났다. 도대체 왜 몇 주일이고 이상한 춤을 계속 추었던 것일까?

우리들에게 춤은 기분 풀이를 위한 것이거나 혹은 예술이

남태평양 비스마르크 제도에 속하는 뉴 포메라니아 섬의 마법의 춤

다. 그러나 인디언이 단지 기분 풀이나 예술을 사랑하기 때문에 3주일씩이나 계속해서 쓰러질 때까지 춤을 춘다고는 전혀 생각할 수 없다. 더구나 그들의 춤은 춤이라기보다는 오히려 무엇인가 의식(儀式)에 가깝기 때문이다.

이 춤에는 마법사가 등장한다. 춤의 무리가 쫓아가는 방향에 짐승이 있는 것으로 가정하고 마법사는 자신의 파이프를 들고 연기를 뿜어낸다. 이 연기로 지휘를 하여 마법사는 춤추는 무리로 하여금 북쪽을 향하게 하거나 동쪽을 향하게 하거나 남쪽을 향하게 하거나 서쪽을 향하게 한다.

마법사가 지휘하는 춤이라고 볼 때, 그것은 이제 춤이 아니며 일종의 마법 의식인 것이다.

기묘한 동작으로 인디언들은 들소에게 마법을 걸고 주문을 외우며 요술의 힘으로 들소를 유인해내려고 하는 것이다.

동굴의 벽에 그려진 저 춤추는 인간도 이와 똑같은 것을 생각하고 있었던 것이 아닐까! 그는 단순한 무용수가 아니라 마법의 의식을 행하고 있는 인간임에 틀림없다. 그렇다고 한다면 지하에 숨어 횃불의 불빛에 의지하여 그림을 그렸던 화가도 역시 단순한 화가가 아니라 마법사였을 것이다.

짐승 가죽을 뒤집어쓴 사냥꾼과 상처받은 들소를 그린다는 것은 사냥이 잘되도록 마법을 거는 것이다. 그리고 춤이 반드시 마법의 힘이 된다는 것을 그들은 조금도 의심하지 않았다.

우리들은 이것에 의심을 품는다. 이러한 행위들이 무의미하게 여겨지는 것이다.

우리들은 집을 세울 때 목수나 미장이의 흉내를 내며 춤추지는 않는다. 또 사냥을 나가기 전에 총을 휘두르며 춤추지도 않는다. 하지만 우리들이 어리석은 일이라고 생각하는 것도 우리 조상들에게는 지극히 소중한 일로 여겨지고 있었다.

이로써 그림의 수수께끼가 하나 풀렸다. 동굴의 벽에 춤추는 사람의 그림이 있게 된 까닭을 알게 되었다.

그런데 우리들은 아직 이에 못지않은 또 다른 수수께끼 같은 그림을 보고 있다.

조금 전에 이 동굴 속에서 뼈로 된 판석에 돌칼로 새긴 기괴한 그림을 발견했었다. 한가운데 들소의 몸통이 있고 주위에 사냥꾼들이 서 있다. 들소의 몸통을 대부분 먹어치워서 머리와 앞발만 남아 있다.

이 그림은 무엇을 말하고 있는 것일까?

이 수수께끼를 풀기 위해서는 아메리카가 아니라 북극 지방으로 가봐야 한다.

시베리아에서는 바로 3, 40년 전까지도 곰을 죽이면 '곰 제사'를 지내던 곳이 있다. 곰을 집으로 운반하여 와서 경건하게 제단에 올려놓는다. 곰의

곰 제사. 곰 앞에 몇 마리의 생선이 제물로 놓여져 있다.

머리를 앞발 사이에 놓는다. 머리 앞에는 보리나 자작나무의 껍질로 만든 몇 개의 사슴 모형을 놓는다. 이것은 곰에게 바치는 공양물이다. 곰의 콧등을 자작나무 껍질의 테로 장식하고 눈에는 은화를 놓는다. 그 다음 사냥꾼들은 곰의 곁에 가서 그 얼굴에 입을 맞춘다.

이것은 며칠 동안, 아니 며칠 밤 동안 계속되는 제사의 서두(序頭)에 불과하다. 매일 밤 곰의 유해(遺骸) 앞에 모여서 노래하거나 춤춘다. 자작나무의 껍질이나 나무로 만든 가면을 쓰고 사냥꾼들은 먼저 곰에게 공손하게 절하고 난 뒤에 곰의 비틀거리는 걸음걸이를 본뜬 춤을 추기 시작한다.

대강 노래와 춤이 끝나면 이윽고 식사가 시작된다. 머리와 앞다리는 손대지 않고 다른 부분만 먹어치운다.

이로써 골판(骨板) 위에 그려져 있는 그림의 뜻을 알게 되었다. 그것은 '들소 제사'다. 사람들은 들소를 에워싸고 자기들에게 고기를 준 것을 감사하며 다음 기회에도 역시 은혜를 베풀어달라고 비는 것이다.

인디언에게도 이와 똑같은 수렵제가 있다.

피콜스라는 종족의 사냥꾼은 잡은 사슴의 발이 동쪽을 향하도록 눕힌다. 사슴 얼굴 앞에 제상을 차려놓는다. 사냥꾼들은 차례대로 사슴 앞에 나아가서 오른손으로 머리에서 꼬리까지 쓰다듬으며 일부러 죽어줘서 고맙다고 인사를 한다.

"형제여, 편안히 주무시오!" 하고 자기 손에 잡힌 동물에게 말한다.

마법사는 짐승을 향해 엄숙히 말한다.

"당신은 우리들에게 당신의 뿔을 베풀어주셨습니다. 그러므로 우리들은 깊은 감사를 드립니다."

2

거기에는 이상한 것이 있다

어렸을 때 우리는 누구나 이반 왕자 이야기나 아름다운 바실리사 이야기, 불새의 이야기, 꼽추의 망아지 이야기, 인간으로 변하는 동물의 이야기, 마음대로 짐승으로 변할 수 있는 사람들의 이야기 등이 쓰인 책을 열심히 읽었다.

그러한 이야기가 참말이라고 한다면, 그 세계에는 이상한 생물들이 가득히 살고 있다. 좋은 것도 있는가 하면 나쁜 것도 있고, 눈에 보이는 것이 있는가 하면 안 보이는 것도 있다. 화를 잘 내는 마법사나 사악한 마녀의 노여움을 사지 않기 위해서는, 이 세계에서는 끊임없이 조심해야 한다.

거기서는 자기 눈을 믿을 수 없다. 꼴사나운 두꺼비가 한 순간에 미녀가 되고, 선량한 청년이 갑자기 무서운 큰 뱀으로 변한다. 거기에서는 그 특별한 법칙에 따라 어떠한 일도 일어난다. 죽은 자가 되살아나고, 몸에서 잘려나간 머리가 지껄인다. 물에 빠진 여자들이 어부를 물 속으로 끌어넣는다. 위대한 시인 푸슈킨은 이렇게 노래하고 있다.

그곳에는 기적이 있다.
숲의 요정이 헤매고
물의 요정은 나뭇가지에 앉아 있다……

이야기를 읽고 있는 동안은 이상하다고 생각되지 않는다. 그러나 일단 책을 덮으면 금세 우리들은 현실 세계로 되돌아온다. 이제 마법사나 마녀도 없다. 여기서는 어느 것이나 이해하고 설명할 수 있다. 설령 이야기가 훌륭하더라도 우리들은 동화의 세계에서 사는 것을 잠시 망설일 것이다. 그도 그럴 것이 거기에서는 지혜도 아무 소용이 없기 때문이다. 얼굴을 마주치자마자 마법사나 도깨비에게 죽지 않으려면 어떻게 하든 이반 왕자처럼 태어날 때부터 운이 좋지 않으면 안 된다.

그런데 우리들의 조상에게는, 이 세계는 바로 그러한 세계로 보였던 것이다. 그들은 동화 세계와 현실 세계를 구별할 줄 몰랐다. 일체의 사건은 세계를 지배하고 있는 불가사의한 마력의 뜻에 의해서 좌우되는 것이라고 여기고 있었다.

우리들은 돌에 걸려 넘어지면 자기 자신의 부주의를 탓한다.

그러나 원시인이라면 이것을 자신의 탓으로 돌리지 않고 길에 돌을 놓은 악마의 탓으로 돌릴 것이다.

사람이 칼에 찔려 죽으면 우리들은 이렇게 말한다. 사람이 칼에 찔려 죽었다라고.

그러나 원시인이라면 그렇게 말하지 않고 찌른 칼에 마법이 걸려 있었기 때문에 사람이 죽은 것이라고 말할 것이다.

그러나 오늘날에도 아직까지 이상한 것을 믿고 있는 사람이 있다. 어디어디의 신에게 빌지 않으면 병에 걸린다든지, 월요일에는 무엇에도 손을 대지 않는 것이 좋다든지, 토끼가 길을 앞질러가면 재난을 입는다든지. 그러한 사람들은 머리가 조금 이상한 사람들일 것이다. 이상한 마력을 믿는 것은 지식이 없는 데서 생기는 것이기 때문에, 오늘날에는 미신이 파고들 여지가 없는 것이다. 거미줄처럼 어두운 구석에 처져 있는 것. 그것이 미신이다.

그러나 마법사나 영혼을 믿고 있었다고 해서 우리들의 조상을 탓할 수는 없다. 그들은 주위에서 일어나는 사건을 어쨌든 확실히 알고자 애를 쓰고 있었다. 단 너무 지식이 적었기 때문에 올바른 설명을 찾아내지 못했던 것이다.

지금도 문명과는 동떨어진 오스트레일리아나 아프리카의 토인들 중에는 그런 상태에 있는 종족이 있다.

그런 종족 사이에 석기시대의 미신이나 비합리적인 사고 방식이, 지금도 아직 많이 남아 있다는 것은 별로 이상한 일이 아니다.

어느 아프리카 탐험가는 이렇게 말하고 있다.

"서해안 로앙고 연안 주민은 새 돛을 단 배 또는 다른 배보다 큰 굴뚝이 있는 배를 보면 갑자기 소란을 피우기 시작한다. 레인코트, 색다른 모자, 흔들의자, 그 밖에 조금이라도 희귀한 도구는 모두 원주민들에게 커다란 혐오와 의심을 불러일으킨다."

요컨대 색다른 것은, 무엇이든지 토인의 눈에는 마법의 도구로 비친다는 것이다.

이러한 토인도 여러 가지 경험에 의해 세상의 모든 사물이, 무엇인가에 의해 서로 결합되어 있다는 것을 어렴풋이 느끼고 있다. 다만 그 관계가 무엇인가를 알지 못하기 때문에 어떤 것이 다른 것에 대하여 마술을 쓴다는 신념을 끝내 버리지 못하고 있는 것이다.

그래서 그들은 재난을 막기 위해 타리스망을 몸에 붙이고 다니지 않으면 안 된다고 생각한다. 타리스망이라는 것은 코끼리 꼬리 끝에서 자라는 털로 만든 팔찌, 혹은 악어 이로 만든 목걸이 같은 물건으로 일종의 부적이다. 타리스망은 일상에 일어나는 모든 재난으로부터 몸을 지켜주는 파수꾼이다.

원시인은 로앙고의 토인만큼도 세계를 알지 못했다.

그래서 그들 역시 마법사나 나무꾼을 믿고 있었음에 틀림없다. 발굴되는 부적과 동굴 깊숙한 곳의 괴상한 그림이 그것을 말해주고 있다.

조상들은 세계를 어떻게 생각하고 있었는가

세계의 법칙을 모르고 세상을 살아간다는 것은 인간에게 어려운 일이었다. 괴상한 힘에 의해 지배되고 있는 기분이 들어 자기 자신을 아무래도 믿을 수가 없었다. 무엇을 보든

에스키모 사냥꾼의 호부(護符) '마법의 지팡이'

그것이 모두 타리스망으로 여겨지고 사람도 모두 마법사로 여겨졌다. 한을 풀지 못하고 죽은 사람의 영혼이 그 근처에서 배회하다가 산 사람에게 덤벼든다고 생각했다.

사냥에서 잡혀 죽은 짐승은 죽인 사람에게 복수하려고 그 기회를 노리고 있다. 재난을 막으려면 끊임없이 영혼에게 기도하고 용서를 빌고 공양물을 바치고 아첨하여 기분을 풀어 주지 않으면 안 된다.

무지가 공포를 낳는다.

인간은 지식이 없음으로 해서 세계의 지배자가 되지 못하고 벌벌 떨며 기도만 하는 불쌍한 존재가 되었다.

확실히 자연의 지배자라고 자만하기에는 아직 일렀을 것이다. 세계의 어떤 동물보다도 강해지고 매머드도 이제 이겨 냈지만, 자연의 엄청난 힘에 비하면 아무래도 부족한 존재였고, 자연을 통제한다는 것 등은 생각조차 못 할 일이었다. 한번 사냥에 실패하면 며칠이고 배고픔을 견뎌내야 한다. 한번 눈보라가 닥쳐오면 야영지는 눈 속에 파묻히고 만다.

그러면 이 사람에게 싸울 수 있는 힘을 주고 한 걸음씩 서서히 자연을 정복할 수 있는 힘을 준 것은 무엇일까?

그가 혼자 있지 않았다는 것, 그것이 그에게 힘을 주었다. 부락이 총동원되어 사회 전체가 해로운 자연의 힘과 싸웠던 것이다. 사회 전체가 한 덩어리가 되어 일하고 노동하는 가운데 얻어지는 경험과 지식을 쌓아갔던 것이다.

그러나 그들 자신은 이런 일을 잘 이해할 수 없었다. 아니, 이것을 자기 나름대로 해석하고 있었다. 인간 사회란 어떤 것인가가 그들에게는 잘 이해되지 않았다.

하지만 느끼고 있었다. 서로 맺어져 있다는 것을, 한 부락 사람들은 요컨대 손을 많이 갖고 있는 커다란 한 사람과 같다는 것을.

그들을 하나로 결합시킨 것은 무엇일까? 그것을 결합시킨 것은 씨족(氏族)이다. 사람들은 가족끼리 살고 있었다. 아이들은 어머니와 함께 살았고, 이 아이들에게서 또다시 아이들이 태어났고, 이 아이들은 형제 자매, 아저씨와 아주머니 그리고 어머니와 할머니와 함께 살았다.

이리하여 하나의 씨족은 번창해갔다.

원시 사냥꾼들에게 있어서 사회는 같은 조상에서 나온 일족(一族)이다. 사람들은 모두 선조의 은혜를 입고 있다. 그 사람들에게 사냥과 도구 만드는 법을 가르쳐준 것도 선조이고, 집과 불을 준 것도 선조이다.

일을 하는 것, 짐승은 사냥하는 것, 그것은 조상의 뜻을 계승하는 것이다.

조상에게 복종하는 자는 재난과 위험을 피할 수 있다. 조상은 눈에는 보이지 않으나 자손과 함께 살고 있으며 사냥터에서도 함께 있었다. 조상은 모든 일을 다 알고 있다. 악한 일을 하면 벌을 내리고 선한 일을 하면 상을 준다.

이와 같이 집단의 이익을 위한 전체의 노동은 원시인의 머

각각의 인디언의 머리 위에 있는 것은 그 일족의 토템이다.

리 속에서는 단순히 복종하는 것, 단순히 선조의 뜻을 계승하는 것으로 생각되었다.

노동이라는 것에 대한 사고 방식 또한 우리들과는 다르다.

사냥꾼이 들소를 잡을 수 있는 것은 그의 노력 때문이라고 우리들은 생각한다. 그런데 원시 사냥꾼은 들소가 자신을 먹여주고 있다고 생각한다.

오늘날에도 우리는 그와 같이 옛날 그대로 소를 부모라 하거나 대지(大地)를 어머니라 부르기도 한다. 우리들은 소에게 특별히 허락받지 않고 그 젖을 짜고 있다. 그렇지만 흔히 소가 젖을 '베풀어준다'고 말한다.

원시 사냥꾼들을 '길러준 부모'는 들소, 매머드, 사슴 등의 짐승이었다. 사냥꾼의 생각으로는 이쪽에서 손을 써서 짐승을 잡은 것이 아니라 짐승 쪽에서 고기와 가죽을 베풀어 준 것이다. 죽고

동굴 속의 주술적인 그림.
창에 찔린 들소

싫어하지 않는 짐승을 죽여서는 안 된다고 인디언들은 지금도 믿고 있다. 들소가 잡혔을 경우에는 들소가 인간을 위해 희생하고 싶어서 잡혔다 생각했다.

들소는 길러준 부모이며, 부족을 지켜 주는 신(神)이다. 동시에 부족을 지켜 주는 신은 모두의 조상이기도 하다.

여기서 세계를 아직 잘 이해하지 못하는 그들의 머리 속에서 부족을 지켜 주는 신인 조상과 부족을 부양해주고 지켜주는 신인 짐승이 뒤죽박죽 뒤섞여버린다.

"우리들은 들소의 자식이다"라고 사냥꾼은 말한다. 그리고 실제로 자기들의 조상은 들소였다고 믿고 있다. 원시시대의 화가는 들소를 그리고, 그 위에 다시 움막집을 3개 그리고 있다. '들소의 자식들의 부락' 이라는 것이다.

인간은 그 노동으로 짐승과 맺어진다. 그러나 씨족 관계가 없는 결합, 비슷한 것끼리의 결합이 아닌 결합은 생각할 수 없다.

짐승을 죽이면 이것을 형제라고 부르고 용서를 구한다. 의식을 행할 때, 춤을 출 때는 되도록 짐승과 비슷하도록 즉 자기의 형님과 비슷하도록 짐승의 가죽을 뒤집어쓰거나 그 동작을 흉내내거나 한다.

인간은 아직 자기 자신을 '나' 라고 말하지 않았다. 자신을 자기부족의 일개 부품으로 생각하고, 도구라고 생각한다. 어느 부족에게든 이름이 있고 토템이 있다. 토템이란 자기와 깊은 관계가 있는 것으로서 부족이 우러러 존경하고 있는 동물 또는 그 모습을 본따 만든 인형을 말한다. 이름은 짐승의 이름, 즉 조상과 부족을 지켜주는 신의 이름이다. '들소' 라는 이름의 부족이 있는가 하면, '곰'이라는 이름의 부족도 있고 또한 사슴이라는 이름의 부족도 있다. 사람들은 자기 부족을 위해서는 생명을 아끼지 않는다. 부족의 관습은 토템의 뜻이라고 생각하여, 토템의 뜻은 그대로 그들의 규범이 된다.

조상과 이야기하다

한 번 더 원시인의 동굴에 들어가 화로 앞에 그들과 무릎을 대고 앉아 그 신앙과 관습에 대하여 여러 가지 얘기를 들어보도록 하자.

이야기를 들어보면 우리들의 수수께끼 풀이가 잘 맞았는지 어떤지를 알 수 있을 것이다. 일부러 우리들을 위해서 그려 남겨준 것 같은 동굴 벽의 그림, 뼈나 뿔로 만든 타리스망의 그림에 대한 해석이 옳았는지 어떤지를 알 수 있을 것이다.

그러나 어떻게 해야 동굴의 주인으로 하여금 이야기를 하도록 만들 수 있을까?

바람은 훨씬 전에 화로의 재를 날려 흩뜨려놓았다. 언젠가 이 불 앞에서 돌이나 뿔로 도구를 만들고 짐승 가죽으로 옷을 만들던 사람들의 뼈는 이미 사라진 지 오래다. 드물게 땅속에서 노란 금이 가고 깨진 두개골이 발견되는 정도다.

어떻게 하면 이 두개골로 하여금 입을 열게 할 수 있을까?

우리들은 동굴을 발굴해서 도구의 조각들을 찾아냈다. 그것을 조사하여 인간이 어떻게 일을 하고 있었는가를 알았다.

이번에는 어디를 찾아야 옛날 이야기의 조각들을 발견할 수 있을까?

그것은 지금도 존재하고 있는 말 속에서 찾아낼 수밖에 없다.

그러한 발굴에는 삽이 필요없다. 땅을 파는 것이 아니라 사전(辭典)을 파는 것이기 때문이다. 어떤 사전에도 어떤 말에도 귀중한 과거의 조각들이 숨겨져 있다. 몇백, 몇천 세대의 경험이 우리들에게까지 전해져온 것은 이 말 덕분이기 때문이다.

그것은 아무래도 쉬운 일처럼 보인다. 말을 조사하고 연구하면 되지 않는가? 자, 책상에 앉아서 사전을 파보기로 하자!

그러나 그렇게 해서는 안 된다.

연구가들은 고대의 말을 찾아 세계 여러 곳을 두루 돌아다닌다. 산에 기어 올라가고 바다를 건넌다. 때로는 산맥이 병풍처럼 둘러싼 곳에서 살고 있는 작은 부족에게서 다른 나라에는 남아 있지 않은 가장 오래 된 말을 찾아낸 경우도 있다.

하나하나의 말은 인류가 걷는 길 위에 있는 야영지와 같은 것이다. 오스트레일리아, 아프리카, 아메리카의 수렵 민족의 말은 우리들이 훨씬 이전에 지나갔던 야영지다. 그래서 현재의 연구가는 바다를 건너 우리들이 잃어버린 고대의 사고 방식과 그 표현 방식을 찾아 폴리네시아든 어디든 찾아나서는 것이다.

연구가는 말을 찾아 남쪽의 사막에도 들어가고 북쪽의 툰드라에도 들어간다.

북극 지방의 여러 민족들 사이에는 소유(所有)라는 사고 방식이 아직 없었던 시대의 말이 확실히 남아 있다. 그 무렵의 사람들은 '나의 무기'라든지, '나의 집'이라는 말을 사용하지 않았다. '나의'라는 말의 뜻을 몰랐기 때문이다.

발굴해볼 가치가 있는 것은 바로 그러한 말이다. 고고학자가 아영지에서 주거지나 도구의 조각을 파내는 것처럼 거기에서 고대의 말의 조각들을 파낼 수 있을지도 모른다.

그렇다고 누구나 다 말의 고고학자가 될 수는 없다.

준비와 지식 없이는 금세 손을 들고 만다. 말은 박물관에서 보존할 수 없다. 오랜 세월 동안 말은 수없이 변했다. 말 한 마디 한 마디씩 변하고 서로 침투하고 어두(語頭)가 변하면서 어미(語尾)도 변했다. 불타버린 나무처럼 낡은 뿌리만 남아 있는 언어도 있다. 그러나 뿌리만이라도 남아 있으면 말의 어원을 알 수 있다.

몇천 년이 지나는 사이에 말의 형식이 변한 것이 아니라 그 뜻도 변했다. 낡은 말이 새로운 뜻으로 쓰이는 경우도 흔히 있는 일이었다.

지금도 마찬가지다. 새로운 것이 나타났을 경우, 그것에 알맞은 새로운 이름을 계속 지어낼 수밖에 없다. 무엇인가 평범하고 낡은 말을 여기저기서 골라내어 이것을 상표처럼 새로운 것에 붙인다.

우리들이 글을 쓸 때 사용하는 펜은 이미 '새털' 펜이 아니다. 펜 홀더(펜의 손잡이)는 일종의 핸들이지만 핸들은 핸드(손)와는 전혀 다른 것이다. 우주선이라 해도 그것은 배가 아니다. 스팀 해머(증기 망치)는 해머와 똑같은 일을 하지만, 형태상으로는 해머와 전혀 다르다. 사수(射手)라는 것은 본래는 활을 쏘는 사람을 가리키는 말이었는데 지금은 총을 쏘는 사람을 가리키는 말이 되었다.

우리들은 편지를 쓸 때, 손으로 쓰지 않고 흔히 기계를 사용한다. 이 기계는 글을 쓰는 것(write)이 아니라 인쇄를 하는 것인데 타이프라이터(글 쓰는 사람)라고 불리고 있다.

펜, 해머, 사수, 라이터 등은 모두 변한 말이다. 우리들은 이 낡은 말을 골라 그것을 새로운 물건의 이름으로 삼았던 것이다.

이것은 최근에 말의 제일 위층에 쌓인 것이다. 따라서 특별한 어려움 없이 이들 말의 뜻을 발견할 수 있다. 하지만 보다 아래층을 파내려가면 일은 훨씬 어려워진다. 어지간히 훌륭한 언어학자가 아니고서는 어디에선가 사라지고 만 옛날 말의 의미를 발견해내지 못할 것이다.

러시아의 언어학자 중에 니콜라이 마르라는 훌륭한 사람이 있었다. 그는 고대 민족과 현대 민족의 말을 연구하여 오늘날의 말 속에, 옛날에는 전혀 다른 뜻으로 사용되고 있던 말이 많이 있다는 것을 증명해줬다. 예를 들어 어떤 지방에서는 '말〔馬〕'이라는 말이 옛날에는 사슴 또는 개를 가리키는 말로 사용되고 있었다. 그 시절에는 말보다 개 또는 사슴을 수레에 매어 타고 다니는 경우가 많았기 때문이다. 마르 박사의 증명에 의하면, 초기의 농민은 빵을 도토리라고 말하고 있었다고 한다. 왜냐하면 빵을 먹기 전에는 도토리가 주식이었기 때문이다.

사자를 '큰 개', 여우를 '작은 개'라고 하는 말도 있다. '사자', '여우'라는 말보다는 '개'라는 말이 먼저 나타났기 때문이다.

고대어의 조각

말의 발굴을 계속하면서 연구가들은 제일 오래 된 말의 조각을 발견했다. 그러한 조각에 대하여 메시챠노프 박사는 계속하여 이렇게 말하고 있다.

예컨대 시베리아 북동부에 살고 있는 유카길 민족은 문자 그대로 번역하면 '인간 사슴 죽임'이라는 말을 사용하고 있다. 발음하기도 어렵지만 그 뜻을 알기란 더욱 어렵다.

이것으로는 누가 누구를 죽였는지 전혀 알 수 없다. 인간이 사슴을 죽인 것인지, 사슴이 인간을 죽인 것인지, 인간과 사슴이 함께 다른 무엇을 죽인 것인지, 다른 무엇이 인간과 사슴을 죽인 것인지.

그러나 유카길 사람은 알고 있었다. 그들은 "인간이 사슴을 죽였다"라고 말하고 싶을 때 이 말을 사용한다.

이것은 어떤 뜻일까? 어째서 이런 기묘한 언어가 생겨났을까?

인간 사슴 죽임(동굴의 그림)

인간이 아직 자기를 '나'라고 부르지 않았던 시대, 일하고 사냥하고 사슴을 몰아 잡는 것이 자기 자신이라는 것을 아직 깨닫지 못했던 시대, 그러한 시대에 이 말이 생겨났던 것이다. 그는 사슴을 죽인 것이 자기가 아니라 부족 전체다. 아니 부족도 아니고 세계를 지배하는 저 신비의 불가사의한 것이다라고 생각하고 있었다. 이런 자연에 비해서 인간은 아직 매우 약하고 무력한 존재였다. 자연은 인간이 말하는 것을 들어주지 않았다.

어제는 뭔가 알 수 없는 마력 덕분에 '인간 사슴 죽임'이 잘되었다. 오늘은 전혀 잡히지 않는다. 그래서 사람들은 맥없이 빈손으로 자기 집으로 돌아갔다.

'인간 사슴 죽임'이라는 표현 방식에는 주격이 없다. 그도 그럴 것이 인간과 사슴 어느 쪽이 주격인지를 어떻게 원시인이 알 수 있었겠는가? 지금 그는 사슴의 조상이요, 인간의 조상이기도 한 저 불가사의한 수호신이 인간에게 사슴을 베풀어준 것이라고 생각하고 있기 때문이다.

이렇게 발굴을 계속하면서 말의 제일 오래 된 층에서부터 점차 새로운 층으로 옮겨가게 되면, 우리들은 상당히 오랫동안 인간이 자신을 마력의 손에 쥐어진 도구라고 생각하고 있었던 시대의 말의 조각을 만나게 될 것이다.

역시 시베리아 북쪽의 민족인 츄크치인에게도 이런 문구가 있다.

"인간을 통해서 개에게 고기를 주다."

이 문구는 우리들로서는 이해할 수 없다. 이 문구는 인간이 우리들처럼 사물을 생각하지 않았던 훨씬 먼 옛날의 말의 지층에서 발굴해낸 것이다.

"인간이 개에게 고기를 주다"라고 말하는 대신 "인간을 통해서 개에게 고기를 주다"라고 말했던 것이다.

그렇다면 도대체 누가 인간을 통해서 개에게 고기를 주는 것일까?

무엇인가 신비한 힘이다. 이 힘은 그 도구인 인간을 이용하여 그러한 행동을 하는 것이다.

다코타라는 인디언 부족은 "내가 짜다"라고 말하는 대신 "나에게 짜여지다"라고 말한다. 마치 뜨개바늘로 일하는 것이 자기가 아니라, 인간이 뜨개바늘이 된 것 같은 말투다.

고대어의 조각은 유럽인들의 말에도 많이 남아 있다.

프랑스 사람은 "Il fait froid(일 페 프로아)"라고 말한다. '춥다'는 뜻이다. 그러나 이것을 글자 그대로 변역하면, "그것은 추위를 만든다"라는 말이 된다. 여기에서도 또한 세계를 지배하는 '그것'이 나오고 있다.

일부러 먼 나라의 말을 발굴해내지 않더라도 가까운 자기 나라의 말 속에서 고대어의 조각을, 즉 옛날 사고 방식의 조각을 얼마든지 발견할 수 있을 것이다.

예컨대 러시아에서는 "천둥에 의해서 그를 죽였다"라고 말한다.

죽인 것은 누구인가?

'그것'이다. 저 불가사의한 힘이다.

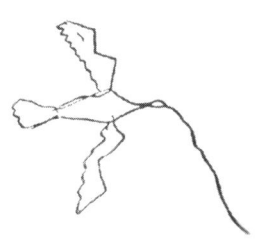

입에서 천둥과 번개를 내뿜는 이상한 새(다코다족이 그린 그림)

또 "그를 덜덜 떨게 했다"라든지, "그에게 열을 나게 했다"라든지 여러 가지가 있다. 그 뜻은 "그는 덜덜 떨었다", "그는 열이 났다"이다. 인간을 덜덜 떨게 하고, 그 병과 재난을 기뻐하는 것은 도대체 누구인가?

'날이 새다', '밝아지다', '부슬부슬 내리다' 등 이러한 말 속에도 러시아어에는 반드시 저 정체불명의 불가사의한 '그 것'이 모습을 숨기고 붙어 있다.

우리들은 어떤 신비한 힘도 믿지 않고 있다. 그런데도 우리들의 말에는 그러한 힘을 믿고 있던 옛날 사람들의 말의 조각이 아직 보존되어 있다.

예를 들어 우리들은 "책이 발견됐다", "시계가 발견됐다"라고 말한다. 마치 우리들이 그 책을, 그 시계를 찾아낸 것이 아니라 책이나 시계가 무엇인가 이상한 작용에 의해서 스스로 나타난 것처럼 들린다.

이리하여 우리들은 말의 지층을 발굴하여 원시인의 말뿐만 아니라 사고 방식도 찾아냈다.

원시인은 이유를 알 수 없는 신비한 세계에 살고 있었다. 거기서 일하거나 사냥하거나 하고 있는 것은 인간이 아니었다. 무엇인가가 인간으로 하여금 일하게 하고 인간의 손을 빌어 사슴을 죽였다. 모두가 그 무엇인가의 뜻대로 진행되고 있었다.

그러한 가운데 세월이 흘렀다. 인간이 점차 강해짐에 따라 그는 세계와 세계 속에서의 자기의 입장도 점차 확실히 이해하게 되었다. 말에서 '나'가 나타나고 인간이 나타났다. 스스로 행동하고, 싸우고 자연과 사물이 자기를 따르게끔 만드는 인간이 나타난 것이다.

우리들은 이제 "인간을 통해 사슴을 죽이다"라고 말하지 않고 "인간이 사슴을 죽이다"라고 말한다. 그래도 아직 우리들의 말에는 어딘가 모르게 과거의 그림자가 드리워져 있다. 지금도 우리들은 "운이 없다"라고 말한다.

그렇다면 누가 '운이 있도록' 해주거나 해주지 않는 것일까?

운명이요 천명이다!

운명이나 천명이라면, 그것은 원시인이 그렇게도 두려워하던 저 '불가사의한 것'과 똑같은 것이 아닌가?

'운명'이란 말은 아직 우리들의 말 속에 있다. 그러나 그것이 이윽고 사라져버릴 말이라는 것을 지금 확실히 예언할 수 있다.

오늘날 농민은 누구나 커다란 확신을 가지고 밭에 씨를 뿌린다. 풍작이냐 흉작이냐는 오직 자기가 어떻게 하느냐에 달려있다는 것을 잘 알고 있다. 농장에서는 기계와 학문이 봉사하고 있다. 기계는 불모의 땅을 풍요한 땅으로 바꾸고 학문은 식물이 잘 자라도록 도와준다.

어부는 겁내지 않고 태연히 바다에 나간다. 그에게 물 속 깊이 있는 암초가 보인다. 그는 폭풍우가 불어올지 어떨지를 미리 알고 있다.

'운이 없다', '천성'—그런 문구는 점차 듣기 힘들게 될 것이다.

무지가 공포를 낳는다. 지식은 확신을 주고 인간을 노예가 아닌 자연의 지배자로 만든다.

3

얼음이 후퇴하다

해마다 눈이 녹기 시작하면 어디에서나 모두 숲에서도 들에서도 마을의 거리에서도 길 옆의 도랑에서도 졸졸 물이 흐르고 작은 폭포가 나타난다.

마치 아이들이 봄이 되면 집에 가만히 있지 못하는 것처럼 물은 쌓여서 굳어진 더러운 눈더미 아래에서 흘러나온다.

물은 돌에 부딪치면서 길을 비스듬히 가로질러 온통 주변이 들뜨게 야단법석을 떨면서 오직 앞으로앞으로 달려간다.

눈은 양지바른 비탈이나 넓고 밝은 들판을 피해서 골짜기나 움푹 패인 구덩이로 후퇴한다. 그곳 그늘진 곳에서 5월이 될 때까지 숨어 있다.

산과 들의 경치는 하루하루 눈에 띄게 달라져간다. 겨우 며칠 사이에 햇볕은 벌거숭이 비탈길을 풀로 뒤덮고 마른가지에 꽃을 피운다.

바로 봄이다. 봄이 오면 겨울에 쌓이고 쌓였던 눈이 녹는다.

그런데 지구의 머리에 새하얀 모자가 되어 덮어씌어 있던 저 거대한 얼음의 표면이 녹기 시작했을 때, 그때 어떤 일이 일어났을까?

그때 얼음 밑에서 흘러나온 것은 단순한 물의 흐름이 아니라 넘쳐흐를 정도로 한가득 물을 안은 큰 강이었다. 이런 큰 강의 대부분은 지금까지도 남아 있는데, 도중에서 만나는 크고 작은 물줄기들을 모아 바다로 흘러 들어갔다.

그것은 위대한 자연의 기지개였으며, 북방의 벌판에 울창한 숲의 옷을 입힌 위대한 봄이었다.

하지만 봄은 단번에 봄이 되지는 않는다. 5월의 따뜻한 볕 속에서 갑자기 찬 바람이 불 경우도 있다.

아침에 눈을 떠보면, 주위가 온통 하얗고 지붕에 눈이 쌓여 있다. 언제 봄이 왔는가 하고 말하는 듯하다. 저 위대한 봄도 역시 단숨에 추위를 몰아내지는 못했다. 몇백 년 동안 자리잡고 살았던 곳을 떠난다는 것이 어쩐지 서운한 것처럼 얼음은 그렇게 서서히 물러났다.

대강 이런 상태였다. 먼저 조금 물러선 얼음은 다시 힘을 모은 것처럼 갑자기 멈춘다. 그러고는 다시 한 번 되돌아온다. 그와 함께 자신의 단짝인 순록(馴鹿)을 따라 툰드라도 남쪽으로 움직여간다.

이끼와 석화(石花)가 풀을 쫓아내고, 넓은 벌판에 가득 퍼지기 시작한다. 말은 남쪽의 목초지를 찾아 도망간다.

오랫동안 더위와 추위가 계속 싸운다. 그 결과 더위가 승리했다.

얼음은 녹아서 기세 좋게 물이 흘렀다. 지구의 눈 모자는 점점 작아졌다. 얼음은 북으로북으로 밀려가고, 툰드라도 그 뒤를 쫓아갔다.

이끼와 석화가 돋아나 있던 곳, 제대로 잎도 나지 않은 작고 보잘것없는 소나무가 드문드문 흩어져 있던 곳에 두 아름이나 될 정도의 소나무 숲이 울창하게 우거졌다.

점차 따뜻해져갔다.

검은 솔밭 속에서 밝은 색의 자작나무와 벚나무가 점차 고개를 쳐들었다.

뒤이어 잎이 넓적한 떡갈나무와 보리수의 대부대가 북쪽으로 밀어닥쳤다.

'소나무의 시대'는 '떡갈나무의 시대'로 변했다.

숲의 주인이 바뀌었다.

어느 숲에도 각각의 주민이 있었다.

활엽수, 관목, 버섯, 딸기류와 함께 이러한 것을 먹이로 삼는 동물들도 또한 북쪽으로 닥쳐왔다. 멧돼지, 큰 사슴, 들소들이 오고, 나뭇가지 같은 뿔을 가진 멋진 사슴도 왔다. 단것을 좋아하는 곰은 야생 꿀을 찾으면서 자꾸만 나뭇가지를 꺾었다. 그 뒤를 조심스럽게 낙엽을 밟으며 토끼가 돌아왔다. 둥근 얼굴에 발이 짧은 비버가 시냇물에 댐을 만들기 시작했다. 새소리가 숲 속에 가득 울렸다. 백조와 거위가 숲 속 호수 상공에서 시끄럽게 떠들기 시작했다.

얼음의 포로

그러한 변화가 자연 속에서 일어나고 있는 것을 인간이 모르는 체 옆에서 멍하니 바라만 보고 있지는 않았다. 연극의 배경이 변하는 것처럼 주변의 모든 것이 확 변했다. 단지 연극과 다른 점은, 일 막이 여기서는 몇천 년 동안 계속되고, 무대가 몇백만 평방킬로미터라는 넓은 장소를 차지하고 있다는 것이었다. 인간은 대규모 연극의 관객이 아니라 등장인물이었다.

그러므로 막이 바뀔 때마다 그 장면에 알맞게 자기의 생활을 바꿔가지 않으면 안 되었다.

툰드라에서 인간을 부양한 것은 순록뿐이었다.

툰드라는 남쪽으로 옮겨갈 때, 마치 사슬에 매어 두고 있는 것처럼 순록이란 포로를 끌고 왔다. 이 눈에 보이지 않는 사슬의 한쪽 끝에는 순록이 매어져 있었고, 다른 한쪽 끝에는 이끼와 석화가 매어져 있었다.

이끼와 석화를 먹으며 순록은 툰드라에서 하루를 보낸다. 이 순록을 쫓아 인간도 툰드라에 나타났다.

초원에서 인간은 말과 들소들을 상대하고 있었다. 툰드라에서는 순록의 사냥꾼이 될 수밖에 없었다.

그도 그럴 것이 툰드라에서는 순록 이외의 사냥감을 발견할 수 없었기 때문이다.

매머드는 완전히 모습을 감추고 말았다. 그도 그럴 것이 인간에게 사냥당해 부락 근처에 매머드의 뼈가 산처럼 쌓여 있었기 때문이다. 말도 많이 살해됐다. 어떻게든 살아남은 말들은 싱싱한 들판의 풀이 바싹 마른 석화로 변해가자 멀리 남쪽으로 도망쳤다.

툰드라에서 인간을 살리는 것은 순록뿐이었다. 인간은 순록의 고기를 먹고, 털가죽을 입고, 순록의 뼈로 창과 작살을 만들었다. 그리하여 인간의 생활은 일체 순록의 생활에 의존하게 되었다.

순록이 가는 곳으로 인간도 갔다. 여자들은 재빨리 움막을 세우고 털가죽으로 지붕을 덮었다. 한 장소에서는 오래 살지 못한다는 것을 알고 있었다.

파리 떼에 쫓겨 순록이 다른 곳으로 옮겨가면 인간도 그곳을 떠날 수밖에 없었다. 여자들은 집을 헐어서 등에 지고 비틀거리며 툰드라 위를 걸어갔다. 남자들은 창과 작살만 손에 든 가벼운 차림이었다. 집안일은 남자의 몫이 아니었다.

그런데 이 툰드라가 또다시 순록을 이끌고 후퇴하기 시작했다. 툰드라가 있던 자리에서 나무가 자라나 발을 디딜 틈도 없이 울창한 밀림이 되어 갔다. 인간은 어떻게 되었을까?

순록 떼를 따라 자신도 모르게 북쪽의 극지방까지 옮겨간 종족도 있다. 이것이 가장 손쉬운 방법이었다. 북쪽의 자연에 인간은 이미 익숙해져 있었기 때문이다. 괴로운 추위의 시대는 몇만 년이나 계속되었다. 이 동안에 인간은 추위와 싸우는 것을 배우고 짐승에게서 털가죽을 얻어내는 것도 배웠다. 환경이 추워짐에 따라 바람을 막은 움막 안의 아궁이 불은 더욱더 붉게 타올랐다.

북극 지대로 가는 것이 이전 장소에서 버티는 것보다 훨씬 쉬웠다. 그러나 쉬운 것이 반드시 최선의 길은 아니다. 툰드라와 함께 북쪽으로 간 사람들은 오히려 큰 손해를 보았다. 왜냐하면 이 사람들에게 있어서는, 언제까지나 그 빙하시대가 계속되었기 때문이다. 그린란드 에스키모인은 지금도 역시 계속 얼음 속에서 살면서 거칠고 빈곤한 자연과 끝없는 싸움을 계속하고 있다.

이전의 장소에서 버티고 있었던 종족에게는 그것과는 다

른 운명이 찾아왔다. 처음 얼마 동안은 완전히 숲에 둘러싸여 어찌할 바를 몰랐다. 그러나 그 대신 그들 조상이 몇만 년 동안 갇혀 있었던 얼음 속에서 겨우 벗어날 수 있었던 것이다.

인간이 숲과 싸우다

툰드라가 가버린 후에 생긴 숲은 오늘날의 숲과 같은 것이 아니었다. 그것은 발을 디딜 틈도 없는 밀림이었다. 이 밀림은 몇천 킬로미터에 걸쳐 있었고, 강이나 호수의 물가에까지 심지어는 바닷가에까지 뻗어나갔다.

이렇게 낯선 세계에서 사는 것이, 인간에게는 그리 즐거운 일이 아니었다. 숲은 그 무성한 손으로 인간의 목덜미를 죄고 숨을 못 쉬게 하며 걷는 길도 주거지도 베풀어주지 않았다. 나무를 베어치우고, 평지를 개간하고, 쉴새없이 숲과 싸워야만 했다.

툰드라에서도 평야에서도 인간은 잠자리 때문에 걱정하지는 않았다. 어디에서고 공간이 널찍했기 때문이다. 그러던 것이 숲에서는 우선 거처를 마련하기 위해 싸워야 했다.

어떤 비좁은 장소도 나무와 덤불이 점령하고 있었다. 인간은 적의 성을 공격하듯이 숲을 상대로 싸워야 했다.

그러나 전쟁을 하기 위해서는 무기가 있어야 한다.

나무를 잘라 넘어뜨리기 위해서는 도끼가 필요하다.

그래서 인간은 무거운 삼각돌을 긴 자루에 매달았다.

이제까지는 딱따구리가 구멍을 파는 소리만 들리던 밀림 속에서 새나 짐승들을 놀라게 하는 최초의 도끼 소리가 메아리쳤다.

▲ 돌도끼에 단 나무 자루
◀ 자루를 끼우는 구멍이 파져 있는 돌도끼

　돌칼은 나무의 몸통에 파고들었다. 베인 자리에서 진한 점액이 흘러나왔다. 나무는 비명을 지르며 자른 사람의 발밑에 쓰러졌다.
　사람들은 날마다 쉴새없이 나무를 잘라 숲의 세계에서 자기가 설 자리를 마련했다.
　평지가 넓어지면 사람들은 그루터기와 덤불에 불을 질러 이것을 태웠다.
　이리하여 사람들은 숲과의 싸움에서 승리했지만 아직 항복한 적을 그대로 두지 않았다.
　나뭇가지를 자르면, 이번에는 통나무 끝을 깎아 뾰족하게 만들었다. 그러고 나서 돌망치로 두들겨 이것을 땅에 박았다. 첫 번째 기둥과 나란히 제2, 제3, 제4의 기둥을 세웠다. 이것을 나뭇가지로 엮어 벽을 만들었다. 숲 속에 통나무집이 완성되었다. 숲과 꼭 닮은 집이었다. 역시 나뭇가지로 얽혀진 나무줄기가 몇 개 서 있었기 때문이다. 그렇지만 이들 줄기는 함부로 서 있지 않고, 인간이 생각한 그대로 규칙적으로 잘 맞게 서 있었다.
　숲의 세계에서 자기 집을 만든다는 것은 인간에게는 상당히 어려운 일이었다. 먹을 것을 얻기란 더욱 어려운 일이었다.
　인간은 들판에서 떼를 지어 다니는 짐승들을 상대로 사냥을 했다. 무리는 멀리서도 잘 보였다. 웬만한 언덕에 올라도 들판이 손바닥을 보듯 한눈에 보였다. 하지만 숲 속에서는 달랐다. 숲의 빌딩은 만원이었기 때문에 주인공들은 잘 보이지 않는다. 어느 곳이든 시끄럽고 떠들썩한데 그들이 어디에 있는지 좀처럼 알아내기가 힘들었다.

보라, 발 아래 어딘가에서 부스럭거리는 소리가 난다. 머리 위에서 무엇인가가 날아간다. 무엇인가가 나뭇잎을 흔든다.

그러한 소리나 냄새 속에서, 갖가지 빛깔의 나무줄기 사이에 갖가지 빛깔의 점들 속에서 무엇을 분간할 수 있겠는가?

어느 짐승에게도, 어느 새에게도 각각의 보호색이 있다. 새들은 얼룩진 나무껍질과 비슷하다. 갈색 짐승의 몸통은 어둑어둑한 곳에서는 갈색 낙엽과 혼동된다.

짐승을 찾아내기란 쉬운 일이 아니다. 운 좋게 발견했다 하더라도, 그것이 초목이 무성한 곳으로 사라지기 전에 실수하지 않고 일격에 잡지 않으면 안 된다.

이렇게 되면 사냥꾼은 이제 투창에만 의지할 수 없게 된다. 그 대신 빠르고 정확한 화살이 필요해진다.

활은 손에 들고 화살통은 등에 짊어진 채 사냥꾼은 밀림을 헤치고 들어가 멧돼지를 겨냥하고, 늪이나 못에서는 거위와 오리를 겨냥했다.

네 발 달린 친구

사냥꾼에게는 훌륭한 친구가 있다. 이 친구에게는 다리와 부드럽고 커다란 귀 그리고 유난히도 예민한 검은 코가 있다.

사냥터에 이르면 네 발 달린 친구는 주인을 도와 새나 짐승을 찾아낸다. 식사 때에는 옆에 앉아서 "내 몫은 어디 있소?" 하고 묻듯이 주인의 눈을 쳐다본다.

이 네 발 달린 친구는 충실히 사냥꾼을 돕고 있다. 그것도 1년이나 2년이 아니라 벌써 몇천 년 동안이나. 총이 아니라 가벼운 새털로 만든 화살로 새나 짐승을 쏘고 있던 그 무렵부터 인간은 이미 개를 길들이고 있었기 때문이다.

예니세이 강이 내려다보이는 아폰토프 산에서 러시아의 고고학자들은 고대 사냥꾼의 야영지 유적에서 개의 뼈를 발굴해냈다. 이리와 아주 비슷했지만, 단 콧등이 이리보다 훨씬 짧았다.

아마도 그 무렵의 개는 이미 인간의 주거지에서 망을 보고 짐승을 발견하고 모는 일에 쓰이고 있었을 것이다. 숲 속 부락에 있었던 부엌의 쓰레기장에는 지금도 개의 이 자국이 남아 있는 짐승의 뼈가 남아 있다. 지금과 마찬가지로 식사 때에 개는 사냥꾼 옆에 앉아 뼈를 노리고 있었을 것임에 틀림없다.

설마 아무 소용도 없는 개를 곁에 두고 먹이만 주었을 리는 없지 않은가? 사냥꾼은 강아지를 길들여 이를 조수로 키웠다. 요컨대 새나 짐승을 찾아내는 일을 가르쳤던 것이다.

이 의도는 들어맞았다. 인간이 멧돼지나 사슴의 발소리를 듣기 훨씬 전에 개는 이미 귀를 쫑긋거리고 코를 벌름거렸다.

왜 나뭇잎이 냄새를 풍기는가? 무엇이 거기를 지나갔는가? 두 번, 세 번 냄새를 맡으면 벌써 발자국을 찾아냈다. 주위에서 아무것도 보이지 않고 소리도 나지 않는데, 개는 추적(追跡)이라는 자기의 본업에 열중하여 자신 있게 숲 속을 뛰어간다. 인간은 그저 개의 뒤를 바싹 따를 뿐이다.

개를 길들임으로써 인간은 이전보다 훨씬 강해졌다. 인간은 자신의 코보다 냄새를 잘 맡는 개의 코를 자신을 위해 이용했다.

개의 코뿐만 아니라 발도 이용했다. 짐수레를 말이 끌게 되기 훨씬 전부터 개는 이 일을 하고 있었다.

시베리아의 고대 사냥꾼 부락에서 멍에와 함께 개의 뼈가 발견되었다.

개가 사냥을 도왔을 뿐만 아니라 수레를 끌기도 했음을 알 수 있다.

여기서 우리들은 인간의 전기(傳記) 속에서 처음으로 그의 친구들―개와 만난다.

산 속에서 나그네를 구조하고, 전장에서 부상병을 나르고, 집과 국경을 지켰던 이 충실한 동물에 관해서 얼마나 많은 이야기가 쓰여졌던가!

집에서도, 사냥터에서도, 전쟁터에서도, 또 연구소에서도 개는 충실하게 인간을 섬기고 있다.

학문을 위하여, 인류의 이익을 위하여 수술대에 오르게 되

썰매를 끄는 개(코리야크인의 그림)

면 개는 갸륵한 눈초리로 학자를 올려다보며 주인에게 생명을 바칠 결심을 보인다.

전에도 말한 레닌그라드 교외에 있는 파블로프 마을의 저 연구소 앞에는 훌륭한 기념비가 서 있다. 학자들은 여기서 개를 사용하여 뇌의 작용을 연구하고 있는데, 이 기념비는 충실한 우리들의 네 발 달린 친구의 명예를 기린 것이다.

인간이 강과 싸우다

모든 사람이 밀림 속에 들어간 것은 아니었다. 밀림 속에서 강가나 호숫가로 나온 사람들도 있었다.

사람들은 물가와 숲 사이의 아주 좁은 곳에 통나무집을 세웠다. 숲 속에 비하면 강 쪽이 훨씬 널찍했다. 그러나 여기서 살아간다는 것도 역시 쉬운 일은 아니었다. 강은 유순한 이웃은 아니었다. 봄이 되면 물이 넘쳐 기슭을 침범했다. 얼음 조각과 함께, 쓸려 넘어진 나무와 함께 사람들이 지은 움막을 쓸어가버리는 경우도 드물지 않았다. 홍수를 피하기 위해 사람들은 나무 위로 기어 올라갔고, 거기에서 강의 노여움이 풀어지도록 기도하면서 가만히 기다리고 있었다. 그러한 가운데 강물이 본래대로 돌아가면 사람들은 금방 파괴된 자기의 둑을 다시 강기슭에 쌓았다.

처음에 사람들은 홍수 때마다 어쩔 줄 모르고 당황했지만, 점점 강에 익숙해지고 강의 성질과 습관을 알게 되자 지혜를 모아 강물을 이기는 방법을 생각해냈다.

사람들은 몇 개의 나무를 베어내어 이것을 하나로 묶어 강가에 놓았다. 이번에는 그 위에 제 2단의 나무 다발을 십자로 겹쳤다. 이렇게 점차 통나무를 엇갈리게 쌓아 넓은 고대(高臺)를 만들어, 이 위에 집을 지었다. 이렇게 되면 이제는 홍수 따위는 두렵지 않다. 물이 사납고 거세게 몰아쳐 와도 이 집 언덕 밑에도 닿을 수 없었다.

이것은 인간의 위대한 승리였다. 농담이 아니라 낮은 강변을 높게 쌓아올렸던 것이다. 지금 우리들이 강을 통제하기 위해 만들어놓고 있는 제방이나 둑도 실상은 이런 통나무로 만든 고대에서 비롯된 것이다.

강과의 싸움에 인간은 많은 시간과 노력을 바쳤다. 그렇다면 인간을 강가에 살게 만든 것, 인간을 강 쪽으로 유혹한 것은 무엇인가?

온종일 끈기 있게 낚싯대가 올라오기만을 기다리고 있는 낚시꾼에게 물어보자.

강이 인간을 유혹하는 것은 강에 물고기가 있기 때문이다.

그렇더라도 사냥을 본업으로 하던 인간이 어떻게 하여 낚시꾼이 되었을까? 물고기를 잡기 위해서는 사냥할 때와는 전혀 다른 도구, 전혀 새로운 특기나 방법이 필요한데 말이다.

사건의 사슬이 끊어진 곳이 발견될 때 우리 인간은 그 없어진 고리를 찾아내지 않으면 안 된다.

사냥꾼은 단숨에 낚시꾼이 될 수는 없었다. 물고기를 낚아 올리기 전에 우선 물고기 사냥을 하지 않으면 안 되었다.

정말 그대로였다. 처음 물고기를 잡을 때의 도구는 창과 그다지 다르지 않은 작살이었다.

허리춤까지 물에 몸을 담그고 인간은 작살을 들고 돌 틈에 숨어 있는 물고기를 찔렀다. 얼마 지난 후 인간은 다른 방법으로도 물고기를 잡게 되었다. 그물로 새를 잡는 법을 이미 알고 있었다. 시험삼아 물 속에도 그물을 던져보았다. 이렇게 해서 인간은 조금씩조금씩 낚시 도구를 갖추어왔다.

고고학자들은 땅 속에서 작살과 함께 그물에 사용하는 돌추, 뼈로 만든 낚싯바늘을 발굴해냈다.

아이누족의 어부들(중국의 그림)

사냥꾼·어부의 집

중앙아시아의 큰 강 암 다리야가 아랄 해로 흘러 들어가는 부근 쿠즈일 쿰 사막 속에서, 소련의 학자 톨스토프 일행은 고대의 사냥꾼과 어부의 부락을 발견했다.

어느 모래 언덕의 꼭대기에 모래와 흙의 층 밑에서 훌륭한 석기, 토기의 조각, 부엌의 쓰레기 한 덩어리가 파묻혀 있었다. 부엌의 쓰레기 속에는 멧돼지나 사슴의 뼈가 많이 섞여 있었다. 그러나 가장 많은 것은 꼬치 고기와 메기의 뼈였다. 이것으로 이 부락에 살고 있었던 사람들의 주식이 물고기였음을 알 수 있다.

불타버린 집의 흔적도 발견되었다. 남아 있는 것은 재와 숯이 가득 든 구멍, 반쯤 탄 갈대 토막, 우산같이 중심이 둥근 모양을 하고 있는 검게 눌은 여러 막대기 등이었다. 주거지의 한가운데 주위엔 하얗고 고운 재가 두텁게 쌓여 있고 이 재 밑에는 불 기운의 흔적을 보여주는 새빨간 모래가 깔려 있었다.

이것은 한가운데에 있는 화로다. 이 화로 주변에 더러운 검은 재나 부엌의 여러 가지 쓰레기가 가득 차 있는 다른 화로도 몇 개 흩어져 있었다.

학자들이 발견한 것은 이것뿐이다. 그런데 이제부터 이들의 생활을 마음속에 그리면서 훨씬 이전에 불타버린 집의 외관이나 구조를 복원시킬 수 있을까?

고고학을 모르는 사람에게는, 이 문제는 쉽사리 풀릴 것 같지 않다. 그러나 고고학자들은 재와 숯이 가득 차 있는 구멍은 지붕을 지탱하고 있던 기둥의 자리라는 것을 금방 알았다. 지붕은 갈대로 덮여 있었다. 반쯤 타다 남은 갈대 토막이 이를 말해주고 있다. 몇 개의 검게 눌은 막대기가 우산같이 한 점을 중심으로 모여 있는 것은 어떤 사정 때문에 그렇게 된 것이 아니다. 불이 났을 때 위쪽에 모여 있었던 서까래가 타서 내려앉은 그대로 남아 있었던 것이다.

한가운데의 화로에서는 요리를 만들지 않았다. 그렇지 않으면 재가 이렇게 깨끗하고 하얗게 되어 있을 리가 없다. 이 재가 이렇게 두텁게 쌓여 있는 것은 옛날부터의 습관대로 밤낮 끄지 않고 불을 계속 지피고 있었기 때문이다.

화재가 없었다면 이 불을 끄는 일은 없었을 것이다.

집의 기둥 사이에 흩어져 있는 화덕에서 주부들은 음식을 만들었다. 따라서 그곳에는 더러운 재가 쌓여 있고 주위에 뼈가 가득 있는 것이다.

화로가 많이 있는 것은 그만큼 가족이 많이 있었다는 것을 의미한다. 부부와 자식들의 몇 가족이 모여서 하나의 '혈연공동체'를 이루고 있었던 것이다.

공동체는 작은 것이 아니었다. 백 명 내지 그 이상의 구성원이 있었다. 이렇게 커다란 집을 지은 것도 그 때문이다. 하지만 겉모양은 아직 끝이 뾰족한 지붕을 가진 저 둥근 움막집 그대로였다. 이른바 조상의 집 모습 그대로였다.

입구에서 꺼지지 않는 불이 있는 곳까지 두 줄의 기둥 사이로 긴 통로가 있었다. 이 복도 오른쪽에 요리할 때 쓰는 화로가 나란히 있었고, 왼쪽에 비어 있는 넓은 방이 있었다. 이런 빈 방은 무슨 일에 필요했을까?

이것을 알아내기 위해서 학자들은 중앙아시아에서 멀리 떨어져 있는 곳, 인도양의 안다만 제도에 있는 그와 비슷한 공동체의 오두막을 생각해냈다. 그곳에서는 마법의 춤과 의식을 행할 때 넓은 방을 사용하고 있었다.

복도의 왼쪽 벽에서 학자들은 또다시 몇 개의 아주 작고 보잘것없는 화로의 흔적을 발견했다. 이곳은 가족이 없는 독신자들의 방이었으리라.

이렇게 학자들은 아주 적은 유물을 보고 먼 옛날 어부들이 살고 있었던 것을 훌륭히 복원해 보였다.

그러나 이 어부들이 어떻게 물고기를 잡았는가, 배가 있었는가 없었는가 하는 의문에 대해서는, 애써 발견한 출토품도 아무런 대답을 주지 않았다.

그런데 먼 옛날의 통나무배가 러시아의 다른 지방에서 발견되었다. 북쪽에 가까운 라도가 호(湖) 근처에서.

배의 조상

지금으로부터 70년쯤 전의 일이다. 라도가 호 근처에서 사람들이 운하를 파고 있었다. 토탄이나 모래의 층을 파들어가는 가운데 인간의 두개골과 석기가 여러 개 발견되었다.

고고학자들이 이 이야기를 듣고 달려왔다. 토탄 외에는 아무것도 없어야 할 늪지에서 박물관의 진열장 문을 연 것처럼 학자들은 온갖 것을 끄집어내었다. 돌도끼, 돌칼, 낚싯바늘, 화살촉, 톱니 모양의 칼이 달린 작살, 바다 표범의 형태로 뼈를 깎은 타리스망 등. 돌과 뼈로 만든 도구에 이어서 토탄지에서 통나무배를 하나 통째로 끌어올렸을 때는, 학자들은 즐거운 함성을 올렸다. 이 배는 지금이라도 바다에 타고 나갈 수 있을 만큼 완전한 모양을 갖추고 있었다.

보기에는, 이 배는 오늘날의 배와는 전혀 달랐다. 우리들의 보트, 기선, 전동선의 조상은 아름드리 떡갈나무의 줄기 안을 그대로 도려내어 만든 것이었다.

이것을 자세히 바라보면 돌도끼로 떡갈나무 가운데를 서투르게 도려내어 구멍을 뚫은 것임을 금방 알 수 있을 것이다.

도끼로 나뭇결을 따라 깎아내는 일은 비교적 잘되었다. 그럭저럭 원하는 대로 깎였다. 그러나 나뭇결을 거슬러 깎아야

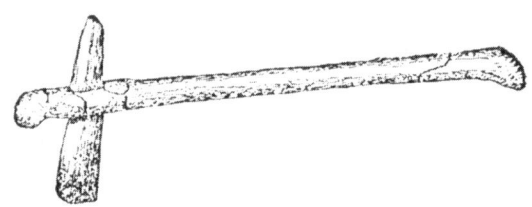

나무 자루를 단 돌도끼

하는 뱃머리나 고물 부분에서는 여간 고역이 아니었다. 나무는 잘리고 깎아지기는 했지만 곳곳이 울퉁불퉁해졌다. 떡갈나무가 몹시 화가 나서 돌칼과 서로 물고 뜯고 한 것처럼 골이 패어 있었다. 나무의 마디나 경사층에 부딪치면 돌도끼는 힘을 쓰지 못했다. 이리하여 돌도끼와 나무의 싸움에서 불〔火〕이 도끼를 도와주게 되었다.

통나무배의 고물은 탄화되어 금이 가고 새까만 껍질에 싸여 있었다.

그 무렵에 통나무배를 만드는 것은 오늘날 커다란 기선을 만드는 것보다 훨씬 고된 일이었을 것이다.

우리들의 배의 조상 — 원시 통나무배

통나무배와 더불어 그것을 도려내고 구멍을 뚫는 데 사용했던 돌도끼도 발견되었다. 도끼의 칼날은 잘 갈아져 있다. 가까이에서는 숫돌도 발견되었다. 이 무렵엔 단순히 환석을 깎아 날붙이를 만들지 않고 이미 숫돌에 갈아 쓰고 있었음을 알 수 있다.

무딘 도끼로 어떻게 단단한 나무에 맞설 수 있겠는가?

떡갈나무가 이럭저럭 통나무배로 변하기까지는, 인간은 오랫동안 떡갈나무와 맞붙어 싸우지 않으면 안 되었다.

이리하여 이제 겨우 일은 끝났다. 카누는 물 위에 떴다. 작살, 낚싯바늘, 그 밖의 여러 가지 엮어서 만든 세공품 용구를 갖추고 사람들은 물고기를 잡으러 나갔다.

호수는 크고 물고기는 많이 있었다. 그러나 사람들은 멀리 가지는 않았다.

여하튼 물은 사람들에게 있어 새롭고 익숙하지 못한 상대였다. 그 성질도 잘 몰랐고 그 기분도 전혀 이해하지 못했다. 물은 잠잠한가 하면 갑자 성을 내면서 거세게 물결쳤다.

어떤 폭풍우에도 꿈쩍하지 않는 거대한 떡갈나무도 물 위에 뜨면 흡사 가벼운 널빤지처럼 뛰어오르고 빙빙 돌았다.

그러면 새파랗게 질린 얼굴로 사람들은 언덕 쪽으로 돌아왔다. 거기에는 단단한 땅이 있었다. 땅이라면 걷는 데 익숙해져 있었다. 땅은 흔들리지도 술렁거리지도 파도가 치지도 않았다.

인간은 어린애처럼 자기를 길러준 어머니인 대지에 매달렸다.

끝없이 뻗어 있는, 마음을 놓을 수 없는 물 위에서 저 멀리 나가기보다 물고기가 기슭으로 다가오기를 기다리는 것이 훨씬 나았다.

그러나 인간은 무서워 떨면서도 조금씩 수역(水域)을 점령하기 시작했다.

이제까지 인간의 세계는 육지에 한정되어 있었다. 물가에 가면 "들어가선 안 된다"고 적혀 있는 팻말이 붙은 벽이 서서 가로막고 있는 것과 같은 기분이 들었다.

그러나 지금 인간은 이 눈에 보이지 않는 벽을 통과한 것이다. 그들은 아직 그들에게 있어서는 새로운 세계—물의 세계의 경계선에서 왔다 갔다 하고 있다.

모든 일에 있어서 가장 어려운 때는 그 시작에 있다. 이윽고 때가 오면 인간은 물가에서 뛰어나갈 것임에 틀림없다.

그뿐 아니라 불안한 통나무배 따위가 아닌 훌륭한 배를 타고 그들은 자기와 같은 사람들이 살고 있는 새로운 대륙을 발견하기 위해 넓고 넓은 바다 끝까지도 나아갈 것이다.

최초의 직공

당신들은 바로 최근에야 도끼와 대패, 해머와 드라이버를 손에 집어든 직공이다!

당신들은 미래의 야금 기사며 화학자며 공작 기계나 비행기 설계가며 빌딩이나 배의 건조자다!

자기의 도구, 자기의 일을 사랑하는 당신들을 위하여 이 책을 썼다.

당신들은 알고 있다. 도구와 재료와의 싸움이 얼마나 귀찮은 일인지를. 그 대신 그 후의 승리가 얼마나 기쁜 것인지도.

목재 한 조각을 손에 들면 당신은 이미 이것으로 어떤 물건을 만들 것인가를 분명히 머리 속에 떠올리고 있다. 아무것도 아닌 것처럼 여겨진다. 먼저 톱으로 켜고 구멍을 뚫고 깎으면 된다. 그런데 재료는 이쪽 생각대로 말을 듣지 않는다. 재료는 자신을 베는 칼에 맞서 힘 닿는 한 저항한다.

계속해서 이것저것 연장을 꺼낸다. 칼로 안 되면 도끼로 이를 대신한다. 도끼도 소용없으면 톱이 수십 개의 이를 내밀며 나무에 달려든다.

만들고자 하는 물건의 형태를 감추고 있던 재료의 쓸모없는 부분은 모두 대팻밥, 톱밥, 잘라진 토막으로 변해 버려진다.

이리하여 당신이 이겼다. 그러나 이긴 것은 당신 한 사람이 아니다. 몇천 년에 걸쳐 도구를 발명하고 개량하고 새로운 방법을 찾아낸 직공들 모두가 당신과 함께 이긴 것이다.

이 책에서 당신은 이미 칼, 도끼, 망치 등을 발명한 최초의 직공들과 친밀한 사이가 되었다.

당신은 그들이 일하는 모습을 보았다. 그 일은 당신의 일과 마찬가지로 귀찮기도 하고 즐겁기도 했다.

이 최초의 목수, 토공, 석공들은 짐승의 털가죽을 입고 있었다. 도구는 모두 조잡하고 품질이 좋지 않은 것이었다. 그러므로 작은 배를 한 척 만드는 데에도 몇 개월이 걸렸다. 항아리를 만드는 것이 우리들이 조상(彫像)을 만드는 것보다 훨씬 힘들었다.

하지만 이러한 목수, 토공, 도공들의 덕택으로 현재 지구 개조의 대역사를 행하고 있는 건설가, 화학자, 야금사가 태어나게 된 것이다.

예컨대 여기 첫날의 도공이 있다. 이 사람은 자연에는 없는 것을 점토에서 만들어낸 최초의 사람이다. 이에 앞서 원시시대의 직공이 돌에서 도끼를, 뼈에서 작살을 만들기는 했지만, 그것은 단지 재료의 형태를 바꾼 것이었을 뿐 재료를 새로이 만들어낸 것은 아니다. 그런데 이제 전에는 없었던 일이 일어났다. 인간은 점토로 그릇을 만들어 이것을 불에 구

돌에 구멍을 내는 원시 시대의
공작 기계

웠다. 불은 점토의 성질을 완전히 바꾸어 본래 점토의 옛 모습을 전혀 찾아볼 수 없게 만들었다.

이전에 점토는 물에 닿으면 부풀어 질척질척해지며 죽같이 변했다. 그러나 일단 불 속을 빠져 나가고부터는 물을 겁내지 않고 물에 넣어도 모양도 변하지 않을 뿐더러 물러지지도 않았다.

불을 이용하여 인간은 점토를 새로운 재료로 바꾸었다. 이것은 이중의 승리였다. 점토에 대한 승리며 불에 대한 승리였다. 전에도 불이 사람들에게 봉사하고 있었던 것은 잘 알고 있다. 불은 추위로부터 사람들을 보호했고 빈틈을 노리는 야수(野獸)를 쫓아버렸으며 숲을 개간할 때 도와주었고 통나무배를 만들 때 도끼만으로는 곤란할 경우 이를 도와주었다. 사람들은 이제 불을 잘 다룰 줄 알았다. 그들이 나무 조각과 나무 조각을 서로 문질러대면 불이 황공해하며 사람들 앞에 모습을 나타냈다.

그런데 이제 인간은 불에게 훨씬 어려운 새로운 임무를 맡겼다. 그것은 어떤 물질을 다른 물질로 바꾸는 임무였다.

불의 성질을 알고 나자 인간은 불에게 찰흙을 굽게 하고 먹을 것을 삶게 하고 빵을 굽게 하고 동(銅)을 정련(精鍊)하게 했다.

오늘날 어떤 물질을 다른 물질로 바꾸는 데 불을 사용하지 않는 공장은 어디에도 없으리라.

우리들은 불 덕분에 광석에서 철을, 모래에서 유리를, 나무에서 종이를 얻는다. 야금과 화학 기술자의 대부대가 공장의 화로 속에서 타고 있는 불을 제어하고 있다. 더구나 이들

화로는 예전의 도공이 최초로 서툴게 밑바닥이 뾰족한 항아리를 구워 만든 저 화로의 핏줄을 이어받고 있는 것이다.

낟알의 증언

원시인의 사냥터에서 고고학자는 여러 가지 잡동사니 속에서 몇 개의 토기를 발견했다. 토기의 겉부분에는 그다지 훌륭하지 않은 무늬가 잔뜩 들어 있었다. 격자(格子) 모양으로 엇갈린 선의 무늬였다. 이 무늬는 어떻게 항아리의 모형을 만들고 어떻게 구웠는가를 우리들에게 말해주고 있다.

먼저 점토를 엮어놓은 바구니 안쪽에 바르고, 그 다음 모닥불에 올려놓았다. 바구니는 타버리고 항아리만 남았다. 그 때문에 겉부분에, 바구니를 엮은 잔가지의 자국이 남아 비스듬한 격자무늬가 생기게 된 것이다.

그러는 가운데 바구니의 신세를 지지 않고서도 더 낫게 그릇을 만들 수 있게 되자, 도공은 항아리에 의식적으로 항상 눈에 익은 사선(斜線) 무늬를 넣었다. 할머니나 증조할머니가 늘 먹을 것을 삶고 있던 저 항아리와 비슷하게 만들지 않으면 음식이 잘 삶아지지 않는다고 생각했기 때문이다.

그 당시의 직공에게는 어떤 물건에도 무엇인가 이상한 힘과 성질이 숨어 있는 것처럼 보였다. 그릇의 비밀은 무늬 속에 있는지도 모른다! 무늬를 바꾸면 큰일이다. 그런 그릇은 반드시 불행, 결핍, 기아를 가져올 것임에 틀림없다. 그래서 불길한 눈으로부터 그릇을 지키기 위해 식기에 개의 그림을 그려 넣는 일도 있었다.

개는 사냥할 때만 인간에게 도움을 주는 것이 아니다. 개

 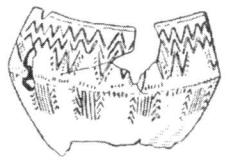 

무늬가 있는 토기

는 우리 집을 지키기도 한다. 도공은 항아리에 개의 그림을 그리면서 이렇게 생각했다. 개는 파수꾼이다. 그리하여 개로 하여금 항아리도, 그 속에 넣는 음식물도 지키도록 하자.

격자 무늬가 들어 있는 토기는 여기저기서 발견된다. 그 중에서도 프랑스의 소도시 캄피뉴 근방에서 출토된 것이 특히 유명하다. 거기에 보리 낟알의 흔적이 확실히 남아 있기 때문이다.

고고학자들은 흥분하여 가슴을 설레며 이 출토품을 찬찬히 살펴보았다. 그도 그럴 것이 이것은 단순한 낟알이 아니라 일종의 증인이기 때문이다—인간의 생활에 있어서 일대 전환기를 우리에게 그대로 보여주는 사랑스러운 증인이기 때문이다.

낟알이 있는 곳, 그곳에는 농업도 있었을 것임에 틀림없다. 바로 그 부락에서 종자를 훑는 도구도 발견되었고, 씨 뿌리기 전에 지면을 고르는 돌로 만든 가래도 발견되었다.

이것으로 우리들의 사냥꾼과 어부가 또한 농민으로 된 것을 알 수 있다. 어떻게 해서 그러한 일이 일어났던 것일까?

먼저 종족 모두가 사냥과 낚시질을 하러 나간 것은 아니었다는 것을 생각할 필요가 있다. 남자가 사냥을 하고 있는 동

도공은 눈에 익숙한 무늬를 항아리에 그려 놓았다.

안 여자와 아이들은 저마다 바구니나 항아리를 가지고 부락의 주변을 돌아다니며 먹을 수 있는 것은 무엇이든 닥치는 대로 주워모으고 있었다. 바닷가에서는 조개를 주웠다. 숲에서는 늘 버섯, 딸기, 나무 열매를 모았다. 도토리도 버리지 않았다. 가루로 만든 다음 경단을 만들어 구우면 맛있게 먹을 수 있었다. 그 때문인지 어떤 민족은 언제까지나 빵을 도토리라고 부르고 있었다.

특히 즐거운 것은 야생 벌집을 뜻밖에 만날 경우다.

이 벌꿀을 따고 있는 여자의 그림이 어느 동굴의 바위에 남아 있다. 나무에 기어오른 여자는 한 손은 벌집에 쑤셔넣고 있고, 한 손은 항아리를 들고 있다. 벌들은 몹시 흥분해서 여자의 주위를 빙빙 날고 있다. 하지만 여자는 그에 아랑곳하지 않고 꿀이 가득 차 있는 벌집을 따내려 하고 있다.

어딘가로 나가기만 하면 여자들과 아이들은 풀의 열매, 벌꿀, 야생 사과와 배를 많이 가지고 돌아왔다.

이 정도면 배부르게 먹을 수 있지 않을까! 그러나 주부들은 함부로 먹어대지 않았다. 아이들을 쫓아내고 항아리, 공기, 통 등에 음식물을 들어갈 수 있을 만큼 채워서 간수해놓는다. 먹을 것을 비축하는 일은 언제나 도움이 되었다. 어쨌든 사냥은 불확실한 일이기 때문이다.

이렇게 하여 기후가 따뜻해짐과 동시에 사람들은 또다시

채집가가 되었다. 이것은 후퇴가 아닐까? 아니다. 이것은 실제로는 전진이었다. 사람들은 주위모으는 것에서 씨 뿌리기로 옮겨갔다. 즉 채집가와 농민과의 사이에 경계선을 넘어선 것이다.

나무 열매, 풀의 열매와 함께 여자들은 곡초(穀草)의 낟알을 주워왔다. 야생 보리, 야생 밀의 낟알이었다. 이것을 항아리나 바구니에 담아 간수해두었다. 간수할 때 한 알 두 알쯤 빠져나오는 일도 있었을 것이다. 그것에서 싹이 나왔다. 자연히 씨를 뿌리게 되었던 것이다.

처음 얼마 동안 사람들은 단지 일시적인 기분으로 했다. 씨를 뿌렸다기보다는 씨를 흘렸다. 그러다가 점차 일부러 흘리고, 이것이 씨 뿌리기에까지 이른 것이다.

많은 민족에게는 낟알이 흙에 묻혀 있다가 다시 부활한다는 신화나 전설이 전해지고 있다.

옛날 여자들이 가래로 땅을 고르고 낟알을 묻을 때에는 고마우신 신령님을 묻는 기분이었다. 이 신령님은 이윽고 황금의 이삭이 되어 자기들에게로 돌아오신다. 그러므로 가을, 결실의 이삭을 딸 때가 오면 여자들은 신령님이 지하에서 돌아오신 것을 기뻐했다.

제일 마지막 이삭 다발을 땅 위에 놓고 여자들은 그 주위에서 춤추거나 노래 부르거나 했다. 이것은 이제 단순한 춤이 아니다. 이것은 마법의 의식인 것이다. 여자들은 부활한 낟알을 기리며 늘 이러한 은혜를 인간에게 베풀어주십사고 땅에 기원했다.

새로운 것 속의 낡은 것

러시아에는 금세기가 되어서도 여전히 매년 추수 후에 '추수제'를 지내는 곳이 남아 있었다.

맨 나중의 이삭 다발을 가지고 이것에 두건을 씌우고 치마를 입혔다. 여자들은 손에 손을 잡고 그 주위를 돌며 춤추면서 힘껏 소리지르며 노래했다.

돌절구로 곡식을 빻고 있는 흑인 여자

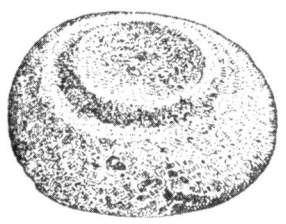

원시 시대의 여자는 이 돌절구로 곡식을 빻았다.

우리들의 밭에서
오늘 추수제로다.
신령님 덕분일세.
이쪽 밭에서는 거둬들이고
저쪽 밭에는 씨 뿌리네.
신령님 덕분일세.

선이 굵고 가라앉은 분위기의 기도하는 노래다. 그 운율은 밤새 마을의 젊은이들이나 여자애들이 그 마을 주변을 어슬렁거리면서 부르는 저 명랑한 민요와는 너무나도 다르다.

'추수제'—그것은 원조(元祖) 농민의 시대부터 쭉 이어져 온 옛날의 의식이다. 그러한 여러 가지 의식은 놀이나 노래 속에 녹아들어 오늘날까지 그 옛 모습을 전해주고 있다.

아이들은 손을 맞잡고 노래한다.

뿌렸네, 뿌렸네, 수수를 뿌렸네.
당신께 보이려고 수수를 뿌렸네…….

이 놀이할 때 부르는 노래도 역시 첫날에는 의식이었다. 몇천 년 사이에 그 마력은 완전히 사라지고 단지 즐거움만이 남았다.

전나무 역시 그러했다! 전나무는 옛날에는 신목(神木)이었다. 괴상한 손짓·몸짓으로 사람들은 나무 주위에서 춤추고 날뛰며, 잠자고 있는 숲이나 밭을 깨우고 겨울 다음에 봄이 되돌아오도록 기원했다.

크리스마스 트리로 근사한 장식을 달아놓곤 하는 전나무를 신목이라고 하면 지금 아이들에게 크게 비웃음을 당할 것이다. 지금 아이들에게 전나무는 겨울 동안의 놀이 상대요, 학기말 시험 후의 위안물이 아닌가.

옛날의 의식이나 주문은 아이들 사이에 지금도 살아남아 있다.

비야, 비야, 어서 와라!
비야, 비야, 그만 와라!

비를 부르기 위해, 혹은 비구름을 쫓기 위해 아이들은 이러한 노래를 부르는 것은 아니다.

기도문 따위로는 비를 부를 수 없다는 것을 아이들은 잘 알고 있다. 노래하는 것이 즐거워서 노래하는 것일 뿐이다. 어른들도 옛날에는 전혀 다른 의미를 갖고 있었던 춤이나 노래를 즐기는 경우가 있다.

이리하여 고대의 의식과 신앙은 흥미로운 놀이에 섞여서 우리들 시대까지 살아남아 있다.

아니, 놀이 속에서만 살아남아 있는 것은 아니다.

교회의 둥근 천정 아래서 부활 예배가 행해질 때, 태고 시대의 주문의 여운이 기도 문구에 실려서 우리들의 귀에 전해져온다.

원시 농민의 노래와 마찬가지로 이 기도는 죽음과 부활을 이야기하고 있다.

교회의 벽 밖에서는 이미 놀이나 댄스로 변해버린 것이 교회 속에서는 아직 의식으로 남아 있는 것이다.

먼 옛날부터 오늘날까지 전해져온 미신, 사교(邪敎)도 적지 않다.

편자(말굽에 대는 쇳조각)를 발견하면 운이 좋다든지, 초승달을 왼편에서 보면 불길하다든지 하는 것을 지금까지도 여전히 믿고 있으며 진실로 받아들이고 있는 사람이 있다.

러시아의 중앙에 위치한 볼가 강 기슭에 우글리치란 역사가 오래 된 도시가 있다. 그 주변의 집단 농장에 사는 어느 부인에게서 들은 이야기에 의하면 러시아 혁명 전까지 그곳 시골에서는 농촌 부인들이 닭장의 홰에 '닭의 신'을 걸어놓고 있었다고 한다.

'닭의 신'이란 한가운데 구멍을 뚫은 돌을 말한다. 그곳 사람들은 이것을 걸어놓으면 닭이 좋은 달걀을 많이 낳는다고 믿고 있었다.

이처럼 수명이 대단히 긴 미신도 있다. 실로 20세기 초에 이르기까지 석기시대 그 상태의 돌 귀신에 대한 미신이 살아남아 있었던 것이다.

이상한 곳간

여자들이 밭을 갈고 있을 때, 남자들이라고 멍청하게 잠만 자고 있지는 않았다. 아침부터 저녁까지 짐승 몰이를 하고 있었다. 완전히 해가 져야 그들은 사냥한 것을 짊어지고 집으로 돌아왔다.

아버지나 형들의 모습이 보이면 아이들은 후다닥 마중을 나갔다. 사냥을 잘했는지 어떤지를 빨리 알고 싶었다. 아이들은 눈을 빛내면서 앞니가 튀어나온 피투성이의 멧돼지 얼굴이나, 나뭇가지처럼 뻗은 사슴뿔을 둘러보았다.

그러나 아이들이 가장 기뻐한 것은 아버지나 형들이 살아 있는 짐승을 메고 돌아올 때였다. 겁에 질린 새끼양일 때도 있었고, 아직 뿔도 나지 않은 불안해하는 듯한 송아지일 때도 있었다.

사냥꾼들은 이 네 발 달린 포로들을 곧장 죽이려고 하지

네 발 달린 포로들(동굴의 그림)

않았다. 울 안에 넣고 길렀다. 크게 자랄 때까지 기다릴 작정이었다. 집 근처에서 송아지나 새끼양의 울음소리가 들리는 동안은, 사냥꾼들은 안심했다. 설령 사냥이 잘 안 되더라도 고기 걱정은 안 해도 된다. 지금 울 안에는 먹을 것이 비축되어 있다. 더구나 그것은 스스로 커가고, 저절로 불어나기까지 하지 않는가.

사람들은 처음엔 다만 고기와 가죽을 얻기 위해 가축을 기르고 있었다. 목축의 이익이라는 것까지는 아직 생각이 미치지 못하고 있었다. 사냥꾼들은 가축을 자신의 사냥감으로 생각하고, 사냥감은 죽여야 하는 것으로 정해놓고 있었다. 소라든지 양들을 살려두는 쪽이 죽이는 쪽보다 훨씬 유리하다는 것을 그들은 쉽게 이해하지 못했다.

잡아먹어 버리면 그만이지만 우유를 마실 작정이라면 몇 년이고 계속 마실 수 있다. 고기도 마찬가지다. 죽이지 않고 두면 결국에는 훨씬 많은 것을 얻을 수 있다. 그도 그럴 것이 어떤 암소도 해마다 송아지를 낳기 때문이다.

양도 역시 그렇다. 가죽을 벗겨내는 것은 아무 일도 아니지만 한 장의 가죽은 별것 아니다. 그보다도 가죽은 그대로 두고 털만을 깎아내는 쪽이 훨씬 이롭다. 얼마든지 깎아내도 바로 그 자리에서 새로운 털이 자라나기 때문이다. 요컨대 한 마리의 양으로부터 한 장이 아니라 열 장 이상의 가죽을 얻을 수 있게 된다.

네 발 달린 포로들은 죽이지 않은 채 살려두고 대신 그들로부터 세금을 거두어들이는 편이 확실히 유리했다.

소, 양, 말을 길들이고, 인간은 이것을 기르는 공부를 했다. 추울 때는 살 곳을 마련해주고 배고프지 않게끔 신경을 썼다. 그 대신 소는 지금까지보다 훨씬 많은 우유를 제공해야 했다. 송아지뿐만 아니라 주인들도 먹어야 했기 때문이다. 말은 어떤 짐이라도 나를 수 있도록 길들여졌다. 양은 자기의 몫과 인간의 몫, 양쪽의 털을 맡게 되었다.

사람들은 가장 많은 젖을 생산하는 소, 가장 긴 털을 가진 양, 가장 힘 있는 말을 동족(同族)의 원조(元祖)로 선택했다. 이리하여 조금씩 가축을 개량하여 점차로 새로운 종(種)을 만들어갔다.

그러나 사람들이 단번에 여기까지 생각한 것은 아니었다. 사냥꾼이 목자(牧者)가 되기까지는 몇천 년이 걸렸다.

그런데 이 결말은 어떻게 됐을까?

사람들이 이상한 곳간을 발견했다는 것이다. 모은 낟알을 땅에 간수하면 땅은 이 낟알을 몇십 배로 늘려 되돌려주었다.

사냥에서 잡은 것을 살려두면 그 포획물은 그 덕분에 커지고 수도 늘었다.

인간은 훨씬 자유로워졌고 그다지 자연에 의존하지 않게 되었다. 이제까지는 목적한 대로 짐승을 몰아 잡게 될지 어떨지, 곡식의 낟알을 많이 주워 바구니를 가득 채울 수 있을지 어떨지 전혀 짐작이 가지 않았다. 먹을 것을 얻을 수 있을지 없을지는 자연의 신통력 여하에 달려 있었다. 이제 인간은 자연에 협력하는 것을 배웠다. 곡초의 이삭을 키우고 소나 양을 기르는 것을 배웠다. 여자들은 이제 이삭을 찾아서 멀리 나가지 않아도 되었다. 사냥꾼들은 이제 짐승을 찾기 위해서 숲에 들어가지 않아도 되었다.

이삭은 집 근처에서 자라고 소와 양은 바로 곁에서 풀을 뜯고 있었다.

인간은 자기에게 도움을 주는 이상한 곳간을 발견하였다.

아니, 진실을 말하면 발견한 것이 아니라 그것을 자기의 노동으로 만들어낸 것이다.

밭을 만들기 위해서도, 목장을 만들기 위해서도 토지가 필요하다. 이 토지는 숲과 싸워 빼앗을 수밖에 없었다. 그리하여 씨 뿌리기 전에 파거나 갈거나 해야 했다. 정말 대단한 노동이었다!

자유를 손에 넣기 위해서, 자연으로부터 독립하기 위해서 인간은 무사 태평하게 있지는 않았다. 노동을 통해서 수없이 많은 장애를 헤치고 나가지 않으면 안 되었다. 새로운 노동에는 즐거운 것도 있었지만 귀찮은 것도 있었다. 가뭄이 계속되면 작물은 마르고 목장의 풀은 탔다. 또 비가 계속 오면 곡식의 낟알은 썩었다.

원시시대의 사냥꾼은 고기를 베풀어주십사고 들소나 곰에게 빌었다. 원시시대의 농민은 작물을 베풀어주십사고 하늘에, 땅에, 태양에, 물에 빌었다.

사람들은 새로운 신들을 만들어냈다. 이 신들은 아직 옛날 신들과 몹시 비슷했다. 그 모습은 옛날 관습 그대로 짐승 형태라든지, 혹은 짐승의 머리를 가진 인간의 형태를 취하고 있었다. 그러나 이 짐승들에게는 새로운 이름이 있었고, 새로운 임무가 있었다. '하늘'이라는 신이 있었고, '태양'이라는 신이 있었고, '땅'이라는 신이 있었다. 빛과 어둠, 비와 가뭄 등을 보내는 것이 이들 신의 일이었다.

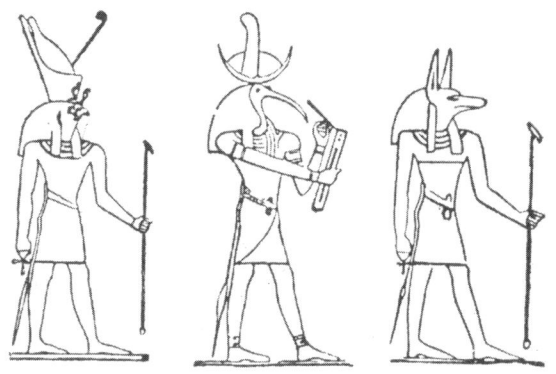
이집트인들이 그린 신들. 모두 짐승이나 새의 머리가 달린 인간의 모습을 하고 있다.

우리들 인간·거인은 얼마간 성장하여 매우 강해지기는 했지만 그래도 아직 자기의 힘을 잘 알지 못했다. 그는 여전히 나날의 양식을 그에게 주는 것은 하늘이며 자기 자신의 노동은 아니라고 믿고 있었다.

4

역사의 바늘을 앞으로 돌리다

여기서 역사의 바늘을 수천 년쯤 앞으로 돌려보자. 정확히 현재로부터 50세기 전의 옛날로 말이다.

50세기! 한 인간의 생애를 생각해보면, 아니, 한 민족 전체의 생애를 생각해보더라도 5천 년이라면 대단히 긴 세월이다. 그러나 여기서 말하는 것은 한 사람 한 사람의 인간에 대해서가 아니라 인류에 대해서임을 생각해주기 바란다.

인류의 나이는 약 백만 년이다. 그렇다면 5천년 정도는 그다지 긴 세월은 아닐 것이다.

그런데 우리는 바늘을 앞으로 돌렸다. 즉 지구는 몇천 년도 더 태양의 주위를 돈 셈이다. 이 동안에 지구는 어떻게 변했을까? 언뜻 보기만 해도 그 머리가 상당히 벗겨진 것을 깨닫게 될 것이다.

새하얀 눈 모자 주위에 밀림의 털이 새까맣게 들어서 있었던 것이 언제였던가! 지금 숲은 드문드문해지고, 여기저기 평야가 넓게 그 자리를 차지하고 있다. 숲 가운데서도 햇빛을 듬뿍 받은 공지(空地)가 울창한 수풀을 밀어내고 있다. 숲은 뒤에 수풀이나 덩굴을 남기고 강이나 호수의 기슭으로부터도 후퇴했다.

그러나 저건 무엇일까? 강 모퉁이의 저 언덕 위에 보이는 것은? 뭔가 노란 천이라도 살짝 걸쳐놓은 것과 같은…….

그것은 인간의 손에 의해 개간된 토지의 한 조각이다. 위로 뻗은 이삭들 사이로 여자들의 구부린 등이 보인다. 낫이 싹싹 이삭을 베어나간다.

해머는 우리들이 이미 훨씬 전에 본 바 있다. 그러나 낫을 보게 된 것은 이번이 처음이다. 이 낫은 현재의 낫과는 전혀 다르다. 그것은 돌과 나무로 이루어져 있다. 나무 끝에 돌날이 매어져 있다.

지금 우리가 본 밭은 지구상에서 가장 먼저 만들어진 밭 중의 하나다. 인간의 손이 닿지 않은 미지의 자연 속에서 그러한 노란색 천은 아직 매우 적다.

잡초가 사방에서 이삭을 억압한다. 사람들은 아직 잡초와 싸울 힘이 없다. 그래도 이럭저럭 이삭은 커간다. 때가 되면 이삭은 황금의 바다가 되어 대지를 뒤덮을 것이다.

강변의 푸른 풀밭에서는 멀리 점점이 뭔가 작은 형체가 보인다. 얼룩색, 그것은 움직이고 있다. 이리저리 흩어지는가 하면 다시 하나로 모인다.

커다란 것도 있고 작은 것도 있다. 그것은 소, 양의 무리다. 그것은 인간의 노동에 의해 길들여지고 바뀐 동물이며, 그 수는 매우 적다. 그러나 이 동물들은 야생의 동족보다도 훨씬 빨리 불어난다. 야생의 동족은 스스로 자기 자신을 돌보지 않으면 안 되기 때문이다.

이후 2, 3천 년이 지나면 지구상의 야생 물소는 가축이 된 소보다도 그 수가 훨씬 적어진다.

밭, 가축의 무리…… 그러면 어딘가에 부락이 있는 게 틀림없다. 보라, 있지 않은가—강변의 높은 벼랑 위에. 그것은 이미 옛날 사냥터의 야영지가 아니다. 막대와 나뭇가지로 만든 오두막으로 변하여, 거기에는 양쪽에 경사진 지붕을 단 진짜 목조집이 서 있다. 벽에는 흙이 발라져 있다. 입구 근처에서는 지붕 아래로부터 차양이 나와 있고, 목각으로 된 뿔 달린 소머리가 얹혀져 있다. 소는 집의 수호신이다. 부락은 높은 목책과 흙벽으로 둘러싸여 있다.

연기가 피어오르고, 똥 냄새, 우유를 짜낸 냄새가 난다.

집 주위에서 아이들이 놀고 있고, 돼지 새끼와 어미가 흙투성이가 되어 있다. 문을 열고 안을 들여다보면 할머니가 화로에서 경단을 굽고 있다. 뜨거운 재 위에 놓고 위에서 흙

뉴기니아에 가면 지금도 물속에 말뚝을 박고 그 위에 집을 지은 부락을 볼 수 있다.

으로 만든 항아리를 덮는다. 항아리는 결국 우리들의 오븐에 해당되는 셈이다! 바로 곁의 탁자 위에는 무늬가 있는 나무 사발과 접시가 놓여 있다.

부락을 나와 강가로 내려가 보자. 물 위에 뜬 통나무배가 강기슭에서 흔들리고 있다. 이로부터 강을 따라서 강어귀의 호수에 이르면, 우리들은 거기서 이번에는 전혀 다른 형태의 부락을 보게 될 것이다. 이 부락은 강기슭이 아니라 마치 섬처럼 물 속에 서 있다.

호수 밑바닥에 말뚝을 박고, 그 위에 통나무를 걸치고, 다시 그 위에 판자를 깐다. 나무로 된 이 섬과 강변 사이에 다리를 놓는다. 집의 벽에는 그물이나 그 밖의 고기잡이 도구가 걸려 있다. 이로써 호수에 물고기가 많음을 알 수 있다. 그러나 부락 주민은 고기잡이로만 생활하고 있지는 않다. 나뭇가지로 엮어 만든 둥글고 끝이 뾰족한 지붕의 창고가 집들 사이에서 보인다. 창고에는 곡물이 비축되어 있다. 창고 바로 옆은 가축 우리로, 소 우는 소리가 들린다.

눈으로 본 것처럼 마음에 떠올린 이 고대의 부락은 이미 훨씬 전에 자취를 감추었다. 집이 몇 채 서 있던 그 장소는 온통 물밖에 없다. 어떻게 호수 밑바닥에서 주거의 흔적을 발견할 수 있을까? 아무래도 무리일 듯하다. 그러나 때로는 호수가 바싹 말라서 몇백 년 동안 숨겨져 있던 것이 우리 앞에 드러나는 일도 있다.

호수 이야기

1853년, 스위스에 대단한 가뭄이 닥쳐왔다. 강은 마르고 호수의 물이 그 가에서부터 말라 바닥의 진흙이 보였다. 취리히 호숫가에 있는 오벨마이렌 도시 사람들은 이 가뭄을 이용하여 호수의 일부를 육지로 만들 생각을 했다.

호수 바닥에서 일이 시작되었다. 일요일마다 화려하게 차리고 나온 사람들이 푸른색 보트나 녹색 보트를 타고 놀곤 했던 거기에서 지금은 댐으로 흙을 나르는 말에 채찍질하는 소리가 드높았다. 흙은 육지가 될 장소의 바닥에서 파냈다. 갑자기 흙일 하는 사람의 삽이 반쯤 썩은 말뚝에 부딪쳤다. 그러자 잇달아 다음의 말뚝이 나타났다. 언젠가 여기 이 장소에서 사람들이 일했었다는 것을 알 수 있었다. 거의 매번 삽질을 할 때마다 돌도끼, 낚싯바늘, 항아리 조각이 잇달아 나왔다. 고고학자가 쫓아왔다. 호수 밑에서 나온 말뚝이나 물건을 하나하나 연구한 학자들은 취리히 호수 위에 있었던 부락을 역사의 한 장으로 복원시켰다.

그러한 말뚝을 박은, 위에 세운 부락은 옛날 러시아에도 있었다. 현재 모스크바가 있는 장소에서 그리 멀지 않은 크

옛날 호수 위에 있었던 부락의 복원도

래지마 강에도, 무로무 시 가까이 있는 베레치마 강에도. 거기에서는 물고기의 뼈, 작살, 낚싯바늘 따위가 많이 발견되었다.

 최근 고고학자들은 스위스의 다른 호수—누샤텔 호를 연구했다. 호수 밑을 파보자, 밑바닥이 여러 개의 층으로 되어 있었다.

 찐빵을 가르면 안과 겉이 곧 구별되듯이, 여기서도 한 층과 다른 층을 곧 구별할 수 있었다. 제일 밑의 층이 모래층, 다음이 사람의 주거지, 가구, 도구의 흔적이 뒤섞여 있는 진흙층, 그 다음이 또 모래층, 이것이 몇 번이고 반복되었다. 다만 한 곳만이 두꺼운 숯의 층으로 두 개의 모래층 사이에 끼어 있었다.

 이들의 층은 어떻게 하여 생겼을까?
 물이 모래를 날라온 것을 알 수 있었다. 그러나 숯은 어디서 온 것일까?

그건 불의 작용이었다.

지층을 조사하여 학자들은 호수의 역사를 완전히 알아냈다. 아주 옛날 이곳에 사람들이 와서 호숫가에 부락을 만들었다. 그로부터 긴 세월이 흘렀다. 어느 때인가 호수의 물이 넘쳐 강기슭까지 물에 잠기게 되었다.

물에 잠긴 부락을 버리고 사람들은 떠났다. 건물은 물 속에서 썩어 부서져내렸다. 전에는 제비가 지저귀던 지붕 위에서 작은 물고기 떼들이 헤엄쳤다. 열려 있는 집의 문에서 지느러미를 흔들며 위엄이 당당한 꼬치고기가 나왔다. 화로 앞의 걸상 아래서는 새우가 수염을 움직이고 있었다. 폐가는 진흙에 묻히고 그 위에 모래가 쌓였다.

호수는 끊임없이 변하고 있었다. 물은 조금씩 강기슭에서 빠져나가 바닥을 보였다. 언젠가 부락이 있었던 그 모래층도

스코틀랜드에서 발견된 고대 호수 위 부락의 유적

세상으로 나왔다. 하지만 부락은 이제 보이지 않았다. 그 폐가는 모래층 아래에 깊이 묻혀 있었다.

사람들은 또다시 호숫가로 찾아왔다. 도끼 소리가 울리기 시작했다. 노란 모래 위로 자귓밥이 날아갔다. 새로운 튼튼한 집들이 속속 호반에 들어섰다.

호수와 인간 사이에 운명을 건 싸움이 계속되었다. 사람들은 집을 세우고 호수는 이를 부수어버렸다.

그러한 가운데 사람들은 이것에 싫증이 났다. 그들은 물가를 떠나 긴 말뚝을 호수 밑바닥에 박고 물 위에 집을 세웠다.

판자를 붙인 사이로 바로 밑의 물이 보였다. 이제는 물이 겁나지 않았다. 올라오고 싶으면 얼마든지 올라와봐라. 어쨌든 판자가 처져 있는 곳까지는 이르지 못하리라.

그런데 인간에게는 물 말고 또 하나 불이라는 적이 있었다.

먼 옛날 사람들이 아직 동굴에서 살고 있었을 때에는, 불은 두려운 것이 아니었다. 동굴의 바위벽은 불에 타지 않았다. 처음으로 나무집에 살게 됨과 동시에 최초로 화재라는 것이 일어났다. 몇천 년을 불평 없이 인간을 따르기만 했던 빨간 불꽃의 짐승이 지금 그 발톱을 내민 것이다.

누샤텔 호의 밑바닥에서 발견된 숯의 두꺼운 층은 옛날 화재의 흔적이다.

얼마나 무서운 광경이었을까? 불에서 도망치려고 사람들은 아이들을 껴안고 물로 뛰어들었다. 울 안에서는 어떻게도 할 수 없는 가축들이 울부짖었다. 그러나 사람들은 가축에 손을 쓸 겨를이 없었다. 불길이 마치 거대한 모닥불처럼 불똥을 사방으로 튀기며 목조 건물을 태웠다.

부락에 살고 있던 사람들에게 이 화재는 커다란 재난이었다.

그러나 그들의 집을 태운 그 불은 우리들을 위해, 우리들의 박물관을 위해 더없이 귀중한 것을 보존해주었다. 가구, 물고기 잡는 그물, 나아가 식물의 종자나 줄기까지도.

불이라는 파괴자는 불타기 쉬운 물건을 어떻게 하여 다 태워버리지 않고 보존해주었던 것일까?

그 이유는 이렇다.

호수 위 부락의 흔적에서 발견된
직물 한 조각

불붙기 시작하자 물건은 물에 떨어졌다. 물이 이것을 지켜주었다. 불이 꺼졌다. 물건은 거의 그대로 바다에 가라앉았다. 밑바닥에는 다른 위험이 있었다. 썩어버릴지도 몰랐다. 그런데 불에 탄 표면이 물건을 구했다. 얇은 탄화막이 물건의 부패를 막아주었다.

물과 불이 따로따로 작용을 하였다면 물건은 어떤 것이든 다 소멸되고 말았을 것이다. 그러나 이 두 개는 함께 작용했다. 몇천 년 전에 짜여진 아마포 토막과 같은 약한 물건까지도 남아 있는 것은 모두 그 덕분이다.

최초의 직물

최초의 직물은 베틀로 짠 것이 아니라 손으로 뜬 것이다.

지금도 에스키모인은 천을 짜지 않고 손으로 뜨고 있다. 먼저 날실을 틀에 평평하게 건 다음, 씨실을 북을 쓰지 않고 손가락을 사용하여 날실 사이로 왔다 갔다 하게 한다.
　실을 팽팽히 건 틀이라는 것은 오늘날의 직조기를 보고서는 상상도 할 수 없다. 그렇더라도 직조기의 계보는 네 개의 각목으로 이루어진 이 간단한 틀에서 시작되지 않을 수 없다.
　호수 밑바닥에서 발견된 불에 타서 눌은 거무죽죽한 넝마 조각은 인간의 생활에서 일어난 매우 중대한 사건을 우리들에게 이야기해주고 있다. 그때까지 동물의 가죽을 입고 있던 인간은, 지금은 아마로 만든 인조 가죽을 만들고, 그것을 밭에서 기르고 있다.
　바늘은 직물이 생겨나기 몇천 년 전부터 있었다. 그것이 이제 짐승의 가죽이 아닌 아마포를 바느질하는 데 사용되기 시작했다.
　온통 하늘색의 귀여운 꽃을 피운 아마의 밭은 여자들에게 새로운 집안일을 가져왔을 뿐 아니라 또 그녀들을 얼마나 바쁘게 했을까!
　낫을 쥐었던 손이 쉴 틈도 없이 아마를 땅에서 뿌리째 뽑아 말리고 씻고 또 말려야 했다. 뿐만 아니라 마른 아마를, 아마를 훑는 도구로 비비고 풀고 두드려 고르고 빗으로 빗겨 내려야 했다. 이래야 겨우 시골 어린애의 머리털 같은, 아주 희게 바래고 곱게 빗겨진 아마가 된다. 이번에는 물레를 돌려 섬유에서 실을 빼낸다. 이로써 겨우 짜기 시작할 수 있다.

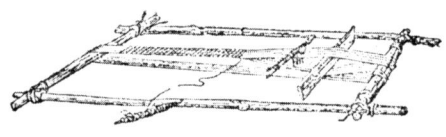

이것은 브라질 토인의 직기이다. 인류 최초의 베틀은 아마 이와 비슷했을 것이다.

여자들에게는 정말 귀찮은 일이었지만, 그 대신에 멋진 스카프, 에이프런, 화려한 장식이 달린 스커트 등을 만들어 입을 수 있었다.

최초의 광부와 야금공

오늘날에는 어느 집에서나 자연에 없는 원료, 즉 인공 원료로 만든 물건을 찾아볼 수 있다.

자연계에는 벽돌도, 도자기도, 주철도, 종이도 없다. 도자기나 주철을 얻으려면 자연의 원료를 취해서 본래의 형태를 알 수 없을 만큼 바꿔놓아야만 한다. 주철은 본래의 광석과는 전혀 다르다. 투명한 도자기의 찻종을 보고 원래의 도토(陶土)를 분별할 수 있을까?

콘크리트, 셀로판, 플라스틱, 나일론, 인조 고무는 어떠한가! 산에서 콘크리트로 만들어진 바위를 볼 수 있는가? 나무로 비단을 만들 수 있는 누에가 어디에 있는가?

인간은 물질을 지배하면서 점점 깊이 자연의 공장으로 들어간다. 그는 돌로 돌을 깎는 일부터 시작했다. 지금 그는 눈에 보이지 않는 아주 작은 입자, 즉 분자(分子)를 도구로 삼고 있다.

이런 일들은 화학이라는 물질에 관한 학문이 아직 나타나지 않은 훨씬 예전에 시작되었다. 무엇이 어떻게 되는가를 거의 모르는 상태에서 인간은 어림짐작으로 물질을 바꾸는 것을 배웠다.

최초의 도공이 흙을 빚어 구웠을 때, 의식하지는 못했지만 그는 이미 물질을 지배하고 있었던 것이다. 그것은 쉬운 일

러시아 남부에서 발굴된 고대의 부뚜막

이 아니었다. 물질의 아주 작은 입자를, 돌을 변화시키듯이 손으로 바꾸고 다시 조직할 수는 없다. 거기에서는 손의 힘이 아니라 물질의 조직을 변화시킬 수 있는 무엇인가 다른 힘이 필요하다.

인간은 불에서 그러한 힘을 발견했다. 불은 도자기를 굽고 가루를 빵으로 만들었다. 불은 구리를 녹였다.

석기와 함께 호수의 밑바닥에서 우리들은 구리로 만든 최초의 도구를 발견했다.

몇십만 년 동안 석기를 만들고 있었던 인간이 왜 갑자기 금속 도구를 만들기 시작했을까?

게다가 어디서 금속을 발견했을까?

숲을 거닐어도 들을 거닐어도 구리가 우리들의 눈에 띄는 일은 없다. 천연 구리는 오늘날 매우 귀한 것이 되어 있다.

그러나 언제나 그랬다고만은 할 수 없다. 수천 년 전에는 동이 지금보다 훨씬 많이 눈에 띄었다. 그것은 사람들의 발밑에 굴러다니고 있었으나, 다만 관심 밖의 물건이었다. 그도 그럴 것이 사람들은, 도구는 돌로 만드는 것이라고 정해놓고 있었기 때문이다.

  사람들이 천연 구리에 관심을 갖게 된 것은 부싯돌 같은 단단한 돌이 부족해지면서부터였다. 부싯돌이 부족하게 된 것은 사람들이 이것을 낭비했기 때문이다. 한창 일할 때는 이제 소용없게 된 돌부스러기를 주변에 산처럼 쌓아놓았다. 오늘날 목수가 작업장에서 대팻밥을 가득 쌓아놓고 있는 것과 마찬가지로.

  몇십만 년 사이에 부싯돌의 양은 눈에 띄게 줄어들었다. 지금 우리들이 부싯돌로 도구를 만들려 해도 우리들의 조상이 남겨놓지 않았기 때문에 부싯돌을 좀처럼 구할 수 없을 것이다.

  지상에서 부싯돌 기근이 시작되었다. 그것은 큰 재난이었다. 생각해보라. 우리들의 고장에서 철이 부족하게 되었다면 어찌 되겠는가! 철을 구하기 위하여 그 광석이 나오는 땅 속 깊이 점점 들어가지 않으면 안 될 것이다.

  고대의 사람들 역시 같은 행동을 했다. 그들은 세로로 구멍을 팠다. 세계 최초의 광갱(鑛坑)을 말이다.

  깊이가 10미터에서 12미터 되는 고대의 광갱이 백악층 속에서 발견된다. 부싯돌과 백토는 흔히 길동무가 되고 있기 때문이다.

  그 무렵 땅 속에서 일을 한다는 것은 무척 두려운 일이었다. 줄 혹은 칼자국을 낸 막대기를 타고 내려가야만 했다. 밑은 어둡고 또 더웠다. 사람들은 횃불 또는 작은 칸델라를 켜고 일을 했다. 현재에는 수직 갱도도 수평 갱도도 재목으로 방비를 단단히 하여 안전을 도모하고 있지만, 그 무렵의 지하 벽과 천정은 튼튼할 수가 없었다. 땅이 무너져 사람이 생매장되곤 했다. 고대의 부싯돌 갱 속에서, 산더미 같은 백토 밑에 깔려 죽은 광부들의 해골이나 그들의 연장—사슴 뿔로 만든 곡괭이 등이 발견된다.

어른과 어린이, 두 개의 해골이 발견된 일도 있다. 아버지가 아이를 데리고 일터에 왔다가 결국 집으로 되돌아가지 못했던 것이다.

한 세기 또 한 세기가 지나는 동안에 부싯돌은 점점 더 부족하게 되었고 이것을 구하는 일도 더욱더 어렵게 되어 갔다. 하지만 부싯돌은 인간의 필수품이었다. 도끼도 활도 쟁기도 모두 부싯돌로 만든 제품이었다.

무엇인가 이것을 대신할 만한 것을 찾지 않으면 안 되었다. 여기서 인간을 구한 것이 천연 구리였다. 사람들은 천연 구리에 착안했다. 이 녹색 돌은 무엇일까, 무엇을 하는 데 쓸모가 있을까?

한 조각의 구리를 가지고 망치로 이것을 두들겨보았다. 구리도 역시 돌이라고 생각하고 있었기 때문에 돌을 다루는 것과 같은 방법으로 다룰 셈이었다. 망치로 두드리는 동안에 구리 조각은 훨씬 단단해지고 그 모양도 변했다. 또한 두들기는 데는 호흡이 필요했다. 지나치게 힘주어 때리게 되면 구리는 약해지고 산산조각이 났다.

이리하여 사람은 처음으로 금속을 정련하기 시작했다. 물론 그것은 냉정련법(冷情鍊法)이었지만, 여기까지 오게 되면 열정련법(熱情鍊法)도 이제 멀지 않게 된다.

종종 천연 구리 혹은 동광석(銅鑛石) 조각이 모닥불에 떨어지는 경우가 있었을지도 모른다. 그렇지 않으면 인간이 일부러 도자기를 굽는 것처럼 구리를 구워보자고 갑자기 생각했는지도 모른다. 여하튼 모닥불이 타버린 뒤에 아궁이 돌 사이의 우묵한 곳에 녹아나온 구리 덩어리가 남아 있었다.

사람들은 자기 손으로 만들어낸 '기적'을 그저 망연히 바라보고만 있었다. 녹색을 띤 거무스름한 돌을 반짝반짝 빛나는 붉은 구리로 변하게 한 것은 자기들이 아니고 '불의 신'이라고 생각했다.

구리 덩어리를 몇 개로 나누어 그 조각을 돌망치로 두들겨 도끼, 곡괭이, 칼을 만들어냈다.

이리하여 인간은 이상한 곳간 속에서, 울림이 좋고 반짝반짝 빛이 나는 금속을 발견했다. 그들은 광석을 모닥불에 넣었다. 그러면 광석은 구리가 되어 그의 손으로 되돌아왔다.

이 기적을 만들어낸 것 역시 인간의 노동이었음은 말할 나위도 없다.

최초의 농민에 대하여

고고학자 포프보이코는 19세기 말 러시아의 키예프 지방에 있는 토리포리에라는 마을 근처에서 고대 농촌의 유적을 발견했다.

그것이 계기가 되어 러시아 남부에서 그러한 농촌이 속속 발견되었다.

소비에트 시대가 되면서부터는 고고학자 파세크와 보가에프스키가 그 연구를 이어받았다. 두 사람의 연구 덕택으로 5천 년 전의 농민의 생활을 지금 우리들은 쉽게 상상해볼 수 있다. 올릴 수 있다.

부락은 높은 담장으로 둘러싸여 있었다. 한가운데에 가축 우리와 함께 넓은 마당이 있었다. 마당 주변에는 점토를 바른 목조 집들이 나란히 서 있었다. 어느 것이나 지붕은 네 면이 경사져 있었다.

그 무렵에 점토를 굳혀 만든 집의 모형이 현재도 남아 있다. 그것은 아마 노리개가 아니라 무엇인가 액(厄)막이를 위해 만든 것이리라.

안에 여자 인형들을 넣은 이런 작은 집이 실제의 큰 집을 마귀와 재난으로부터 막아주리라고 생각하고 있었을 것임에 틀림없다.

이 모형에서 보면 입구 오른쪽에 화로가 설치되어 있고 왼쪽은 한 단계 높게 되어 있는데, 그곳에는 여러 가지 도구를 넣는 큰 상자가 놓여 있다. 그 곁에는 여자 인형들이 나란히 종자를 훑는 도구를 향해 몸을 구부리고 있다. 입구 맞은편의 창문 옆에 제단이 보이고, 화로 곁에도 여자 인형 하나가 보인다. 이 사람은 아궁이지기다.

이렇다면 대강 훌륭한 집이라고 할 수 있으리라. 지붕은 서까래 위에 놓여 있다. 침대에 붙어 있는 화로는 현재 러시아의 페치카와 똑같다. 마루는 불에 구운 점토로 단단하다. 집을 세울 때 마루 전부에서 모닥불을 피워 점토를 구운 것으로 보인다. 벽도 점토로 발랐고, 거기에 장식 무늬가 붙어 있다.

어느 집에도 대개 칸막이가 있는 방이 몇 개 있다.

집 밖의 마을에는 커다란 움막도 있다.

부락민 중에는 도예(陶藝)의 명인도 있었으며, 대장장이도 구리 그릇을 만드는 기술자도 있었다.

도공은 높이가 1미터나 되는 그릇도 만들 수 있었고, 거기에 여러 가지 그림을 그려넣을 수도 있었다. 리본, 나선, 소용돌이 무늬를 넣은 장미색의 도자기 그릇도 있다. 무늬 중에는 눈을 부릅뜬 인간의 얼굴을 닮은 것도 있고, 짐승을 생각나게 하는 것도 태양을 본뜬 것도 있다.

부락이 있던 곳에서 나온 출토품을 종합해보면 석기에서 동기(銅器)로 옮아간 것을 확실히 알 수 있다.

제일 오래 된 도구는 부싯돌과 뼈로 만들어진 칼, 도끼, 화살촉이다.

돌 또는 사슴뿔로 만든 괭이로 땅을 갈았다. 괭이에는 나무 자루를 다는 구멍이 뚫려 있다.

소의 어깨뼈로 만든 낫, 또는 나무로 만든 낫으로 보리를 베었다. 그러나 나무 낫으로 이삭을 베기는 어렵다. 그래서 이것에 부싯돌로 만든 날카로운 칼날을 박아넣었다.

최초의 동기는 날이 넓은 도끼다. 이것을 만드는 주형도 같은 부락에서 발견된다.

어느 역사가들은 러시아인의 조상인 슬라브인은 농민이 아니라 짐승 사냥꾼이었다고 생각하고 있다.

그러나 토리포리에나 코로미시치노에서 나온 출토품은 이와 다른 이야기를 하고 있다.

그레코프 박사의 학설에 의하면, "슬라브인뿐만 아니라 그 조상 또한 본토박이 농민이었다. 그러나 가축을 기르고 짐승이나 새나 물고기를 잡는 일에 있어서도 꽤 솜씨가 좋았다."

그들이 어떠한 곡식의 씨앗을 뿌렸는지도 알고 있다. 코로미시치노 마을의 집에 바른 벽의 흙 속에서 학자들은 밀, 보리, 쌀보리, 기장의 낟알과 이삭을 발견하였다.

농업의 학문에 관한 한 러시아의 농민은 전혀 뒤떨어지지 않는다. 그도 그럴 것이 5천 년 이상 되는 농사에 관한 실제 경험이 그들을 뒷받침하고 있기 때문이다.

노동의 달력

우리들은 시간을 재는 데 있어 몇 년, 몇백 년, 몇천 년이라는 표현을 쓰는 데 익숙해져 있다. 그러나 고대인을 연구하는 사람은 다른 달력, 다른 시간의 단위에 익숙해져야 할 필요가 있다. 이런 연구에서는 '몇천 년 전에'라고 하는 대신에 '구석기 시대', '신석기시대', '청동기시대', '철기시대' 등이라 말한다. 이것은 년(年)의 달력이 아니라 노동의 달력이다. 이 달력을 사용하면 인간이 그 길 가운데서 어떠한 단계에 도달했는가, 어떤 역(驛)에까지 왔는가를 곧 알 수 있다.

보통 달력에는 시간을 재는 커다란 척도가 있는가 하면 작은 단위도 있다. 세기, 년, 월, 일, 시 등.

노동의 달력에도 역시 커다란 단위와 작은 단위가 있다. 예컨대 '석기시대―타제석기의 기간'이라든지, '석기시대―마제석기의 기간'이라든지 이렇게 말할 수 있다. 이 이야기에서는 지금 석기가 금속 도구에 자리를 넘겨주고, 농업과 목축이 나타났다는 그러한 인간 역사의 한 단계에 도달한 것이다. 노동의 분화와 동시에 교환이라는 것이 시작되었다. 어디에선가 구리로 도끼가 만들어지자, 그것이 서서히 한 종족에서 다른 종족으로 전파되어 갔다.

물건을 교환하기 위해 사람들은 바다로, 강으로 나갔다(고대 스칸디나비아의 배).

사람들은 통나무배를 강물에 띄우고 촌락에서 촌락으로 저어 가서 곡물을 가축과, 직물을 토기와 교환했다. 구리를 많이 가지고 있는 종족이 있는가 하면 그릇을 잘 만드는 기술자가 있는 종족도 있었다. 어딘가 호수 위에 집을 짓고 사는 부락은 세공물을 가지고 온 손님을 환영하였다. 이렇게 되자 그러한 물건과 함께 한 종족에서 다른 종족으로 여러 경험과 새로운 노동 방법이 전달되어 갔다.

여기서 사람들은 또다시 몸짓의 언어로 되돌아가지 않으면 안 되었다. 왜냐하면 말은 종족에 따라 제각기 달랐기 때문이다. 그렇지만 손님이 되돌아갈 때는 낯선 물건뿐만 아니라 자기도 모르는 사이에 흉내내고 있었던 낯선 말도 선물로 가져갔다. 종족의 말도 이리하여 혼합되었다. 그러자 말과 함께 말과는 끊으려 해야 끊을 수 없는 관계인 사상도 혼합되었다. 다른 곳의 신이 자기들의 신의 곁에 앉았다. 여러 가지 신앙 속에서 장래 민족 전체가 받아들일 수 있는 신앙이 자라나고 있었다.

신들은 여행을 했다. 새로운 곳에 가면 새로운 이름으로 불렸다. 그러나 이 신이 어떤 신인가를 알아내기란 조금도 어려운 일이 아니다.

고대 여러 민족의 종교를 조사해보면 바빌론의 다무즈도, 이집트의 오시리스도, 그리스의 아도니스도 같은 하나의 신임을 알 수 있다. 어느 것이나 모두 죽었다가 다시 살아나는 똑같은 고대 농민의 신이다.

때로는 신들의 여정을 지도에서 볼 수도 있다. 예컨대 아도니스는 시리아로부터, 셈족이 살고 있는 나라들로부터 그리스로 왔다. '아도니스'라고 하는 이 이름 자체가 이것을 말하고 있다. 셈족의 말로 이것은 '주인님'을 의미한다. 그리스인은 잘 모르는 이 말을 신의 이름이라고 잘못 생각하고 있었던 것이다.

하여튼 이러한 식으로 물건, 말, 신앙의 교환이 이루어졌다. 하지만 이러한 교환이 언제나 충돌 없이 평화롭게 진행된 것은 아니다. 만일 '손님'이 구리나 직물, 곡물을 우격다짐으로 빼앗으려 하는 경우에는 이 사람들을 결코 용서하지 않았다. 그렇지 않아도 자칫 하면 속기 쉬운 교환이 백주의 강탈로 변했다. 손님과 주인은 무기를 들고 문제를 싸움으로 해결했다. 타지인을 죽이거나 약탈하는 것은 죄가 되지 않았다.

당연한 추세로 부락은 요새와 비슷하게 되어 갔다. 부르지도 않은 손님이 들어오지 못하도록 부락을 흙담과 울타리로 둘러싸기 시작했다.

다른 종족 사람들에 대한 신뢰는 전혀 없었다. 자기는 인간이지만 다른 종족 사람은 인간이 아니었다. 자기는 '태양의 아들'이나 '하늘의 자손'이라고 자칭하면서, 다른 종족 사람들에게는 심한 욕을 하고 심한 별명을 붙였다.

그것이 민족에 달라붙어 어느 사이에 민족의 이름이 되고 만 일도 드물지 않다. 인디언에게는 현재에도 '쓰레기 코'

족이라든지, '궁둥이가 굽어진' 족 등으로 불리는 종족이 있다. 아무리 인디언이라 해도 설마 이런 좋지 않은 별명을 자기들 스스로 생각해내지는 않았을 것이다.

역사가나 탐험가의 책에는 다른 종족에 대한 이런 옛날 민족간의 적의에 관한 것이 잘 쓰여져 있다. 이것을 읽으면 환영할 수 없는 일이지만, 예전의 민족간에도 서로에 대한 증오가 자라나 있었다는 것을 알 수 있다. 그들도 역시 자기만 인간이며 다른 사람들은 무엇인가 열등한 생물이라도 되는 것처럼 생각하고 있었다. 이런 점에서 보면 유태인이나 흑인, 그 밖의 다른 민족에 대해 적대적인 감정을 선전하는 사람들은 자신들의 역사적 패배를 의식하고 세계를 옛날의 동물 세계로 되돌리려고 열심히 노력하고 있는 사람들임에 틀림없는 것이다.

지구상에는 고등 민족도 열등 민족도 없다는 것을 역사는 가르쳐주고 있다. 있는 것은 진보한 민족과 문화적으로 뒤져 있는 민족뿐이다. 노동의 달력에서 보면 현대인이라 하더라도 모두 같은 시대에 속해 같은 수준의 생활을 하고 있는 한 시대의 사람들이라고도 말할 수 없을 정도다. 러시아도 혁명 전까지는 모든 민족들이 똑같은 발전 단계에 있었던 것은 아니었다. 이미 기계 시대에 살고 있는 사람도 있었지만 원시시대의 가래로 땅을 갈고 원시시대의 베틀로 베를 짜는 사람들도 있었다. 그뿐 아니라 뼈로 도구를 만들고, 철을 모르는 민족조차 있었다.

현재는 진보된 민족이 문화적으로 뒤진 민족을 이끌어가고 있다. 불과 30년 정도 사이에 중앙아시아, 시베리아, 북극 지방의 많은 민족이 몇 세기 정도의 문화적 발전에 해당하는 진전을 이룩했다. 오늘날에는 대민족도 소민족도 평등한 권리를 갖고 있다.

그러나 현재에도 역시 흑인이나 인디언이나 오스트레일리아 원주민을 깔보고 있는 나라들도 있다. 거기에서는 이들 몇천만의 사람들이 인간 생활이라고는 도저히 말할 수 없는 비참한 생활을 하고 있다.

5

두 가지의 법칙

탐험가가 배를 타고 나가 새로운 세계뿐만 아니라 잊혀진 옛 시대까지 발견했다는 이야기는 그다지 드문 것은 아니다.

유럽 사람들이 오스트레일리아를 발견하고 그와 동시에 그 땅을 점령한 것은 그들로서는 커다란 성공이었다. 그러나 이것은 오스트레일리아인으로서는 대단한 재난이었다. 왜냐하면 노동의 달력에 의하면 오스트레일리아인들은 아직 다른 시대에 살고 있었기 때문이다. 그들은 유럽인의 관습을 몰랐고, 또한 유럽인의 제도에 따르고 싶지도 않았다.

거기에서 그들은 야수처럼 사냥감이 되었고 추격당하게 되었다. 오스트레일리아인들은 아직 움막에서 살고 있었지만, 유럽 여러 도시에는 이미 거대한 건물들이 높이 솟아 있었다.

오스트레일리아인들은 아직 사유 재산을 알지 못했지만,

유럽에서는 다른 사람의 숲에서 사슴을 쏘아죽였다는 것으로 사람들을 형무소에 집어넣고 있었다.

오스트레일리아인들에게는 관습적인 일이었던 것이 유럽인에게는 죄악이었다.

오스트레일리아의 사냥꾼들은 사냥 도중에 양 떼를 만나면 즐거워서 환성을 울리며, 놀라서 허둥거리는 양 떼를 둘러싸고 창이나 부메랑을 집어던진다. 그러면 유럽인 목장주는 그의 카빈총으로 그들을 방해하기 시작한다.

양은 유럽인 목장주에게 있어서는 사유 재산이지만 오스트레일리아의 원시 사냥꾼에게는 맛있는 사냥감인 것이다. "양은 이것을 사거나 기른 사람의 것이다"—이것은 유럽인의 법률이다. "짐승은 이것을 발견한 사냥꾼의 것이다"—이것은 오스트레일리아인의 법률이다.

지금 오스트레일리아인들은 자기 시대의 법률에 따르고 있을 뿐인데도 유럽인들은 양의 축사에 숨어 들어온 이리를 대하듯 이들에게 총을 쏘았다.

상대방을 인간 취급하지 않았다.

오스트레일리아의 여자들이 어디선가 감자밭을 발견했을 때에도 두 개의 법률간에 충돌이 일어났다. 앞뒤를 생각하지 않고 여자들은 막대기 끝으로 먹음직스런 감자를 파냈다. 맛있는 감자가 한 장소에 이렇게 몰려 있다니 꼭 거짓말 같다! 여기서 한 시간 동안 캐낸 것을 보통 같으면 한 달이 걸려도 얻을 수 없기 때문이다.

그러나 일은 그렇게 잘되지 않았다. 갑자기 총성이 울렸다. 성공은 금세 재난으로 변했다. 누가, 무엇 때문에 자기들을 죽이려 하는지 전혀 모른 상태에서 여자들은 선물을 껴안고 차례로 쓰러져갔다.

아메리카의 발견도 역시 그러한 두 세계의 싸움이었다.

낡은 '신세계'

아메리카를 발견한 유럽의 사람들은 새로운 세계를 발견했다고 생각했다.

콜럼버스에게는 다음과 같은 문구가 쓰인 상장이 수여됐다.

> 카스틸리아와 레옹을 위해
> 콜럼버스는 신세계를 발견했다.

카스틸리아도 레옹도 모두 스페인의 땅 이름이다.

그런데 이 신세계는 실제로는 신세계가 아니라 낡은 세계였다. 유럽인들은 자신도 모르게 훨씬 이전에 잊어버린 자신들의 과거를 아메리카에서 발견했던 것이다.

바다 건너에서 찾아온 사람들에게 인디언의 풍습은 야만적이고 도저히 이해할 수 없는 것으로 보였다. 인디언 마을에는 유럽에 있는 것과 같은 집도 없고, 그러한 옷도 없었다. 또한 그러한 질서도 없었다.

북부에 살고 있던 인디언은 돌과 뼈로 몽둥이와 창끝을 만들고 있었다. 철 같은 것은 들어본 일도 없었다. 농사는 지을 줄 알아 옥수수 씨를 뿌리고 밭에서 콩, 호박, 담배 등을 재배하고 있었다. 그러나 본직은 사냥이었다. 그들은 나무로 지은 집에서 살고 있었으며, 부락은 높은 울타리로 둘러싸여

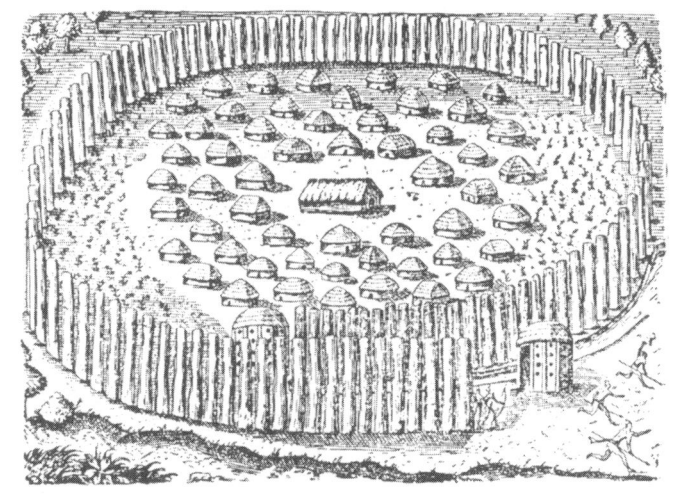
인디언은 목조로 된 집에 살면서 부락을 높은 목책으로 둘러싸고 있었다(16세기의 판화).

있었다.

훨씬 남쪽의 멕시코 부근에서 살고 있던 인디언들은 동기(銅器)와 금으로 만든 장식물을 갖고 있었으며, 불에 타지 않는 벽돌로 지은 뒤, 석고를 칠한 커다란 집도 갖고 있었다.

이러한 사실들을, 아메리카 정복자들이나 최초의 식민자들이 제각기 일기에 자세히 써놓고 있다.

물론 이것은 기록하기 쉬운 것이지만, 질서라는 것에 대해서는 그렇게 말할 수 없다.

아메리카의 질서는 실로 기묘한 것이었다. 따라서 유럽인들에게는 전혀 이해되지 않았고, 기록도 횡설수설 종잡을 수 없게 쓰여 있다.

'신세계'에는 돈도 없고 장사꾼도 없고 부자도 가난뱅이도 없는 세계였다. 인디언들 중에는 금이 무엇인가는 이미 알고 있는 종족도 있었지만, 그 가치는 전혀 몰랐다.

콜럼버스 일행이 처음 만난 인디언들은 코에 금으로 만든 작은 막대기를 꽂고, 목에 금목걸이를 걸고 있었다. 그런데 그들은 이 목걸이를 땅콩이나 딸랑이, 장난감, 헌 옷감 등과 간단히 바꾸었다.

바다 저쪽에서 건너온 사람들은, 이 세상의 모든 사람들은 주민과 노예, 지주와 농노들로 나누어져 있다고만 믿고 있었다. 그런데 여기에서는 모두가 평등했다. 적을 포로로 잡으면 이들을 노예로 만들지 않고 죽여버리든지 아니면 양자로 삼았다.

이곳에서는 개인 소유의 성(城)도 집도 영지(領地)도 없었다. 사람들은 연립 주택처럼 되어 있는 공동 소유의 집에서 살고 있었다. 일족이 함께 살았고 함께 집안일을 했다. 토지는 아무개의 것이 아니라 종족 전체의 것이었다. 여기에서는 다른 사람의 토지에서 일하는 농노(農奴)는 없었다. 여기서는 모두가 자유로웠다.

이것만으로도 봉건 시대, 즉 농노 시대에서 살고 있던 유럽인들을 당황하게 만들기에 충분했다. 그러나 놀라운 일은 이것만이 아니었다.

유럽에서는 누구나 다 알고 있듯이 다른 사람의 것을 빼앗으면 곧 경찰에 연행되어 제대로 조사도 받지 않고 형무소에 넣어진다. 그러나 여기에는 사유 재산도 없을 뿐더러 경찰도 없다. 물론 형무소 따위도 없다. 그러나 여기에는 무엇인가 독특한 질서가 있었다. 사람들은 이 질서를 지키고 있었다. 단 유럽과 같은 식으로는 아니었다.

유럽에서는 가난한 사람이 부자의 재산을 훔치는 일이 없도록, 하인이 주인의 명령에 등을 돌리는 일이 없도록, 농노가 지주를 위하여 일을 하도록 국가가 지켜주고 있었다. 그런데 여기에서는 일족과 동족이 인간을 지켜주고 있었다. 만일 누가 죽임을 당하면 일족이 모두 동원되어 죽인 자에게 복수했다. 사건이 평화적으로 해결되는 일도 있었다. 범인의 일족이 사죄하고 죽은 자의 일족에게 무엇인가 선물을 보낸다.

유럽에는 황제가 있고 제후가 있고 귀족이 있었다. 그런데 여기에는 임금도 왕권도 없었다. 종족의 문제는 종족 전체가 모인 자리에서 장로들이 결정했다. 그 사람의 공적에 따라 선거에 의해 장로를 뽑되 나쁜 일을 하면 곧 교체했다. 장로는 결코 종족의 주인이 아니었다. '장로'라는 말도 단순히 '변사(辯士)'라는 의미로밖에 사용하지 않는 인디언 부족이 많았다.

구세계에서는 국가의 우두머리는 왕이고, 가족의 우두머리는 아버지였다. 사람들의 가장 큰 집단은 국가고, 가장 작은 집단은 가족이었다. 왕은 국민을 재판하고 벌을 주었다. 아버지는 자식들을 재판하고 벌을 주었다. 왕은 자기 아들에게 국가를 물려주고, 아버지는 자기 아들에게 재산을 물려주었다.

여기 신세계에서 아버지는 자식들에 대하여 아무런 권한도 없었다. 자식들은 어머니의 것으로 어머니의 손에서 떨어지지 않았다. 공동 소유의 집에서는 여자들이 모든 일을 도맡아 했다. 유럽에서는 집에 남는 것은 남자들뿐으로, 여자

'긴 집' 속. 파이프를 들고 있는 사람이 장로다.

는 결혼과 함께 집을 떠났다. 이와는 반대로 여기에서는 신부가 신랑을 자기 집으로 맞이하였다. 따라서 집안의 권한은 대부분 여자들이 쥐고 있었다.

어느 탐험가는 이렇게 쓰고 있다.

"보통은 여자들이 모두 가사 일을 맡고 있었다. 재산은 공동 소유였다. 단지 가엾은 것은 사냥을 나가 짐승을 좀처럼 잡지 못하고 돌아오는 남편이다. 설사 그 집에 자식이나 재산이 많이 있어도 남편은 언제 어느 때 보따리를 싸가지고 떠나라는 명령을 받을는지 몰랐다. 이 명령을 어길 경우 남편들은 더한층 수모를 겪을 각오를 하지 않으면 안 될 것이고 점점 집에 있기 어려워진다. 여기서 할머니나 아주머니 등 누군가가 도와주지 않으면, 그들은 자기 일족으로 되돌아가든지 아니면 다른 종족의 데릴사위로 들어갈 수밖에 없다. 여자들에겐 대단한 힘이 있었다. 여자들은 마음만 먹으면 어느 때든 장로의 머리에서 '뿔을 잘라냈다'. 즉 장로를 일개 병사로 끌어내렸다. 똑같이 장로의 선거도 역시 여자들의 손에 달려 있었다."

구세계에서 여자는 남자에 매여 있었다. 하지만 인디언의 세계에서 여자는 일가의 우두머리요, 때로는 일족의 우두머리이기도 했다.

1836년 푸슈킨은 〈존 테나〉라는 약간 긴 에세이를 썼다. 이것은, 존 테나라는 미국인이 인디언 부락에서 경험한 일들을 기록한 일기를, 푸슈킨이 그 전해에 출판된 프랑스어 번역판으로 읽고 자신의 감상을 기술한 것이다. 그 책에 의하면 존 테나는 인디언의 포로가 되어 네트 노 쿠아라는 여자의 양자가 되었다. 네트는 오타브아프족의 우두머리였다. 그녀의 배(舟)에서는 늘 깃발이 펄럭이고 있었다. 네트가 영국의 요새에 도착하면 환영의 예포가 울렸다. 인디언뿐만 아니라 백인까지도 이 여자에게 깊은 경의를 표하였다.

이러한 질서하에서의 가계(家系)는 아버지가 아니라 어머니를 따르는 것이 당연했을 것이다. 유럽에서의 자식은 아버지의 성을 따랐는데, 여기에서는 자식이 어머니의 씨족 명을 따랐다. 가령 아버지가 '사슴'이라는 씨족의 출신이고, 어머니가 '곰'이라는 씨족의 출신이라면, 자식들은 '곰' 족으로 간주됐다. 어느 씨족도 이것을 구성하는 것은 여자와 그 자식들, 그 딸들의 자식들, 그 손녀딸의 자식들이었다.

모든 것들이 유럽 사람들로서는 갈피를 잡기가 어려웠다. 그들은 인디언의 풍습을 야만적이라 생각했고, 인디언을 '야만인'이라 말했다.

그들은 잊고 있었던 것이다─활과 화살의 시대, 최초의 나무배와 최초의 곡괭이 시대에는 자기들에게도 역시 이와 똑같은 질서가 있었다는 것을.

아메리카 일기(日記) 속에서 최초의 식민자와 정복자들은 씨족의 우두머리를 영주(領主) 아니면 지주(地主) 따위로 묘사하고 있다. 그들은 우두머리라는 신분을 지위로 생각하고, 토템을 씨족의 문장(紋章)이라 생각하고 있다. 장로회의는 원로원으로, 군의 최고 지휘자는 왕으로 보고 있다. 그러나 우리들이 지금 군사령관을 왕이라고 부른다면 이처럼 우스운 일은 없을 것이다.

그로부터 수백 년 동안 아메리카의 백인들은 토착민의 풍습을 이해하지 못하고 있었다. 그것은 모건이라는 미국인이 그의 저서 《고대 사회》 속에서 아메리카를 재발견할 때까지 계속됐다. 모건은, 이로게르족과 아즈텍족의 씨족 사회는 유럽인이 이미 훨씬 전에 거쳐온 한 단계라는 것을 증명해냈다.

모건이 이 책을 쓴 것은 1877년의 일이다. 우리들의 이야기는 아직 거기까지는 이르지 못하고 있다. 지금은 아메리카를 최초로 정복한 사람들의 시대까지 와 있을 뿐이다.

백인은 아직 인디언을 이해하지 못했고, 인디언 또한 백인을 이해하지 못했다. 별것 아닌 금 때문에 왜 백인들이 서로 싸우고 상대방을 죽이려 하는지를 인디언들로서는 이해가 안 되었다. 또 왜 백인이 일부러 아메리카까지 왔는지, '타인의 토지를 정복한다'는 것이 무엇을 뜻하는지도 몰랐다.

토지는 종족 전체의 것이며, 이것을 수호신이 지키고 있다는 것이 원시인의 신념이었다. 그러므로 타인의 토지를 점령한다는 것은 타지방 신들의 노여움을 사는 일일 뿐이다.

인디언도 가끔 전쟁을 하는 일이 있다.

그러나 그들은 상대방 종족을 이긴다 해도 노예로 삼지 않으며, 자기 종족의 질서를 강요하지도 않고, 상대방 우두머리들의 지위를 격하시키지도 않으며, 다만 공물을 바치게 할 뿐이었다. 그 씨족이나 종족만이 우두머리의 지위를 격하시킬 수 있었다.

이리하여 지금 두 세계, 두 체제가 충돌하고 있었다. 아메리카 정복의 역사―그것은 두 세계의 싸움의 역사다.

하나의 예로서 스페인의 멕시코 정복을 들 수 있다.

옳지 못한 사슬

1519년 멕시코의 해안에 대함대가 나타났다. 돛이 세 개 달린 전함 11척. 몸통이 큰 선복(船腹), 선수와 선미는 쑥 튀어 올라와 있었고, 사각의 창구(艙口)에서는 대포가 머리를 내밀고 있었으며, 갑판에는 창과 총이 가지런히 놓여 있었다. 기함(旗艦)의 뱃머리에는 어깨가 딱벌어진 털보 사내가 베레모를 깊이 눌러쓰고 서 있었다. 그는 평평한 해안에 몰

멕시코 인디언의 부락 — 푸에블로

려든 반라(半裸)의 인디언 무리를 주시하고 있다.

에르난도 코르테스라는 이름의 이 사내는 멕시코를 정복하기 위해 파견된 원정대의 대장이었다. 그의 주머니에는 그의 임무를 취소한다는 스페인 총독의 편지가 틀림없이 들어 있었다.

그러나 코르테스와 같은 앞뒤를 생각지 않는 모험가에게 철수 명령 따위가 무슨 소용이랴! 끝없이 넓은 대양이 그와 스페인을 떼어놓고 있다. 여기 이 함대에서는 그가 왕인 것이다.

함대는 닻을 내렸다. 코르테스가 오는 도중에 여러 섬에서 잡아들인 인디언 노예들이 포신, 포가(砲架), 탄약 상자, 소총 다발 등을 보트에 내리기 시작했다. 갑판으로 끌어낸 말이 놀라서 앞발을 들어올렸다. 이 말들을 보트에 옮겨 해안으로 데려가는 것이 가장 큰일이었다.

해안의 인디언들은 바다에 떠 있는 성(城)과 흰 피부를 가진 사람들과 그 기묘한 무기를 어리둥절한 모습으로 바라보

테노프치토란의 평면도

고 있었다. 하지만 무엇보다도 그들을 놀라게 한 것은 더부룩한 갈기와 꼬리를 달고 웃는 듯이 울어대는 커다란 짐승이었다. 이런 괴물은 한 번도 본 적이 없었다.

　백인이 왔다는 소식은 순식간에 해안 일대에 퍼졌고, 곧 깊숙한 산지까지 전해졌다. 산 너머 골짜기에 아즈텍 사람들이 푸에블로에 살고 있었다. 푸에블로란 그들의 촌락을 일컫는 것으로, 제일 큰 것은 테노프치토란이라 불렸다. 그것은 호수 한가운데에 위치하고 있었고, 몇 개의 다리로 육지와 연결되고 있었다. 흰 벽의 집들과 사원의 금색 지붕이 반짝반짝 빛을 내고 있어 멀리서도 잘 보였다. 그 중 제일 큰 집

제2장 거인의 청년시대

코르테스에게 공물을 바치는 사자들(멕시코의 그림)

에서 자기 부대와 함께 아즈텍족의 최고 지휘자인 몬테츠마가 진을 치고 있었다. 백인이 상륙했다는 소식을 듣고 몬테츠마는 장로회의를 소집했다. 오랫동안 장로들은 대처 방안을 논의했다. 무엇보다도 백인이 왜 왔는가, 무엇을 노리고 있는가를 알아야 했다.

다른 곳의 정보에 의하면 백인이 노리고 있는 것은 금인 듯했다. 그래서 회의는 백인에게 좋은 공물을 바치고 후퇴를 요청하기로 결정했다.

그러나 이것이 돌이킬 수 없는 실수의 원인이 되었다. 금은 백인의 욕심에 부채질을 했을 뿐이었다. 그것을 아즈텍인들은 전혀 알지 못했고 또한 알 리도 없었다. 그도 그럴 것이 인디언과 백인은 전혀 다른 시대의 인간이었기 때문이다.

사자들이 출발했다. 그들은 수레바퀴만큼 커다란 금 고리,

금 장식물, 금 인형, 금 동물상 등을 산더미처럼 가지고 갔다.

아즈텍인들로서는 보물들을 차라리 땅에 묻어버리는 편이 더 나았을 것이다.

코르테스 일행이 보물을 본 순간, 아즈텍인의 운명이 결정되었다. 사자들은 이것으로 돌아가주길 바랐지만, 그들은 승낙하지 않았다. 길은 몹시 험하고 위험하다고 위협해도 소용없었다.

이제까지 스페인 사람들은 멕시코의 황금에 대해서 소문으로만 듣고 있었을 뿐이었다. 그런데 지금 눈앞에서 그 실물을 본 것이다. 그들의 눈은 탐욕으로 불타올랐다. 정말이다. 소문대로다. 사자의 부탁은 어리석게만 들릴 뿐이었다. 보물을 눈앞에 두고 무엇 때문에 바다 너머로 철수한단 말인가! 그것이야말로 미친 짓이다.

여기까지 오느라고 얼마나 고생했는가! 목에 넘어가지 않는 건빵, 비좁은 선실 속의 딱딱한 해먹, 기름투성이의 선구(船具)를 상대로 한 고된 노동, 폭풍과 암초—이 모든 것들이 꿈에도 그리던 보물 때문이 아니었던가?

코르테스는 출동 명령을 내렸다. 노예들의 등에는 무기와 식량이 지워졌다. 짐 싣는 말로 변한 사람들은 헐떡거리며 비틀비틀 걸어갔다. 도저히 가지 않을 수가 없었다. 뒤지면 칼로 몰아대고, 짜증스런 얼굴을 보이면 곧 목이 달아날 판이었기 때문이다.

아즈텍인이 그린 이 행군의 그림이 남아 있다. 허리에 줄이 매어져 있는 사람들이 각기 다른 세 가지 일을 하고 있다. 한 사람은 포가(砲架)를 끌고, 한 사람은 총 다발을, 또 한

제2장 거인의 청년시대

스페인 부대가 원주민을 포로로 잡아 끌고 가고 있다.

사람은 짐 상자를 지고 있다. 한 사람의 머리 위에서 스페인 사관이 곤봉을 번쩍 치켜들고 있다. 그는 원주민의 머리털을 붙잡고 발끝으로 배를 차고 있다. 한쪽의 바위 위에 십자가가 서 있다.

정복자는 자신을 '선량한 크리스찬'이라고 생각하고 있었다.

그들은 정복한 땅에 십자가를 가지고 왔다.

이 그림에는 또한 원주민의 잘린 목이나 손발 등이 한쪽에 흩어져 있다.

자유로웠던 인디언들은 여기서 처음으로 인간이 인간을 노예로 삼는다는, 있을 것 같지 않은 일을 보았던 것이다.

결국 스페인 부대는 한 발 한 발 오르고 올라 산마루에 도착했다. 호수와 그 한가운데에 있는 촌락이 손에 잡힐 듯이 보였다.

아즈텍인은 저항하지 않았다. '손님'들은 부락에 들어왔다. 그런데 이 손님들은 전혀 예의에 어긋난 짓을 거리낌 없이 했다. 그들은 느닷없이 왕인 듯한 사람을 포로로 잡았다. 그는 지휘자인 몬테츠마였다.

코르테스의 명령에 의하여 몬테츠마는 사슬에 묶였다. 코르테스는 스페인 왕에게 충성을 맹세하라고 그에게 강요했다. 포로는 그들이 따라서 말하라는 명령에 그대로 순종했다. 몬테츠마는 왕이 무슨 뜻인지, 충성이 무엇인지 전혀 몰랐다.

이것으로 승부는 끝났다고 코르테스는 생각했다. 멕시코 왕을 포로로 잡았기 때문이다. 포로로 삼은 왕이 그 권력을 스페인 왕에게 양도했기 때문이다. 만사가 잘되었다. 코르테스는 이렇게 판단했다. 그런데 이것은 터무니없는 오해였다. 몬테츠마가 스페인의 질서를 몰랐던 것과 마찬가지로 코르테스도 또한 멕시코의 질서를 알지 못했다. 그들은 몬테츠마를 왕으로 생각했지만 실상 그는 군의 지휘자에 불과했다. 일족을 다스리는 권력은 가지고 있지 않았다.

승부는 끝났다는 생각은 성급한 판단이었다. 아즈텍인들은 생각도 할 수 없는 행동을 하였다. 몬테츠마의 동생을 새 지휘관으로 선출했다.

새 우두머리는 종족의 전 부대를 이끌고 스페인인들이 진을 친 커다란 집을 급습했다.

스페인 부대는 대포와 소총으로 응전했다.

아즈텍인들은 돌을 던지고 활을 쏘았다. 포탄과 총탄은 돌

몬테츠마가 지붕 위로 올라가서 아즈텍족에게 이야기하고 있다(그 당시의 그림).

이나 화살보다 강하다. 그러나 아즈텍인들은 자신들의 자유를 위하여 싸웠다. 어떤 것도 그들을 가로막을 수는 없었다. 열 사람이 쓰러지면 거기에 백 사람이 나타났다. 형제는 형제를 위해, 아저씨는 조카를 위해 복수했다. 죽음을 두려워하는 사람은 하나도 없었다. 씨족이 위험에 직면하게 되었을 때, 씨족과 함께 종족도 위험에 직면하게 되었을 때 아즈텍인들에게 있어 그들의 목숨 따위는 이미 아무것도 아니었다.

전세가 불리하다고 생각한 코르테스는 아즈텍인과 화해하기로 결심하였다. 이때에는 몬테츠마를 사이에 두는 것이 제일 좋을 것이다. 몬테츠마는 왕이므로 그의 백성들에게 무기를 버리라고 명령할 수가 있을 것이다.

몬테츠마는 사슬에서 풀려났다. 그는 평평한 지붕 위로 올라갔다. 그러나 아즈텍인들은 그에게 겁쟁이, 배신자라고 소리치며 그의 말을 받아들이지 않았다. 돌이나 화살이 빗발처럼 날아왔다. 사방에서 욕을 퍼부어댔다.

"아무 말도 하지 마라, 등신아! 너는 사내가 아니고 계집이다. 너 따위는 옷감이나 짜는 게 좋아! 개 같은 놈들의 포로가 되다니! 정말 겁쟁이다!"

몬테츠마는 치명상을 입고 쓰러졌다.

코르테스는 가까스로 포위망을 뚫고 간신히 도망쳤다. 하지만 부대의 반을 잃었다. 아즈텍인들이 추격을 하지 않은 것은 코르테스의 운이 좋아서였는데, 그렇지 않았다면 그는 도저히 살아서 돌아갈 수가 없었을 것이다.

코르테스를 살려 보낸 것은 아즈텍인의 두 번째 커다란 실수였다. 새로운 부대를 모아서 코르테스는 반격을 하여 테노프치토란을 포위했다. 아즈텍들은 잘 버텼다. 몇 개월 동안이나 계속해서 이 마을을 지켜냈다. 그러나 대포와 활의 상대가 될 수는 없었다. 테노프치토란은 점령되고 모조리 약탈 당했다. '철의 세기' 사람들이 '동의 세기' 사람들을 이겼다. 낡은 씨족 제도는 새 제도의 압력에 굴복하여 사라져버렸다.

겨우 살아남은, 자유롭고 긍지 높았던 전사(戰士)의 자손은 지금 일용 노동자가 되어 농장에서 일하고 있다.

6

마법의 구두

19세기 어느 작가의 이야기 중에 이러한 것이 있다. 어떤 사람이 시장에서 보통 구두 대신에 천 리를 갈 수 있는 구두를 사게 되었다. 주인공은 조금 아둔한 사내였기 때문에 자기의 잘못을 곧바로 깨닫지 못했다. 무엇인가 생각하면서 장에서 집으로 돌아오는데 주위가 갑자기 추워졌다. 눈을 들어 보니 그곳은 온통 얼음으로 뒤덮여 있었고, 지평선 위에 흐릿한 붉은 태양이 떠 있었다. 천리화(千里靴)가 눈깜짝할 사이에 그를 북극에 데려다놓은 것이었다.

다른 사람이었다면 우연히 찾아 들어온 진귀한 것을 될 수 있는 한 잘 이용하여 엄청난 돈을 벌기로 작정했을 것임에 틀림없다. 그러나 이 이야기의 주인공은 돈에 대한 욕심이 없었다. 그가 이 세상에서 제일 좋아하는 것은 학문이었다. 그래서 그는 이 기회를 놓치지 않고 지구를 돌아다니며 모두 살펴보고 연구하기로 결심했다.

천리화를 신고 그는 세계 진체를 돌아다녔다. 북에서 남으로, 또 남에서 북으로, 겨울이 오면 추위를 피해 시베리아 밀림에서 아프리카의 사막까지 갔고, 밤이 오면 서둘러 지구의 동쪽에서 서쪽으로 옮겨갔다.

검고 남루한 옷을 입고 수집 상자를 메고 그는 오스트레일리아에서 아시아로, 아시아에서 아메리카로, 마치 징검다리를 건너듯 섬을 밟고 뛰어넘어 다녔다.

한 발 한 발 주의 깊게 산봉우리에서 산봉우리로 건너다니면서 때로는 불을 뿜어내는 화산을 지나 때로는 눈이 덮인 산을 넘어서, 그는 꽃과 풀과 광석을 수집하고 고대의 사원과 동굴을 찾으며 그곳에서 살고 있는 생물들을 모두 연구했다.

인간의 생활을 연구하는 역사가도 역시 그러한 마법의 구두를 신지 않으면 안 된다. 지금 우리들도 이 책에서, 대륙에서 대륙으로 건너뛰고 시대에서 시대로 옮겨다닌다.

무의식중에 공간과 시간의 넓이에 어리둥절해진 적도 있었다. 하지만 우리들은 멈추어서지는 않았다. 아니, 보통의 구두를 신은 사람처럼 천천히 멈추어서서 하나하나 자세히 연구할 수가 없었던 것이다.

경우에 따라서는 한 번에 몇 세기를 뛰어넘었을 때 무엇인가 빠뜨린 것이 있을지도 모른다. 그러나 잠시라도 천리화를 벗고 보통 구두를 신고 일 분이라도 걸었다면 캄캄한 어둠 속에서 도저히 빠져나올 수 없었으리라. 숲의 나무를 하나하나 연구하고 있으면 그 나무 때문에 숲 전체를 볼 수 없게 마련이다.

우리들은 천리화를 신고 시대에서 시대로 뛰어넘기만 한 것이 아니라 학문에서 학문으로 뛰어넘기도 했다.

우리들은 식물과 동물에 관한 학문에서 언어에 관한 학문으로, 언어에 관한 학문에서 도구의 역사로, 도구의 역사에서 신앙의 역사로, 신앙의 역사에서 지구의 역사로 뛰어넘었다.

물론 이것은 그리 쉬운 일도 아니고 간단한 일도 아니다.

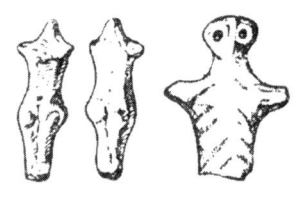

흙으로 빚어 만든 여인상
(석기시대)

하지만 우리들은 이것을 피할 수 없었다. 학문은 모두 인간에 의해 인간을 위해 만들어진 것이기 때문이다. 게다가 지상의 인간의 생활, 세계에 있어서의 인간의 입장이 문제가 될 때에 학문은 어쨌든 필요한 것이기 때문이다.

우리들은 방금 코르테스 시대의 아메리카를 살펴보았다. 여기서 다시 지금으로부터 4천 년에서 5천 년 전의 유럽으로 되돌아가기로 하자. 우리들은 거기서 이로케즈족 혹은 아즈텍족과 같은 씨족을 만나게 될 것이다. 그곳에는 또한 여자들이 모든 일을 도맡아 하고 있는 저 공동 소유의 연립주택식 집도 있다.

일가는 여자를 존경하고 있다. 여자는 집의 주인이고, 씨족의 우두머리이기도 하기 때문이다. 여자는 겨우살이 준비를 하고 땅을 갈고 작물을 거두어들인다.

도시를 지키는 여신

여자는 남자보다 많은 일을 한다. 그 대신 남자보다 더 존경을 받는다. 그 때문인지 그때에는 어느 부락, 어느 집에도 뼈 또는 돌로 만든 어머니인 부인상이 장식되어 있었다. 그것은 씨족의 근원이 된 여성 조상이다. 선조인 그녀의 영혼은 집을 지키고 있다. 그녀에게 기도하면 곡식도 베풀어주고 적도 쳐들어오지 않으리라.

시대가 바뀌면 어머니인 집의 수호신은 창으로 무장한 아테네라고 하는 여신으로 모습을 바꾼다. 이때에는 이제 작은 부인상이 아니라 거대한 여신상이 되어 그 이름을 딴 도시, 아테네를 지킬 것이다.

낡은 건물에 금이 가다

우리들의 말에는 아직 씨족 생활의 흔적이 있지만, 우리들의 기억에는 이미 아무것도 남아 있지 않다.

아이들이 다른 어른에게 '할아버지', '할머니' 또는 '아저씨', '아주머니' 하고 부르는 것은 부락 사람들이 모두 일족이었을 때의 제도의 흔적이다.

우리들도 때로는 '당신' 대신에 '여보게, 형제' 하고 말하거나 다른 집 아이를 보고 '자식, 참 잘났네' 하고 말한다.

그러한 옛날 생활의 흔적은 다른 나라 말에도 전해 내려오고 있다. 독일어에서는 '조카' 대신에 '자매의 아이'라고 한다. 이것은 여자 형제 아이들은 씨족에 남아 있었지만 남자 형제의 아이들은 다른 씨족으로, 그들 아내의 씨족으로 들어갔다는 사실의 흔적이다. 자매의 아이들은 일가이며 조카다. 그러나 남자 형제의 아이들은 일가의 친척으로 간주되지 않았다. 그들은 다른 씨족이었다.

고대 국가에 있어서 왕권을 이어받는 것은 왕의 아들이 아니라 여자 형제의 아들이었다.

19세기에 아샨치라는 국가가 아프리카에 있었는데, 그 왕은 '나네'라고 불리고 있었다. '어머니들의 어머니'라는 뜻이다.

중앙아시아의 사마르칸드에서는 왕을 '아프신'이라고 불렀는데, 이것은 옛날에는 '주인 아주머니' 또는 '아씨'라는 뜻의 말이었다.

그러한 예는 얼마든지 들 수 있다. 그것은 어머니가 씨족의 주인이었던 모계제(母系制)에의 향수가 언제까지든 사람들의 마음에 남아 있기 때문이다.

사람들의 마음에 언제까지나 남아 있을 정도로 씨족은 단단한 것이었다. 그것이 어떻게 하여 무너지게 되었을까?

아메리카에서는 유럽의 정복자들이 건너옴에 따라 씨족이 무너졌다. 그러나 유럽에서는 흰 개미에게 갉아먹힌 집처럼 스스로 무너져버렸다.

이렇게 된 것은 남자가 점차로 가업을 그 손에 장악하게 되면서부터였다.

먼 옛날부터 여자들은 땅을 갈고 남자들은 가축을 기르고 있었다. 가축의 수가 적을 동안은 여자의 농업 노동이 우위를 차지하고 있었다. 고기는 거의 먹지 못했고 우유도 모두에게 돌아가지 않았다. 여자들이 없어 농사를 짓지 못하면 집 안에는 거의 먹을 것이 없게 된다. 보리 전병(煎餅)이 한 장, 혹은 마른 낟알 한 주먹이 식사의 전부인 경우가 많았다. 반찬으로 먹는 꿀이나 야생 과일도 역시 여자들이 모았다. 집을 보살피는 것도 여자였으며 따라서 일체의 지휘를 여자가 했다.

그러나 어디에서나 그렇지는 않았다. 초원 지대에서는 곡식이 그다지 잘 자라지 않았다. 초원의 잡초는 곡초에게 좀처럼 자리를 양보하지 않았다. 그들은 뿌리를 내리고 결사적으로 땅에 매달렸다. 쟁기를 땅에 박아넣어도 단단한 처녀지인 초원의 땅은 쉽사리 파지지 않았다.

한 개의 쟁기에 여자 서넛이 달라붙었다. 그러나 땅의 겉만 겨우 긁을 수 있을 뿐이었다.

깊이 갈지 않은 땅에 씨를 뿌리면 햇볕에 타버리든지 새가 쪼아 먹어버렸다. 더구나 가뭄이 겹쳤다. 곡초는 시들어버리고 어떤 것에도 강한 고집 센 잡초만이 살아남았다.

따라서 거두어들일 때가 되어도 거두어들일 것이 없었다. 잡초 사이에서 이삭은 보이지 않았다. 쫓겨갔다가 다시 되돌아온 적군의 깃발처럼 잡초는 바람에 나부끼고 있었다.

곡초 대신 잡초! 이렇다면 애써 등을 구부리고 일할 만한 보람도 없지 않은가?

그러나 사람들에게는 잡초일지라도 가축에 있어서는 빵이다. 초원의 소와 양은 배가 터지도록 실컷 먹었다! 동화 속에 있는, 스스로 진수성찬을 차려 놓은 식탁보—그것이 곳곳마다 덮여 있었다.

해마다 가축들은 늘어갔다. 허리춤에 칼을 차고 남자는 가축 뒤를 돌아다닌다. 목부(牧夫)의 충실한 친구는 개였다. 개는 양들을 한데 모이게 하고 들판으로 뿔뿔이 흩어지는 것을 막았다. 가축은 커지고 수도 늘어 젖과 고기, 털을 더욱더 많이 제공하게 되었다.

집에 있는 곡식은 부족했지만 양 젖으로 만든 치즈는 충분했으며 냄비에서는 양고기 스프가 끓고 있었다.

스웨덴의 바위에 그려져 있는 밭을 가는 사람

초원 지대에서는 남자의 노동, 목부의 노동이 우위를 차지하게 되었다.

이윽고 북방의 숲 속에서도 남자가 여자를 밀어 제쳤다.

스웨덴에 경작하는 사람을 그린 옛날 그림이 남아 있다. 그것은 서툰 솜씨로 바위에 새긴 조잡한 그림이다. 농부의 그림은 마치 어린애가 그린 것 같다. 그러나 여기에서는 그림이 잘 그려졌느냐 아니냐가 문제가 아니다. 우리에게 있어서 그것은 단순한 그림이 아니라 시대의 증인이 남긴 하나의 증거물이다. 지금 이 증인은 농부가 쟁기 뒤에 서 있고 소가 쟁기를 끌고 있는 모습을 뚜렷하게 보여주고 있다.

이것은 아마도 인간의 역사에 나타난 최초의 쟁기일 것이다. 지금까지 보아온 쟁기는 실제로 쟁기라기보다 일종의 흙을 긁는 도구에 불과했다. 여기에 그려져 있는 쟁기는 아직 흙을 긁는 도구와 매우 비슷하다. 단지 다른 것은 손잡이 같은 긴 막대를 달아놓았다는 점으로, 인간이 아닌 소가 쟁기를 끌게 되어 있다.

인간이 처음으로 엔진을 발견했다! 정말 그렇지 않은가? 쟁기를 단 소, 그것은 확실히 살아 있는 엔진이다. 요컨대 금속으로 만들어진 오늘날의 트랙터의 살아 있는 조상인 셈이다. 소의 어깨에 멍에를 얹고 인간은 자기의 일을 소에게 시켰다. 그때까지 고기, 젖, 가죽만을 제공하던 가축이 그 힘까

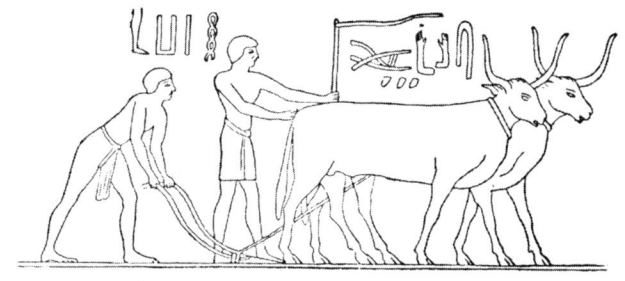

토지를 경작하는 소(이집트의 그림)

지 인간에게 봉사하기에 이른 것이다.

 힘센 소들은 나무 멍에를 지고 천천히 쟁기를 끌면서 밭을 갈았다. 쟁기는 여태까지의 흙 긁기 도구보다 훨씬 깊게 땅을 파고 들어갔다. 파서 일으켜진 검은 흙이 리본처럼 쟁기 뒤에 이어졌다.

 처음으로 이 쟁기를 사용한 농부는, 있는 힘을 다하여 쟁기 손잡이를 눌렀다.

 이렇게 되자 소도 힘을 아끼고 있을 수 없게 되었다. 소는 논밭 갈기뿐만 아니라 곡식 타작도 하고 운반도 하게 되었다. 가을이 되면 소는 타작 마당으로 끌려와 이삭을 발로 밟

캐나다 원주민의 '짐' 운반대

제2장 거인의 청년시대 267

아 낟알이 튀어나오게 했다. 그 다음 '짐 나르는 받침대'라는 바퀴가 없는 무거운 수레를 끌고 낟알이 들어 있는 가마니를 밭에서 집으로 날랐다.

목축은 농업에 중요했다. 목부는 또한 농부이기도 했다. 그 덕분에 그는 자기 집에서 커다란 힘을 갖게 되었다.

그렇다고 여자의 일이 없어진 것은 아니다. 베를 짜든지 실을 뽑든지 곡식을 저장하든지 아이들을 돌보든지 아직 그러한 일들이 남아 있었다.

그러나 이전과 같은 존경은 받을 수 없게 되었다. 목장에서도 밭에서도 남자가 우위에 서게 되었다.

집 안에서 남편에게 호통 치는 소리가 점차 들리지 않게 되었다. 남편은 종종 수세를 벗어나 공세를 취했다. 전에는 아내도 어머니도 할머니도, 또한 아주머니도 다른 곳에서 온 남편을 내쫓는 일을 아무렇지도 않게 여겼었다. 하지만 이젠 남편을 소중히 여기게 되었다. 그도 그럴 것이 다른 씨족에서 온 남자가 모두를 위해 열심히 일하고 일족을 부양하고 있지 않은가? 이렇게 되자 이번에는 씨족이 자기의 남자들을 떼어놓지 않게 되었다.

공동체에서 지배적인 지위를 얻기 위하며 남자들은 서로 동맹을 맺었다.

전에는 사람이 죽으면 그 여자 형제의 아이들에게 유산이 돌아갔다. 이제 남자들은 이 습관을 뒤바꾸려고 운동하기 시작했다.

츠아레쿠라는 아프리카의 유목 종족은 유산을 '정(正) 유산'과 '부정(不正) 유산'으로 나누고 있다. '정 유산'은 여자 형제의 아이들에게 주어진다. 이것은 죽은 사람이 그 어머니로부터 물려받은 것과 열심히 일해서 모은 것이다. '부정 유산'은 전리품(戰利品)과 교환을 통하여 모은 것 일체를 가리킨다. 이것은 죽은 사람의 아이들에게 주어진다.

정말 모계제는 몇천 년 동안 계속되어 왔던 것이다!

그런데 이리하여 오래 된 떡갈나무처럼 낡은 질서에 금이 가기 시작했다.

사람들은 쉴새없이 관습을 깨뜨리기 시작했다. 전에는 아내가 남편을 맞이했었지만, 이제는 남편이 아내를 맞아들이게 되었다.

이것은 낡은 풍습의 파괴였다. 따라서 이 낡은 풍습의 파괴자는 죄인으로 보이기도 했다.

그리하여 신랑은 쉽사리 신부를 자기 집으로 데려올 수가 없었다. 신부를 훔쳐오거나 빼앗아올 수밖에 없었다.

깜깜한 밤에 신랑과 그 일족은 창과 검으로 무장하고 신랑 측 씨족이 선택한 신부 집으로 슬그머니 다가갔다. 개가 짖어 잠든 모든 식구를 깨웠다. 백발의 할아버지는 물론 아직 어린 신부의 형제들도 모두 손에 무기를 들었다. 싸우는 자들의 고함소리가 여자들의 비명소리를 압도했다. 이윽고 신랑은 동족의 호위하에 신부라는 전리품을 메고 싸움터에서 물러갔다.

몇 년이 지나갔다. 풍습의 파괴가 조금씩 풍습 그 자체가 되어 갔다. 신랑과 신부 일가의 싸움이 하나의 의식으로 변해갔다.

공물이나 몸값이 유혈을 대신했다. 신부를 보내는 어머니나 의좋은 자매의 울음소리조차도 어느 사이엔가 결혼식 때의 연기(演技)로 변하고 말았다. 이 연기는 성대한 잔치로 막을 내렸다. 그렇지만 다른 씨족, 다른 집안에 맞아들여진 처녀가 자기의 운명을 슬퍼한 옛날의 노래가 지금도 역시 사람들의 기억 한구석에 남아 있다.

정말 그 운명은 기구한 것이었다. 남의 집에서 여자는 남편의 지배를 받았다. 괴로운 마음을 알아주는 사람은 아무도 없었다. 시어머니도 시아버지도 남편의 일족도 모두 남편 편이었다.

여자 일꾼을 하나 고용한 것처럼 여자가 멍하니 앉아 있지는 않나, 몰래 훔쳐먹지는 않나 하고 집안 식구 모두가 눈을 부라리고 여자의 일동을 지켜보고 있었다. 모계 씨족은 부계 씨족으로 변했다.

아이들은 어머니 슬하가 아니라 아버지 슬하에, 아버지의 씨족 슬하에 남았다. 호적(戶籍)도 어머니 호적이 아니라 아버지 호적에 올랐다. 그 사람의 이름과 씨족의 이름에 '아무개의 아들'이라는 것이 덧붙여지게 되었다. 이 '아무개'는 물론 남성이었다.

사람을 부칭(父稱)으로 부르는 풍습은 그때의 흔적이다. 러시아에는 특히 이 흔적이 뚜렷이 남아 있다. '표트르 이바노비치'는 옛 습관대로 부르면 '이반의 아들 표트르'다. 이반의 딸이 엘레나라면 똑같이 '엘레나 이바노비치'가 된다. 사람의 이름에 어머니의 이름을 덧붙인다는 것은 생각조차 할 수 없는 일이 되었다. 표트르의 어머니가 에카테리나일지라도, 또한 마리아의 어머니가 타치야나일지라도 '표트르

에카테리노비치'나, '마리아 타치야노비치'라고는 결코 부르지 않는다.

최초의 유목민

언젠가 발견한 저 이상한 곳간은 사람들에게 더욱더 풍부한 은혜를 베풀어주었다. 풀밭에서는 몇천만 마리의 양이 풀을 뜯고 있다. 밭에서는 부드러운 흙을 밟고 천천히 지나가는 소들을 모는 농부의 소리가 울려퍼지고 있다.

기름진 골짜기에서는 최초의 과수원, 최초의 포도원이 꽃을 가득 피우고 향기를 풍기고 있다. 해가 지면 사람들은 문 앞의 무화과나무 밑에 모였다.

노동은 인간의 생활을 더욱 풍요하게 해주었지만, 그 대신 더욱 많은 일을 하지 않으면 안 되었다. 포도 한 송이, 밀 한 이삭에도 인간의 땀이 스며 있었다.

포도와 싸우는 것만으로도 얼마나 힘이 드는가! 묵직한 포도 송이를 따면 돌로 만든, 짜는 틀에 집어넣고 즙을 냈다. 포도는 으깨지고, 그 검은 즙은 염소 가죽 부대 속으로 흘러 들어갔다. 사람들은 포도주를 극구 찬양하고, 염소 가죽을

포도송이를 따서 그것을 돌로 만든 기구에 넣어 즙을 짠다(이집트의 그림).

입은 아름다운 신과 그 신의 노고에 감사하는 제가(祭歌)를 불렀다.

강의 하류에서는 매년 봄 큰 물이 토지를 적시고 토지를 비옥하게 해주었다. 자연이 스스로 농작물을 걱정해주는 것 같았다.

그러나 여기에서도 농부의 손은 쉴 틈이 없었다. 밭에 물이 끊어지지 않도록 사람들은 도랑을 파고 제방을 쌓아올리고 가장 필요한 곳에 물을 대었다.

자기들의 노동이 없으면 토지에서는 잡초 이외에는 아무것도 자라지 않는다는 것을 깨닫지 못하고 사람들은 강에 풍작을 빌었다.

이렇게 농부의 노고가 점점 커져 갔고, 또한 목부 쪽도 역시 숨 돌릴 새가 없었다. 싱싱한 초원의 목장에서는 나날이가 아니라 시간마다 가축이 성장했다. 가축의 수가 늘어남에 따라 그만큼 더 바쁘게 돌보아주어야 했다. 열 마리를 키우는 것과 천 마리를 키우는 것은 각기 전혀 다른 방법을 필요로 한다. 수가 많으면 목장의 풀은 금방 없어진다. 그렇게 되면 다른 곳으로 옮겨가지 않으면 안 된다. 부락에서 점점 멀어져간다.

이리하여 끝내는 친숙해진 부락이 완전히 정든 땅을 떠나 가축의 무리를 좇아다니게 되었다. 사람들은 낙타의 등에 텐트를 싣고 살아 있는 재산을 앞세우고 여행을 떠났다.

버리고 떠난 밭은 황폐해지고 잡초만 남게 되었다. 사람들은 이미 그런 것에는 미련이 없었다. 바싹 마른 땅에서 작물이 충분히 자란 적은 없기 때문이다.

세계에서 최초로 한 종족 내에서가 아니라 많은 종족들 사이에서 노동의 분화(分化)가 생겨났다.

초원에서는 목축을 주로 하는 종족이 나타나서 가축을 곡식과 교환

몽고의 유목민(중국의 고화)

했다. 그들은 한 장소에서 오랫동안 머무르지 않고 자주 목장을 바꾸었다. 이것이 바로 유목(遊牧)이다.

유목인들의 생활은 거칠고 자유로웠다.

나무도 없고 집도 없었다. 아무것도 눈에 띄지 않는 드넓은 초원에 그들은 텐트를 쳤다. 초원 전체가 그들의 집이었다. 긴 시간의 이동 중에는 아이들을 요람이 아니라 낙타의 등에 잠을 재웠다.

살아 있는 인간 도구

유목민의 생활은 평화롭고 조용하지 않았다. 유목민은 이동하는 도중에 농민의 밭과 가축 떼를 보면 흔히 자기들이 씨를 뿌리지도 않고 기르지도 않은 것을 힘으로 빼앗았다. 강변 골짜기나 혹은 숲에 이르면 촌락에 불을 지르고 도둑질을 하고 밭을 짓밟아 가축과 인간을 잡아갔다.

제일 필요한 것은 인간이었다. 인간이라면 일을 시킬 수도 있고 가축을 지키게도 할 수 있었다.

유목민도 유목민이었지만, 농민 또한 이미 이전과 같은 평

이집트인의 전리품(이집트의 그림)

화로운 사람들은 아니었다.

가을이 되면 추수를 끝내고 흔히 이웃 마을에 떼지어 가서 다른 부족의 곡식, 옷감, 장식품, 도구 등을 강제로 빼앗았다. 그 중에서도 가장 가치 있는 것은 여기에서도 역시 인간이었다.

농촌에도 역시 도랑을 파고 둑을 쌓고 땅을 가는 데 일손이 부족했기 때문이다.

전에는 포로를 노예로 삼지 않았었다. 그도 그럴 것이 특별한 이익이 없었기 때문이다. 인간은 일하고 그 일한 만큼 먹고 있었다.

이제 대규모의 가축 무리와 비옥한 토지가 나타나게 되자 한 인간의 노동이, 한 인간이 필요로 하는 것보다 훨씬 많은 곡물, 고기, 털 등을 생산할 수 있게 되었다. 그러자 모든 것이 갑자기 변해갔다.

곡식을 짐승 털과 바꾸려면 농민은 자기가 필요로 하는 것보다 훨씬 많은 양의 씨앗을 뿌려야 했다. 유목민도 마찬가지로 자기들이 필요로 하는 것보다 훨씬 많은 양을 기르지 않으면 안 되었다. 그도 그럴 것이 양털은 곡식이나 무기와 교환할 수 있었기 때문이다.

  교환 덕분에, 혹은 강탈 덕분에 어떤 씨족과 그 일가는 다른 씨족보다 훨씬 부유하게 되었다. 가축 떼도 훨씬 많아지고 종자로 뿌릴 곡식도 훨씬 많아졌다. 단지 부족한 것은 양을 기르고 토지를 갈 일손뿐이었다.

  여기에서 처음으로 어떤 사람들이 다른 사람들을 노예로 삼아야 할 필요가 생겨났다. 노예는 그 노동으로 자신뿐만 아니라 주인까지도 먹여살릴 것이다. 주인은 노예가 적게 먹고 많이 일하도록 감독만 하면 된다. 이리하여 인간은 다른 인간을 살아 있는 도구로 만들었다.

  소처럼 인간에게 멍에를 씌우고 인간을 멸시했다.

  자유로 가는 길 가운데서, 자연을 정복해가는 가운데서 인간은 다른 인간의 노예로 전락됐다.

  전에는, 토지는 이를 경작하는 사람들 모두의 공동 재산이었다. 그러나 이젠 노예가 자기의 토지가 아닌 토지를 갈게 되었다.

  그가 사용하는 소는 그의 소가 아니었고, 그들이 거두어들이는 곡식도 이미 그들의 곡식이 아니었다.

  옛날 이집트의 노예는 소를 몰면서 이렇게 노래했다.

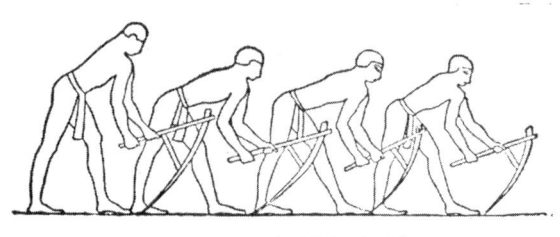

땅을 갈고 있는 토인들(이집트의 그림)

이삭을 밟아라, 소야!
이삭을 짓밟아라, 소야!
어차피 주인 것이거늘.

이리하여 처음으로 사람과 사람 사이에 주인과 노예가 분리되었다.

기억과 기념비

우리가 지금까지 계속해온 과거에의 여행은 그리 편안한 것은 아니었다. 구경꾼으로서가 아닌 연구가로서 우리들은 동굴의 미로를 헤매고 다닌다. 출토품은 어느 것도 수수께끼였으며, 이 수수께끼를 풀지 않으면 안 되었다. 우리의 길에는 안내를 해줄 만한 표지판도 없었다. 아니, 석기시대의 사람들이 어떻게 우리들에게 어떻게 표지판을 남겨줄 수 있었겠는가? 문자를 사용할 줄 몰랐었는데!

그런데 지금 겨우 우리들은 표지판이 늘어서 있는 길로 왔다. 묘지에서, 사원의 벽에서 우리들은 최초의 문자를 보고 있다. 이것은 이미 영혼에게 바쳤던 저 옛날의 마법의 그림은 아니다. 이것은 종합적인 그림 이야기며, 인간들을 위해 인간에 관한 것을 말한 이야기다.

여기에 있는 문자는 지금의 문자와는 전혀 다르다. 소는 소 모양으로 나타나 있고 나무는 가지가 뻗쳐 있는 상태로 그려져 있다.

문자 역사는 그림 문자로 시작된다. 이 그림들이 간단한 것으로 바뀌고, 약속된 기호로 되기까지는 오랜 세월이 필요했다.

지금의 문자를 보고 그 친부모인 그림을 찾아내기란 결코 쉬운 일이 아니다.

'A'라는 글자가 처음에는 소의 머리였다는 것을 누가 생각이나 할 수 있겠는가? 그런데 'A'라는 문자를 거꾸로 놓아보라. 뿔이 있는 머리로 되지 않는가? 이 뿔이 있는 머리는 고대 셈족이 사용하던 알파벳의 'A'였다. 이것을 '알레프'라 읽었는데, 이것은 수소를 뜻했다.

이렇게 하여 각기 문자의 역사를 더듬을 수 있다. 'O'는 눈, 'P'는 긴 목의 끝에 있는 머리, 이런 식으로 어느 것도 증명할 수 있을 것이다.

저런, 저 나쁜 마법의 구두가 우리들을 또다시 너무 앞으로 보낸 것 같다.

우리들은 이 이야기에서 지금 겨우 최초의 그림 문자가 나타난 시대에 도착했을 뿐인데.

서서히 인간은 쓰는 걸 배워나갔다.

하여튼 인간은 이제 쓰는 것을 배워야 할 때에 이른 것이다.

지식과 정보가 많지 않을 때는 이것을 기억해두는 것이 어려운 일이 아니었다.

구비(口碑), 전설, 만담은 입에서 입으로 전해졌다. 노인은 모두 살아 있는 책이었다. 이야기, 전설, 처세의 지혜 등을 하나하나 기억해두고 있다가 자식들에게 들려주었으며, 자식들 차례가 되면 그 자식들에게 전해주려고 마치 보물처럼 간직해두었다. 그러나 이 보물이 무거워지면 무거워질수

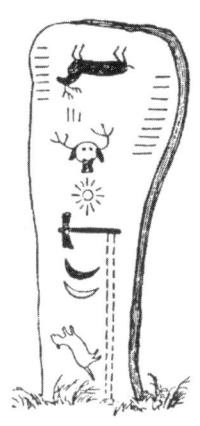

인디언 우두머리의 묘비명

록 이것을 머리 속에 간수해두기 어렵게 되었다.

여기에서, 기억을 남기는 것으로서 '기념비'가 등장한다. 경험의 전수에서, 쓰는 말이 입으로 하는 말을 돕기 시작한다. 두목의 묘지 기념비에 그들의 행군과 전투의 모습을 그려 자손들에게 알리려고 했다.

묘지의 기념비―그것은 최초의 책이다. 전나무 껍질 한 조각―그것은 최초의 편지다.

우리들은 전화, 라디오, 녹음기를 갖고 있다. 그 덕택으로 우리들은 거리와 시간을 자유로이 자기 것으로 할 수 있게 되었다. 몇백, 몇천 킬로미터 떨어진 곳으로도 라디오를 통해 말을 전할 수 있다. 필름이나 테이프에 담은 목소리는 몇십 년, 몇백 년이 지나도 재생할 수 있다. 우리들은 많은 것을 손에 넣었다. 그러나 우리들 전에 살고 있었던 조상들의 공적을 잊어서는 안 된다.

훨씬 이전에 우리들의 조상은 나무껍질을 보내는 것으로 거리를 정복하고, 기념비에 쓰는 것으로 시간을 지배했던 것이다.

옛날 행군이나 전투에 관해서 이야기해주고 있는 기념비는 상당히 많이 전해지고 있다. 검과 창을 가진 전사의 모습들이 돌에 새겨져 있다. 싸움에 이긴 사람들이 의기양양한 모습으로 돌아오고 있다. 뒤에는 고개를 숙이고 손이 뒤로

북아메리카 인디언의 그림 이야기

묶인 포로들이 따라가고 있다. 그런데 이 그림 속에서 뜻밖에 쇠고랑의 그림이 눈에 띈다. 이것은 노예의 기호, 불평등의 기호다. 기호는 인간 역사의 새로운 한 장(章)의 시작을, 노예제의 시작을 증명하는 것이다.

잠깐, 이번에는 이집트의 여러 사원 벽에서 우리들은 이러한 그림을 적잖이 발견한다.

보라, 노예의 긴 행렬이 뭔가를 세우려고 벽돌을 나르고 있다. 벽돌 몇 개를 어깨에 지고 양손으로 받치고 있는 사람

사원을 세우고 있는 노예 벽돌공들. 오른쪽 끝에 몽둥이를 든 감독이 앉아 있다.
(이집트의 그림)

이 있다. 우리들이 지게로 물을 져나르듯이 역시 지게로 벽돌을 져나르는 사람이 있다. 벽을 쌓고 있는 사람도 있다. 벽돌 위에 앉아 무릎에 팔꿈치를 대고 있는 사람이 보인다. 이 사람은 감독으로 긴 막대기를 갖고 있다. 감독은 일하지 않고 다른 사람들에게 일을 시키는 것이 임무다. 또 한 사람의 감독이 건축장 부근을 어슬렁어슬렁 걷고 있다. 그는 위협하듯이 노예의 머리 위에 손을 번쩍 치켜들고 있다. 틀림없이 뭔가 마음에 들지 않는 일이 있었는가 보다.

노예와 자유인

파밭에서 장미는 피지 않고
노예 속에서 자유인은 생겨나지 않는다.

그리스의 시인 테오그니스는 이렇게 노래하고 있다. 그때는 이미 노예 제도가 굳어져 사회의 기초가 되어 있었다.
그러나 처음 얼마 동안은 노예를 천한 인종으로 생각하지는 않고 있었다. 자유인과 노예는 함께 살고 함께 일하는 하나의 대가족, 하나의 공동체를 이루고 있었다.
이 가족 공동체의 우두머리는 아버지 그리고 족장이었다. 이 아버지의 자식들은 그 처자식과 함께, 또 아버지의 노예와 그 처자식과 함께 살면서 만사를 그가 시키는 대로 하고 있었다. 아버지는 말을 듣지 않으면 자식들도 노예도 똑같이 '매'로서 벌을 줄 수 있는 권위를 갖고 있었다.
늙은 노예는 주인에게 거리낌 없이 '도련님'이라 불렀고,

주인도 처음의 풍습대로 늙은 노예를 '영감님'이라 불렀다.

그리스의 시인 호머의 작품으로 알려진 대서사시 《오딧세이》 중에 돼지치기 에우메스라는 노인이 주인과 똑같이 한 식탁에 앉아 태연히 먹고 마시고 있는 장면이 있다. 여기에서 족장은 '성자(聖者)'라 불리고 있는데, 돼지치기도 역시 '성자'로 불리고 있다.

그런데 이 노래의 문구를 그대로 믿어서는 안 된다. 돼지치기 에우메스는 신(神)이나 주인과는 동격이 아니었다. 그는 억지로 일을 해야 했고, 주인은 자유로이 일을 했다. 노예는 주인의 가족들보다 더 많은 일을 해야 했고 그에 비해 돌아오는 것은 적었다. 노예는 소유물이고 자유인은 소유주였다.

주인이 죽으면 일체의 재산과 함께, 가축 떼와 함께 노예는 하나의 물건으로서 주인의 자식 손에 넘겨졌다.

이 가족 공동체에는 이미 이전과 같은 평등은 없었다.

아버지는 아들 위에, 남편은 아내 위에, 시어머니는 며느리 위에 각각 군림하였다. 거기에서 제일 낮은 것이 노예였다.

소 치는 노예와 가축의 소유자(이집트의 그림)

포로가 된 토인들의 등록(이집트)

노예는 누구의 명령이든 들어야만 했다.

씨족 사이에서나 공동체 사이에서도 이전과 같은 평등은 이제 없었다. 재산을 많이 갖고 있는 씨족과 적게 갖고 있는 씨족이 있었다. 한쪽은 부자고 다른 한쪽은 가난뱅이였다. 간단히 말해 소는 언제나 옷감이나 무기와 교환될 수 있었다. 최초의 청동 화폐에 펼쳐진 소가죽 무늬가 새겨진 것도 이 때문이었을 것이다.

그러나 더 큰 재산은 노예였다.

노예는 돼지, 소, 양 등을 길렀다. 그들은 가축 우리 속으로 이것들을 몰아넣었다. 노예는 농작물을 거두어들이고 포도즙과 올리브 기름을 짰으며, 황금빛 곡식을 곳간에 산더미처럼 쌓아올렸다. 향기로운 기름을 홈통을 통해 커다란 토기 항아리에 담았다. 노예는 자유인을 돕고 가장 힘든 노동을 억지로 해야 했다.

전쟁은 돈벌이가 되는 일이었다. 전쟁은 노예를 가져다 주었고, 노예는 재산을 늘려주었기 때문이다.

그래서 자유인은 전쟁하러 나갔고 노예는 뒤에 앉아 가축을 돌보고 밭을 갈았다.

전쟁은 점점 사람들을 바쁘게 만들었다. 공격하는 칼과 창 그리고 전차가 있어야 했다. 그들은 전차에 말을 매어 전쟁터를 돌아다녔다.

그러나 공격과 방어는 분리될 수 없다. 적의 칼과 창으로부터 자신을 지키기 위해 병사들은 머리에 투구를 쓰고 왼손에 방패를 들었다. 고향의 공동체 부락을, 크고 단단한 돌담으로 둘러쌌다.

씨족이 풍요해지고 강해질수록 그만큼 수비도 튼튼하지 않으면 안 되었다. 그만큼 지켜야 할 것이 많아졌기 때문이다. 높은 언덕 위에 당당한 성(城)이 나타났다. 이 성에는 수십 개의 방과 창고가 있었고, 성벽에는 병기 창고와 묵직한 문이 달려 있었다.

어떻게 하여 움집이 집이 되고 집이 도시로 되었을까

소련 역사가 톨스토프 박사는 중앙아시아의 사막 속에서 몇 개의 성(城)을 발견했다. 그는 《고대 호레즘》이라는 저서 속에서 이에 관해 말하고 있다.

그것은 성이라기보다 하나의 도시에 필적할 만한 규모를 갖고 있었다. 길이가 몇 킬로미터에 달하는 높은 토벽이 텅 빈 대광장을 빙 둘러싸고 있었다. 공동체 사람들은 이 성 안에 있는, 천장에 작은 창문을 낸 터널 같은 복도에서 살고 있었다.

왜 수천 명의 사람들이 이런 불편하고 어두운 복도에서 살면서 한가운데 넓은 광장을 비워두고 있었을까? 언뜻 보아서는 이해가 되지 않을지도 모른다.

 톨스토프 박사는 아주 간단히 이것을 설명하고 있다. 호레즘은 암 다리강 하류의 오아시스에 있는데, 고대 호레즘 사람들의 주된 재산은 가축이었다. 사각형의 저 광장은 무수한 가축 떼의 우리였으며, 발사구(發射口)와 망루가 있는 벽이 이 재산을 적으로부터 지켜주고 있었다.

 적이 습격해오면 성의 주민들은 모두가 벽의 발사구에 몰려들어 적에게 화살을 퍼부어댔다.

 그러나 그들이 공동으로 지키는 재산은 이미 공동의 재산이 아니었다. 여기에 사는 사람은 모두 일족이었지만, 양, 소, 말 등을 많이 갖고 있는 일가가 있는가 하면 그렇지 못한 일가도 있었다.

 이 무렵에 이미 '재산가'라는 말이 있었다는 것을 옛 전설이 이야기해주고 있다. 그저 단순히 '재산가'라 하지 않고 '양의 재산가'라든지, '말의 재산가'라는 말들을 사용하고 있었다.

 새로이 다른 성을 공격할 때마다 가축들의 수는 불어갔고 재산가와 빈자(貧者)의 거리는 그만큼 벌어져만 갔다.

 톨스토프 박사 일행은 다시 사막 속에서 훨씬 오래 된 시대의 성이나 시성(市城)을 발굴했다.

 그것은 몇 년 동안이나 계속된 고된 작업이었다. 먼 옛날에 사라져버린 세계의 흔적을 찾아서 소련 학자들은 낙타의 등, 배, 자동차, 비행기를 타고 돌아다녔다. 낙타의 등이나 야트막한 언덕에서는 온통 하얀 소금으로 뒤덮인 황무지만 보일 때도 있었다. 그런데 비행기를 타고 높이 올라가보면 눈 아래에서 커다란 공동체의 집들, 거리, 벽의 평면도가 또렷이 펼쳐져 있었다.

이렇게 발견한 집이나 도시를 조사해본 학자들은 원시 공동체로부터 노예 소유제로 옮아가면서 변화한 형태를 마치 책을 읽듯이 이해할 수 있었다.

거기에는 중앙아시아의 카라 칼파크 자치공화국에서 발견한 쟌바스 카라의 유적이 있었다. 그것은 오랜 옛날 어부의 움집이었다. 거기에는 가난한 자가 없었다. 모두 한결같이 가난했기 때문에 부뚜막도 똑같았고, 사람들도 모두 평등했다. 집은 전혀 방비 태세가 되어 있지 않았다. 지켜야 할 재산이 없었기 때문이다.

역시 쟌바스 카라에서 가까운, 이 마을로부터 조금 떨어진 곳에서 학자들은 흙으로 만든 연립 주택식의 집터를 발견했다. 길이 30미터 정도 되는 두 개의 복도에는 쇠사슬같이 부뚜막이 나란히 있었다.

이 집 역시 아직 방비 태세가 되어 있지 않았다.

그로부터 몇백 년이 지났다. 몇 채의 길다란 집이 가운데 빈 터를 둘러싸고 서로 붙어 있다.

큐제리 그일의 가축 우리가 있는 집도 그러하다. 단 여기에는 망루가 있고 벽에는 발사구가 있다. 사람들은 적의 공격으로부터 가축을 지키고 있다. 그런가 하면 스스로 이웃 마을을 습격하여 재산을 빼앗는 것을 꺼리지 않고 있다. 여기에는 또한 부유한 일가가 있는가 하면 가난한 일가도 있다. 그러나 이것을 학자가 눈으로 본 것은 아니다. 각 나라에 살고 있는 여러 민족의 풍습을 연구하여 그러한 불평등을 유추해낸 것이다.

다음 단계로 쟌바스 카라의 성벽 안의 사각형에 있는 광장에 많은 방이 딸린 커다란 공동 주택이 두 채 서 있다. 두 채의 공동 주택 사이에 하나의 길이 '불의 집'으로 통하고 있다. 어부의 움집 안에서 불멸의 불이 타오르고 있고 부뚜막은 여기에서 신전으로 변해 있다.

성에는 이미 하나의 씨족이 아니라 몇 개의 씨족으로 구성된 두 집단이 살고 있다. 한 집단이 하나의 공동 주택을 차지하고 있다. 주민의 본업은 목축이 아니라 농업이기 때문에 여기에는 가축 우리가 없다. 성의 주위에는 관개 수로 몇 개로 구분지어져 있는 밭이 있다. 성은 이 밭과 도랑을 유목민으로부터 지키고 있다.

이로부터 훨씬 뒤의 단계가 옛 호레즘의 수도 토프라크 카라의 성이다. 여기에는 이제 두 채가 아니라 열 채 남짓의 공동 주택이 있었다.

탑도 몇 개 있고, 두텁고 높은 벽이 사방에서 도시를 둘러싸고 있었다. 손님이 와도 문에서 바로 도시로 들어갈 수 없게 되어 있다. 입구로부터 도시 변두리까지 중앙 도로가 직선으로 나 있다. 그 양쪽엔 몇백 개의 방이 있는 대씨족의 공동 주택이 죽 늘어서 있다. 각기 작은 마당과 탑을 갖고 있다. 중앙 도로의 끝에는 '불의 집'과 세 개의 망루가 있는 그 도시의 우두머리의 성이 있다.

지금 남아 있는 것은 진흙과 모래로 뒤덮인 폐허뿐이다. 학자들은 이 마을을 옛 모습대로 복원시키기 위해 많은 어려움을 겪지 않으면 안 되었다.

다행히도 많은 유물이 발견되어 학자들의 노고에 보답했다. 특히 세 개의 망루가 있는 성 안에서 많은 재미있는 것들이 발견되었다. 드넓은 방의 벽에는 뛰어난 명공(名工)들의 손으로 그려진 벽화의 조각들이 남아 있었다. 마치 과거가 살아 숨쉬는 듯했다. 하프를 퉁기는 처녀, 바구니를 머리에 이고 포도를 따고 있는 소녀, 검은 외투를 입은 남자, 몇 마리의 호랑이, 말, 꿩 등. 대단히 훌륭하게 만들어진 조상(彫像)들도 발견되었다.

이렇게 성 안의 성주는 다른 주민보다 호화롭게 살고 있었던 것이다.

성 자체만 하더라도 다른 집들 위에 당당히 우뚝 솟아 있어, 이미 그 형태만으로도 도시민 따위는 별게 아니라고 과시하고 있는 듯하다.

여기에서 호레즘 왕이 그 가족과 무수한 노예를 거느리고 살고 있었다. 그는 이 도시와 전국의 군주였다.

이것은 이제 진짜 국가이다. 도시의 주인, 족 군주는 군대를 거느리고 있었다. 이 군대가 노예와 빈민을 군주에게 복종시키고, 재산 있는 명사(名士) 일족의 재산을 지키고, 관개 수로를 파도록 지시했다. 커다란 관개 수로를 만드는 데엔 노예와 노동이 필요했다. 성 하나뿐이 아니라 많은 성과 대군대가 호레즘의 밭, 관개 수로, 무방비의 농가를 지키고 있었다.

이렇게 학자들은 몇천 년의 세월을 여행하면서 확실히 볼 수 있었다. 어떻게 해서 움집이 집으로 되었고, 집이 도시로 변했으며, 또 어떻게 서로 평등한 사람들의 공동체가 노예 소유제 국가로 변해왔는가를.
  고고학자들은 커다란 성을, 중앙아시아뿐만 아니라 애써 모은 재산을 적으로부터 지켜야 했던 사람들이 살고 있던 다른 장소에서도 많이 발견했다.

성의 포위

  성벽에서는 멀리까지 볼 수 있다. 벌판 저쪽이나 흙먼지가 일고 햇빛을 받아 반짝거리는 창이 눈에 띄면 재빨리 싸울 준비를 한다. 농부는 서둘러 소를 몰고 목부는 가축 떼를 몰아댄다. 마지막 사람이 성문 안으로 들어서자 성문이 굳게 닫혔다.
  적이 가까이 오면 화살을 빗발처럼 쏘아대려고 전사들은 성벽 위의 보루 뒤에 숨어 만반의 준비를 하고 기다리고 있다.
  성 가까이까지 온 공격군은 성 주위에 천막을 친다. 성을 쉽사리 함락시킬 수 없다는 것을 잘 알고 있기 때문이다. 높은 성벽을 무너뜨리려면 한 달을 가지고도 부족할 것이다. 매일 아침, 성문이 삐걱 소리를 내면서 열린다. 넓은 벌판에서 전쟁의 운명을 정하기 위해, 창을 옆에 끼고 문으로부터 한 떼의 전사들이 뛰어나온다. 말 꼬리털로 장식된 번쩍거리는 적의 투구를 향해 소리를 지르며 칼을 휘두른다. 온 힘을 다하여 목숨을 걸고 싸운다.
  자기의 씨족 일가와 가족을 지키려는 마음이 수비대를 분발시킨다. 곧 손에 들어올 보물이 공격군을 필사적으로 만든다. 완전히 날이 저물면 살아남은 수비대의 전사들은 성 안으로 물러나고, 싸움은 다음날 새벽까지 중단된다.

여러 날이 지난다. 수비대는 공격군과 용감하게 싸운다. 그러나 적의 칼과 화살보다도 무서운 것은 굶주림이다.

곳간 안의 곡식이 다 떨어지고 커다란 토기 항아리에서 흘러나오던 기름마저 다 떨어지게 되면 성 안에서 울음소리가 들리기 시작한다. 아이들은 배가 고파 아우성치고, 여자들 역시 남모르게 눈물을 흘린다.

출격을 거듭할 때마다 수

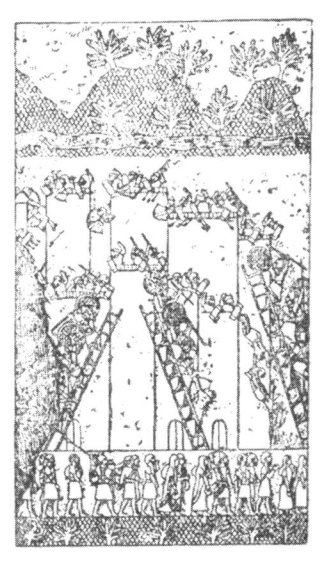

성을 포위한 앗시리아인. 아래는 포로를 끌고 있는 장면

비대 전사의 수는 자꾸만 줄어든다. 그리하여 마침내 최후의 날이 오고 적군이 성 안으로 쏟아져 들어온다. 깃발을 높이 휘날리던 성벽도 지금은 흔적이 없다. 사람들이 살고 일하고 마시고 놀던 자리엔 깨어진 기왓장과 자갈 그리고 전사들의 주검만 산처럼 쌓여 있을 뿐이다. 자유인을 노예로 삼기 위해 승리자는 어른들과 아이들을 끌고 간다.

죽은 사람이 살아 있었을 때의 이야기를 하다

소련의 남쪽 지방엔 끝없이 넓게 펼쳐진 초원이 있다. 그곳엔 커다란 고분이 지평선 끝까지 나란히 이어져 있는 곳이 있다. 주민 가운데 어느 한 사람도, 어째서 이 평지 한 가운데에 이러한 무덤들이 생기게 되었는지, 도대체 왜 이러한 것들을 쌓아올렸는지를 알고 있는 사람은 없다.

그러나 끈질기게 따져물으면, 이럭저럭 백 살은 되었을 할아버지가 이렇게 답할지도 모른다. 그것은 '마마이'들 또는 '마마이의 딸'들의 묘라고. 마마이란 금장한국(金張汗國: 13~16세기 남아시아에 융성했던 몽골 왕족) 왕의 이름으로, 그 자손들도 역시 마마이라고 불리고 있다. 다음으로 이것이 몇 대째의 '마마이'며, 언제부터 여기서 살고 있었는가 하고 물어보면, 할아버지는 더 이상 설명하지 못할 것이다.

그 대신 할아버지는 언젠가 지주(地主)가 몇 년에 걸쳐 고분을 발굴했던 이야기를 꺼낼 것이다. '풀을 베고' 보물을 찾았지만 결국 아무것도 발견하지 못했고, 그러한 가운데 혁명이 일어나 '주민이 지주를 몰아내' 보물 찾는 일도 끝나고 말았다.

할아버지에게서도 더 이상의 대답을 기대하기는 어렵다고 생각되면 고분을 발굴하고 있는 고고학자에게 물어보는 것이 좋다.

할아버지는 자기가 살았던 동안에 일어난 일들을 기억하고 있지만 고고학자라면 자기가 태어나기 몇 대 전의 일들, 몇 세기 전의 일들을 알고 있다.

고분. 이것은 옛날 무덤을 말한다. 언젠가 벌판에서 살고 있었던 사람들을 묻은 곳이다.

고분을 발굴하면 그 가장 깊은 곳에서 사람들의 해골과 그 곁에 놓인 여러 가지 물건을 발견한다. 토기 항아리, 석기 혹은 청동기, 몇 개의 말뼈. 이것은 죽은 사람에게 선사된 먼

돌멘(거석으로 만든 고대의 무덤)

여행길에 들고 가는 여행짐 같은 것이다.

사람은 죽은 다음에도 먹고 일하지 않으면 안 된다. 따라서 여자 영혼에게는 물레의 가락을, 남자 영혼에게는 창이 필요하다고 사람들은 믿고 있었다.

먼 옛날의 무덤은 어느 것이나 다 비슷했다. 죽은 사람의 소지품을 그의 주검과 함께 묻었다.

그러나 그 무렵 사람들의 소지품은 그다지 많지 않았다. 무엇을 '자기' 것이라고 할 수 있었을까? 기껏 해야 목에 걸고 있었던 부적이나 적을 무찌르는 데 쓰인 창 정도였다.

집에 있는 것은 모두 공동 소유였다. 씨족 전체가 공동으로 생활하고 있었기 때문이다. 따라서 가장 오래 된 무덤에는 부자의 무덤도 없고 가난한 사람의 무덤도 없다. 사자(死者)는 모두 평등했다.

좀 지난 뒤에야 가난한 자와 부유한 자의 차이가 나타난다. 돈 강 연안의 에리사베트프스카야라는 코사크 마을 부근에서 세 가지 계급이 있는 고분이 발견됐다. 부자의 무덤, 중

산층의 무덤, 아주 가난한 사람의 무덤.

제일 큰 고분은 한가운데가 아주 넓었고, 그 안에는 고운 그림 무늬가 있는 항아리, 금빛 나는 갑옷 그리고 호화로운 칼이 많이 들어 있었다.

그보다 작은 무덤 속에는 금빛 나는 물건이나 그림 무늬가 있는 항아리는 전혀 없었다. 그렇다 하더라도 이것은 아직 가난한 사람의 묘라고 할 수 없다. 그도 그럴 것이 죽은 사람이 가난했다면 옻칠 한 작은 접시와 금속판으로 정교하게 만든 갑옷 등이 묘 안에 들어 있을 리가 없기 때문이다.

그 묘지에 제일 많이 있는 것은 아주 조그만 흙무덤이다. 이것이 바로 가난한 사람들의 묘다. 비좁은 구멍 안에는 사자의 오른손에 창 한 자루, 왼손에 항아리 한 개가 놓여 있다. 목이 마를 때는 이것으로 물을 마시라는 뜻이리라. 가난한 사람은 죽어서 무덤에 들어가서도 역시 가난한 사람인 것이다.

"무덤처럼 말이 없다"는 비유가 있다. 그러나 이들 묘는 정말 말이 없는 것일까? 이 세상에 처음으로 부자와 가난한 사람이 나타난 그 시대에 관해서 그것들은 아무것도 이야기하지 않는 것일까? 아니다. 죽은 사람들은 살아 있었던 때의 이야기를 우리들에게 해주고 있다.

무덤을 떠나 고분 근처에 있는 부락의 폐허를 찾으면, 거기서도 우리들은 옛날의 부자 그리고 빈자의 흔적을 보게 될 것이다. 학자들은 부락에 두 개의 울타리가 있었음을 발견했다. 한 울타리는 부락을 바깥에서 둘러싸고, 다른 한 울타리는 강가에 있는 중심부를 둥글게 둘러싸고 있었다. 이 중심부에서는 그리스나 그 밖의 먼 나라에서 수입한 값비싼 기물(器物)이나 항아리의 조각이 많이 발견되었다. 그러나 두 울타리 사이의 구역(區域)에는 그러한 조각은 거의 없었다. 지방에서 흔히 볼 수 있는 항아리류의 조각만이 굴러다니고 있을 뿐이었다. 중앙에 살고 있었던 사람들이 주변에 살고 있었던 사람들보다 부자였음을 알 수 있다. 그들은 값비싼 접시도 찻잔도 무엇이든 사들일 수 있었다.

그 후 그들의 묘위에 흙을 쌓아올려 큰 무덤을 만들었다. 그러면 멀리서도 잘 보였다.

이처럼 무덤은 거기에 묻혀 있는 사람들에 관해서 이야기하고 있다. 때로는 무서운 일을 이야기할 때도 있다. 주인을 모시라고 억지로 죽인 노예에 관해서, 남편 뒤를 따르라고 억지로 생매장된 여자들에 관해서 무덤은 이야기하고 있다. 무덤은 어떤 책보다도 확실하게 부유한 씨족의 우두머리인 가장(家長)의 무자비한 권력 행사에 관해서 이야기하고 있다. 씨족의 우두머리는 자신이 죽으면 아내와 노예들을 함께 무덤 속으로 끌어들였다. 왜냐하면 청동이나 금으로 만든 귀중품과 똑같이 그들은 가장의 소유물이었기 때문이다.

인간이 새로운 금속을 만들다

어두운 무덤 속에서, 부락의 폐허 아래에서 몇천 년 동안 잠자고 있던 귀중품들은 현재 박물관에 보존되어 있다. 그 긴 세월 동안 사람들의 눈에 띄지 않고 있던 것들이 지금 진열됨으로써 누구나 자기의 눈으로 먼 과거를 볼 수 있게 되었다.

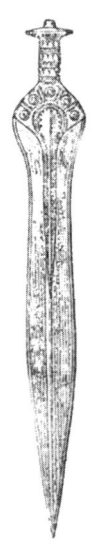

고대의 청동검

박물관을 찾은 사람들은 진열장 앞에 서서 황금자루가 달린 검, 정교한 금고리, 금송아지, 또는 사슴 모양의 은그릇 등을 한없이 바라보고 있다.

이러한 물건 하나하나에 얼마나 많은 기술과 노동을 들여야 했을까!

가장 조잡한 청동단검 하나를 만드는 데에도 많은 날을 보내야 했다.

우선 첫째로 광석을 캐내어 손에 넣어야 한다. 천연동이 발밑에서 굴러다니던 시대는 이미 지나갔다. 동광석을 캐내기 위해서는 부싯돌의 경우와 마찬가지로 땅 속 깊이 들어가지 않으면 안 되었다. 광도 깊은 곳에서 사람들은 곡괭이를 휘둘러 광석을 파서 이것을 가죽자루에 넣어 위로 날랐다.

광석을 손쉽게 부수기 위해 갱내에서 모닥불을 피웠다. 돌이 새빨갛게 달면 여기에 물을 부었다. 물은 칙 하는 소리와 함께 증기로 변했다. 돌에 온통 금이 가고 몇 조각으로 부서졌다. 불과 물은 갱부의 곡괭이를 도왔다.

이때 수직 갱은 화산같이 되어 있었다. 화산의 분화구와 같이 갱구에서 아래쪽의 불빛을 받아 아름답게 빛나는 증기가 솟아올랐다. 오늘날 화산을 가리키는 외국어 발칸, 불칸, 볼케이노 등은 로마 신화에 나오는 대장간의 신 불카누스의 이름에서 유래한 것이다.

다음으로 이번에는 광석에서 금속을 녹여내야 하는데, 이

것 또한 대단한 숙련을
필요로 했다. 단단하고도
세공하기 쉬운 금속을 얻
기 위해 동광석에 주석
(朱錫)을 첨가했다.

광석이 녹으면 용광로
안에서 동과 주석의 합금
이 생겼다. 이것은 이미

청동 용기

단순한 구리가 아니었다. 이것은 새로운 성질을 지닌 새로운
금속, 인간의 손으로 만들어낸 새로운 금속, 즉 청동이었다.

옛날 석기 시대에는, 인간은 다른 사람의 일을 쉽게 바꾸
어 할 수 있었다. 솜씨를 연마하는 일도 그렇게 어렵지 않았
다. 수렵 부족의 남자는 모두 사냥꾼이었고, 더구나 각자 스
스로 활이나 화살을 만들 수 있었다. 그러나 부드러운 나무
를 활 모양으로 구부려 그 양끝에 활시위를 매는 일과 광석
덩어리를 반짝반짝 빛나는 청동검으로 바꾸는 일을 똑같이
생각할 수는 없다.

사람들은 몇 년씩 걸려서 병기 만드는 기술을 배웠다. 아
들은 아버지에게서 배웠다. 기술은 씨족의 재산이요 그 대대
의 부(富)로 되었다. 때로는 부락 전원이 도공 또는 병기공
혹은 동공(銅工)인 경우도 있었다. 그러면 그 명성이 멀리까
지 퍼져갔다.

자기의 것과 남의 것

처음에는 어느 장인(匠人)도 단지 자기의 공동체를 위해

서, 자기의 부락을 위해서라 생각하고 일을 했다.
 그런데 점차 병기공이든 도공이든 자신의 제품을 곡물, 직물, 등 다른 장인이 만든 여러 가지 물건과 교환하는 일이 빈번해졌다.
 물이 뿌려진 저 새빨갛게 단 갱 내의 광석처럼 낡은 씨족 공동체에 금이 가기 시작했다.
 이전에는 부락 안에서는 모두 평등했지만 이제는 하나의 금이 부유한 일가와 가난한 일가를 따로따로 분리시켰고, 이제 또 하나의 금이 장인과 농부를 따로 분리시켰다.
 장인이 공동체를 위해 일하고 있는 동안은 공동체가 그들의 생활을 돌보아주고 있었다. 사람들은 함께 일하고 생산물을 공동으로 분배했다.
 그런데 자기가 만든 검이나 낫을 다른 곳의 곡물이나 직물과 교환하기 시작하면서 이 장인은 애써 자기가 만든 물품으로 얻은 곡물이나 직물을 동족에게 나눠주는 것이 어리석게 여겨졌다.
 그도 그럴 것이 이 곡물이나 직물은 자기와 자기 아들들이 벌어들인 것으로 타인의 손을 빈 기억은 없기 때문이다.
 이리하여 인간은 제 것과 남의 것, 자기의 가족과 동족의 다른 가족을 구별하기 시작했다.
 사람들은 각기 따로따로 생활하기 시작했다.
 그리스의 미케네와 티린스에서 발굴된 부락의 폐허에는 이 개별화(個別化)의 흔적이 여실히 나타나 있다.
 높은 언덕 위에는 제일 부유하고 강한 일가가 삼엄하게 담을 쌓고 살고 있었다. 이 일가에는 돌담 그늘에 숨겨둔 것이 많았다. 거기에는 전종족의 부대장(部隊長)이 그의 아들들, 아들의 처자들과 함께 살고 있었다. 언덕 기슭의 평지에는 아주 가난한 사람들과 농민들이 너저분하게 살고 있었다. 주위의 언덕에는 병기공, 도공, 구리 세공사 등의 장인들의 집이 흩어져 있었다.

이 부락의 사람들은 이제 서로 평등한 인간으로서 대화하지 않았다. 부자며 권력자인 종족의 우두머리가 보이면 농민들은 먼발치에서 공손하게 머리를 숙였다. 강자에게는 신령이 붙어 있다고 농민들은 믿고 있었다.

어려서부터 신관(神官)들이 그들에게 그렇게 가르치고 그렇게 주입시키고 있었다.

농민은 장인이나 광부를 자기의 형제로 보지 않았다. 불을 뿜어내는 땅 밑에서 구리를 캐내오는 이 그을음투성이의 새까만 사람은 혹시 마법사가 아닐까? 발밑이 어찌 되어 있으며 어디에서 구리를 물어오는 것일까? 어떻게 광석을 찾아내는 것일까? 반드시 캐는 자리를 가르쳐주고, 광석을 캐서 이상한 방법으로 이것을 구리나 청동 따위로 바꾸는 것을 도와주는 자가 있을 것이다. 확실히 땅 밑에서 광석을 캐는 데는 신통력 있는 보호자가 딸려 있다. 보통 사람은 이런 것에 가까이하지 않는 편이 좋다.

그렇게 생각한 것은 그리스인들뿐만이 아니었다. 어디에서나 그런 식으로 생각하고 있었다.

마법사의 대장간 이야기는 먼 옛날부터 오늘날까지 쭉 전해져오고 있다.

그 무렵 사람들이 빈부(貧富)를 어떻게 보고 있었는가에 관한 이야기도 구전으로 오늘날까지 전해져오고 있다. 사람들은 빈부의 차이가 어떻게 해서 나타나게 되었는가를 도저히 알 수 없었다. 그래서 인간의 운명은 신의 뜻에 의한 것이라고 체념하고 있었다.

러시아에서는 부자를 '보가츠이'라고 부른다. 이것은 '보그(신)'라는 말에서 나온 것이다. 신들은 부자의 편만 들고 가난한 자에게는 가난밖에 보내지 않는다고 믿고 있었던 그 시절에 이 말이 생겨났던 것이다.

새로운 제도의 시작

인간이 지나온 길을 다시 한 번 뒤돌아보자.

훨씬 전에는 사람들 중에 부자도, 가난뱅이도, 노예도, 노예 소유자도 없었다.

허술한 움막집에서 살고 있었던 원시시대의 사냥꾼들은 누구나 한결같이 가난했다. 돌과 뼈로 만든 그들의 도구는 완전한 것이 아니었다. 맹수로부터, 굶주림과 추위로부터 사람들을 구해준 것은 그들이 함께 살고, 함께 짐승을 쫓고, 힘을 합하여 위기에서 벗어나고, 힘을 합하여 주거지로 만들었다는 것, 이것뿐이었다.

매머드든 곰이든 한 사람으로서는 이에 맞설 수 없었다.

혼자서는 화로를 만들 때 큰 돌을 나를 수 없었고 바위 차양 밑에 판석으로 벽을 세울 수도 없었다.

무엇이든 공동 소유였다. 사냥이 잘될 때는 짐승을 몰아 잡은 사냥꾼 모두에게 노인들이 포획물을 나누어주었다.

이윽고 몇천 년이 지나갔다. 움막집 대신에 집이 나타나고 돌과 뼈로 만든 도구 대신에 금속 도구가 나타났다.

맨 처음 인간들은 땅을 긁는 도구를 쟁기 삼아 땅을 갈고 있었지만, 후에 진짜 쟁기에 가까운 것을 사용하게 되었다. 사람들은 소, 말, 양을 기르고 길들였다. 대장간에서는 망치 소리가 울려퍼지기 시작했다. 도공의 녹로(轆轤)가 돌아가기 시작했다. 사람들 사이에서 노동 분화가 시작되었다. 대장장이는 이제 결코 땅을 갈지 않았다. 그는 도끼나 낫을 곡물과 바꿀 수 있었다. 농민은 양을 키우지 않아도 먹고 살 수 있었다. 곡물과 교환하여 필요한 만큼의 양털을 양치기로부터 얻을 수 있었다.

곡식, 양털, 도끼, 토기를 실은 크고 작은 배가 마을에서 마을로 노를 저어갔다. 다른 마을에서 찾아온 '손님'이 때로는 강도로 돌변했다. 교환과 약탈은 사이좋게 손을 잡고 있었다.

전에는 동족 내에서 누구도 부자가 될 수 없었다. 모두가 한결같이 가난했다.

그런데 지금은 가난뱅이의 누추한 주거지를 찍어누를 듯이 부자나 권력 있는 일족의 저택이 언덕 위에 높은 담을 둘러치고 솟아 있다. 그들의 곳간은 터질 듯이 가득 차 있다. 거기에서는 해마다 보물이 쌓이고 그것은 늘어만 간다.

부자는 자기보다 가난한 사람들을 자기에게 복종시키고 권력을 한 손에 장악했다. 가난한 사람들은 이웃의 부자에게 자주 가서 절을 하고 도움을 청하지 않으면 안 되었다. 그런데 이 도움은 커다란 빚이 되었다. 곤란할 때 빌린 곡물을 그 후 몇 년 동안 노동으로 갚지 않으면 안 되었다.

이리하여 어떤 사람이 다른 사람을 노예로 삼는 일이 시작되었다.

그러나 그러한 방법으로만 사람들을 노예로 삼은 것은 아니었다. 전쟁에서 포로로 잡은 자유인도 노예로 삼았다.

전에는 모두가 일을 했었다. 그러나 지금은 전혀 일하지 않는 사람이 있고, 채찍 아래서 일하지 않으면 안 되는 사람이 있다.

전에는 모든 것이 공유였었다. 사냥 도구도, 그 포획물도 그러나 지금은 토지, 가축 떼, 공장뿐만 아니라 일하는 노예들까지도 일체가 노예 소유자의 것이다.

전에는 하나의 공동체 속에서 사람들은 평화롭게 살면서 싸움이란 것을 모르고 살았었다. 러시아어에 '미일'이란 말이 있는데 이것은 '평화로운 생활'을 가리키기도 하고 '공동체'를 의미하기도 한다. 이 두 의미가 한 단어에 함축되었다는 것은 결코 우연이 아니다. 깊은 뜻을 엿볼 수 있지 않을까?

그런데 노예라는 것이 나타나면서부터 어느 부락, 어느 도시에서든 싸움이 시작되었다.

노예 소유자는 노예들을 깔보고, 노예들은 노예 소유자를 미워했다.

노예는 자기의 주인으로부터 도망칠 생각만 하고 있었다. 한편 주인은 자기의 재산, 살아서 말하는 자기의 도구를 잡아두는 것만 생각하고 있었다. 노예 소유제 국가는 자유인의 재산을 무력으로 지켰다. 노예들이 반란을 꾀하려 하면, 이들을 붙잡아서 엄벌에 처했다.

이리하여 낡은 원시 공동체 제도 대신에 노예 소유제라는 새로운 제도가 정착된 것이다.

7

학문의 시초

옛날 이 세상은, 인간에게는 마치 꿈속과 같은 세계였다. 그 어떤 것도 설명할 수 없었고, 그 이유를 알 수도 없었다.

손을 움직이게 하고 발을 놀리게 하는 것도, 인간을 불행하게 하고 행복하게 하는 것도 무엇인가 정체를 알 수 없는 힘의 소행이었다.

경험이 아직 적어 믿을 만한 것이 못 되었기 때문에 밤이 가면 낮이 올 것인지, 겨울이 지나면 봄이 올 것인지 인간으로서는 전혀 예상할 수 없었다.

태양이 하늘에 떠오르도록 뒤에서 밀어내기라도 할 작정으로 사람들은 주술(呪術) 의식을 행했다.

태양의 화신(化身)으로 섬김을 받고 있었던 이집트의 왕은 매일 신전 주위를 빙빙 돌았다. 그렇게 하면 태양을 평상시처럼 돌릴 수 있다고 생각하고 있었기 때문이다.

가을이 되면 이집트인은 '태양의 지팡이'라는 제사를 지냈다. 가을이 되면 태양은 눈에 띄게 약해진다. 그러므로 태양이 그 손에 든 지팡이를 높이 들고 지금까지 걷던 길을 계속 가주기를 이집트인들은 빌었던 것이다.

그러나 인간은 한결같이 공부를 계속하여 점차 세계를 알고 물질의 성질을 알게 되었다.

　원시 석수장이는 돌을 깎고 갈면서 자기의 손, 자기의 눈으로 돌의 성질을 배웠다. 석수장이는 알았다. 돌은 단단하다는 것을, 또한 세게 두드리는 돌은 깨진다는 것을, 그리고 아무리 때려도 결코 울음소리를 내지 않는다는 것을. 물론 돌에도 여러 가지가 있다. 이 돌은 아무것도 말하지 않지만, 저 돌은 손으로 잡으면 혹시 말하지 않을까? 아니, 웃을 일이 아니다. 우리들과 달리 원시인들은 실제로 그렇게 생각하고 있었던 것이다.

　원시인은 아직 원칙을 세울 수 없었다. 그러므로 그들에게 있어서 생활은 예외투성이였다. 이 세상에 똑같은 돌은 하나도 없음을 알았다. 그러자 그 성질도 역시 각각 다르지 않을까 하는 생각이 들었다. 돌로 새 쟁기를 만들 경우 될 수 있으면 옛날 것과 똑같이 만들려고 애썼다. 그렇게 하면 역시 땅을 잘 갈아줄 것이기 때문이다.

　그러한 가운데 몇백 년이 지나고 또 몇천 년이 지나갔다. 인간의 손에서 손으로 넘어간 여러 가지 모양의 많은 돌로부터 돌이라는 것 전체에 대한 개념이 형성되었다. 돌은 모두 단단하다는 것, 즉 돌은 단단한 물질이다라는 것이다. 또 말하는 돌은 하나도 없다는 것, 즉 돌은 말하지 않는 것도 있다.

　이리하여 학문의 최초의 싹인 물질에 대한 개념이 나타났다.

　부싯돌은 단단한 돌이다라고 석수장이가 말하면, 그것은 이제 지금 손에 갖고 있는 부싯돌뿐만 아니라 부싯돌 전체에 대해 말하고 있는 것이다.

요컨대 그는 이제 무엇인가 자연의 법칙, 세계에 존재하고 있는 무엇인가의 규칙을 알고 있는 것이 된다.

"겨울이 오면 봄은 멀지 않다." 우리들은 이러한 말에는 조금도 놀라지 않는다. 그도 그럴 것이 겨울 다음에 오는 것이 가을이 아니라 봄이라는 것은 너무도 당연한 일이기 때문이다. 그러나 우리들의 조상에게 있어서는, 사계절의 변천은 최초의 학문상의 발견 중 하나였다. 그것은 오랜 관찰의 결과 겨우 알게 된 것이었다. 겨울과 여름이 제멋대로 자리를 바꾸지 않는다는 것, 겨울의 다음에는 반드시 봄이, 봄 다음에는 반드시 여름 그리고 가을이 온다는 것, 이것을 알게 되었을 때 사람들은 비로소 일 년이라는 것을 헤아릴 수 있게 되었던 것이다.

이집트인들은 나일 강의 물이 넘치는 것을 관찰하여 그것을 발견하였다. 한 번 넘치고 다음에 또 넘칠 때까지의 기간을 일 년으로 계산했다.

강의 관찰은 신관의 임무였다. 강을 신이라고 사람들은 믿고 있었기 때문이다. 지금도 강가에 있는 이집트 신전의 벽에는 신관이 강물의 양을 표시한 선의 흔적이 남아 있다.

칠월의 태양열 때문에 밭에 금이 가면 농민들은 나일 강의 누런 진흙탕물이 언제 도랑으로 흘러 들어올 것인가 하고 목을 빼고 기다렸다. 정말로 물이 흘러 들어올까? 만약 신들이 인간에게 화를 내어 물을 보내주지 않으면 어떻게 할 것인가?

신전에 여기저기서 보낸 공물이 도착했다. 농민들은 이제 이것뿐이요 하면서 한 주먹의 곡물을 가지고 와서 신관들에게 바치고 이제 조금 마음을 풀고 신들께 기도해달라고 조심

태양에 공물을 바치고 있는 이집트 왕

스럽게 부탁했다.

매일 아침 날이 밝아 올 무렵, 신관들은 강 쪽으로 내려가서 물이 올 것인지 어떤지를 예측했다. 매일 밤 그들은 신전의 평평한 지붕 위에 올라가 꿇어앉아 먼 하늘의 별들을 우러러 보았다. 그들에 있어서 밤하늘은 달력이었다.

이리하여 이윽고 신관들은 고마운 듯이 선언했다. "신은 기도를 받아들이셨다. 세 밤이 지나면 물이 밭을 적실 것이다."

한 발 한 발 인간은 자기 자신으로부터 새로운 세계로 천천히 걸어 들어간다. 그것은 꿈속의 세계가 아니라 지식의 세계였다. 신전의 지붕은 최초의 천문대였다. 도공과 대장장이의 일터는 실험을 위한 최초의 연구실이었다.

사람들은 관찰하는 것, 계산하는 것, 결론짓는 것을 배웠다.

이 고대의 학문은 오늘날 우리들의 학문과는 상당히 동떨어진 것이었다. 그것은 아직 다분히 저 마술과 비슷했다. 마술에서 벗어나는 것은 그렇게 쉬운 일이 아니었다. 사람들은 별들을 관찰했을 뿐만 아니라 별을 보고 점도 쳤다. 하늘과 땅을 연구하면서 한편으로는 하늘과 땅의 신들을 숭배했다. 그렇더라도 안개는 조금씩 걷히고 있었다.

신들이 올림포스로 떠나다

꿈과 같던 세계의 안개 속에서 사물의 실제적인 윤곽이 점차 사람들 눈앞에 떠오르고 있었다.

옛날 원시인들은 어디에든 영혼이 있다고 믿고 있었다. 돌에도, 나무에도, 동물에도.

하지만 이런 신앙에도 이윽고 종말이 왔다.

인간은 동물에게도 영혼이 있다는 생각을 버렸다.

영혼을 가진 동물 대신 이번에는 숲 속에 사는 숲의 신이 있다는 생각이 나타났다.

농부들은 곡식에 영혼이 있다는 믿음을 버렸다. 그들의 마음 속에는 이제 이삭을 여물게 하는 풍작(豊作)의 여신이 곡식과 함께 자리하게 되었다.

그때까지의 만물의 영혼을 대신하게 된 이들 신은 이제 사람들 사이에서는 살지 않았다. 지식은 점차로 신들을 인간의 거주지에서 밀어내갔다. 그리하여 신들은 대낮에도 어둡고 신성한 숲 속이라든지, 나무가 울창한 산꼭대기라든지 아직 사람의 흔적이 없는 곳으로 주거지를 옮기지 않으면 안 되었다.

그런데 그러한 곳에까지 인간은 찾아 들어갔다. 지식은 밀림에 빛을 비추고 산에 드리워져 있던 안개를 날려버렸다.

신들은 새로운 은신처에서도 쫓겨나게 되자 이번에는 하늘로 올라가고, 바다 속으로 내려가고, 지하 왕국으로 기어 들어갈 수밖에 없었다.

사람들 사이에서 신의 그림자는 점차 멀어져갔다. 전쟁, 성의 포위에 가담하기 위해 신들이 지상으로 내려왔다는 그

출전하는 대장에게 계략을 가르쳐 주고 있는 여신 아테나

러한 전설이 입에서 입으로 구전됐다.

칼과 창으로 무장하고 신들은 사람들의 싸움에 끼어들었다. 최후의 순간이 되면 신들은 대장을 검은 구름으로 숨겨 주고 번개를 쳐서 적을 패배시켰다. 그러나 이것은 멀고 먼 옛날의 이야기가 되었다. 이렇게 신들을 가까운 곳에서 먼 곳으로 물리치고, 현재에서 과거로, 이 세상에서 '저 세상'으로 쫓아버리면서 인간의 경험은 점차 크게 넓어지고 차츰 주위를 빛으로 밝혀갔다.

이제 신들을 상대하기가 어려워지게 되었다. 전에는 누구나 기적을 행할 수 있었고, 마법 의식을 행할 수 있었다. 실로 이것은 아주 간단한 의식이었다. 예컨대 비를 부르기 위해서는 입에 물을 머금고 춤을 추면서 이것을 뿜으면 되었다. 구름을 쫓아버리기 위해서는 지붕 위에 올라가 바람이 불듯이 숨을 내쉬면 되었다.

이제 인간은 이러한 방법으로는 비도 못 부르고 구름도 쫓지 못함을 알고 있었다. 그러한 주술로는 신들이 그처럼 쉽게 응하지 않는다는 것이 확실해졌다. 그리하여 보통 사람과 신들 사이에 신관(神官)이 서게 되었다. 신관이라면 복잡한 의식도 알고 있으며 무엇인가 이상한 주문도 욀 수 있었다.

지금까지 마법사는 사냥춤의 지휘자일 뿐이었다. 특별히 동족의 다른 사람들보다 사물의 영혼이나 신에 가까운 인물이라고 생각지 않았었다.

신관이 되면 말부터 달라져간다. 그는 신들이 가득 차 있는 숲에 살면서 신들과 이웃처럼 사귀고 있다. 그는 신전 지붕 위에 올라가 별들을 책 삼아 신들의 마음을 읽는다. 이 별이라는 책을 읽을 수 있는 것은 그밖에 없다. 전쟁 전에는 동물의 내장을 조사하여 승부를 점친다. 신관은 사람들과 신들 사이를 맺어주는 중개인이 된다.

신들은 점점 보통 사람들로부터 멀어져간다. 신들이 모든 사람을 평등하게 대하던 시대는 지나갔다. 자신을 둘러보고 자신의 생활을 돌아보고, 사람들은 이제 전과 같은 평등은 없다는 것을 깨닫는다.

"이것은 당연한 일이다"라고 신관들은 설교한다. "인간은 일체를 신들께 맡겨야 한다. 왕이나 우두머리가 백성을 지배하는 것과 마찬가지로 신들은 세계를 지배하고 있기 때문이다."

하지만 이러한 설교를 누구나 고맙게 듣지는 않았다. 그중에는, 신들의 뜻에 고개를 숙이는 것은 어리석은 것이라고 생각하는 사람들도 있었다.

이윽고 그리스의 시인이 이렇게 노래할 때가 온다.

제우스의 정의는 어디에 있는 것일까?

착한 자는 고통받고 악한 자는 번영하고 있다.
아이들은 어버이의 죄로 벌을 받는다.
사람들 속에 있는 단 하나의 신,
희망의 신께 비는 수밖에 없다.
다른 신들은 모두 올림포스로 가버렸다.

세계의 확대

원시인들은 진실과 꿈 이야기, 지식과 미신을 구별할 수 없었다.

우유에서 크림을 분리하듯이 미신으로부터 지식을 분리하는 데는 몇천만 년, 몇만 년의 세월이 필요했다.

오늘날까지 전해져온 노래나 이야기 속에서 종족과 우두머리들의 역사로부터 신들과 영웅들의 꿈 이야기를, 실제의 지리로부터 날조된 지리를, 별들에 관한 최초의 지식으로부터 고대의 전설을 분리시키기란 어려운 일이다.

그리스인들은 《일리아드》와 《오디세이》 속에다 가장 오래된 노래와 이야기를 써서 남기고 있는데, 그것은 그리스인들이 어떻게 트로이 성을 포위하여 쳐부수었는가, 그리스의 한 종족의 우두머리인 오디세이가 그 후 자기의 고향 이타카에 겨우 도착하기까지 얼마나 오랫동안 돌아다녔는가를 노래한 것이다. 트로이의 성벽 아래서 신들은 사람들과 어울려 싸웠다. 일부는 공격측에서 다른 신들은 수비측에 가담하여 바야흐로 신들이 사랑하는 주인공의 목숨이 위험해지면, 신들은 그를 끌어 안전한 장소로 옮겨놓는다. 신들은 올림포스 정상에서 만나 전쟁을 계속할 것인가, 적대하는 사람들을 화해시킬 것인가에 대하여 의논한다.

이 이야기에는 진실과 엉터리가 뒤섞여 있다. 어디까지가 역사고 어디까지가 꾸며낸 이야기인가? 트로이의 성벽 아래서 실제로 그리스인들이 싸운 일이 있는가 없는가? 그보다도 이 트로이 성이라는 것이 실제 있었는가 없었는가?

이에 대해서는 학자들 간에 여러 의견이 있었지만, 결국 고고학자 샤벨이 일체의 의문을 해결했다. 그는 《일리아드》에서 가리키는 대로 소아시아로 떠나 《일리아드》의 내용과 일치하는 장소에서 정확하게 트로이의 유적을 발굴해냈다.

《오디세이》의 이야기도 엉터리만은 아님을 알게 되었다. 이번에는 지리학자가 이것을 증명해냈다. 그는 지도대로 오디세이가 지나갔던 길을 찾아갈 수 있었다. 누구라도 지도를 펴면 로토스(망우나무의 열매)를 먹고 사는 사람들의 나라 로토파고이도, 아이오로스 섬도, 또 오디세이의 배가 다다랐을 때 난파될 뻔했던 스킬라의 절벽과 무서운 카뤼브데스의 소용돌이까지도 발견하게 될 것이다. 로토파고이는 아프리카의 트리폴리 해안, 아이오로스 섬은 지금의 리파리 제도, 또한 스킬라와 카뤼브데스는 시실리 섬과 이탈리아 본토 사이의 해협이다.

오디세이의 배

이와 같이 《오디세이》는 모두 허구로 이루어진 것만은 아니다. 그러나 《오디세이》를 믿고 고대 세계의 지리를 연구하려 한다면 당신은 엄청난 실수를 저지르게 될 것이다.

이 최초의 여행기 가운데서 지리는 꿈 이야기의 옷을 입고 있다. 산들은 괴물로 변해 있고, 각 섬에 살고 있는 미개인은 사람을 잡아먹는 눈이 하나뿐인 도깨비로 변해 있다. 그 무렵의 사람들은 자기가 살고 있는 고향 땅밖에 몰랐다. 상인들은 배를 띄워도 멀리까지 나가지는 않았다. 육지가 보이지 않는 바다에 나가는 것을 두려워했다. 그 무렵에는 아직 나침반도 해도(海圖)도 없어서 태양이나 별들을 보고 주먹구구식으로 항로를 찾지 않으면 안 되었기 때문이다. 눈에 띄는 섬의 바위라든지 해안의 높은 나무가 등대 구실을 하고 있었다.

바다는 무수한 위험을 감추고 있었다. 폭이 넓은 사발형의 배는 작은 파도에도 흔들렸다. 서툴게 만든 돛은 손으로 다루기에 벅찼다. 바람은 인간의 말을 듣지 않고 배를 나뭇잎처럼 가지고 놀았다.

그러한 가운데 배는 이럭저럭 바닷가에 닿았다. 피로에 지친 뱃사공들은 배를 모래사장으로 끌어올렸다. 이리하여 육지에 올랐을 때야 비로소 뱃사람들은 한숨을 돌렸다. 그러나 그들은 마음을 놓을 수 없었다. 낯선 땅은 바다보다도 더 무서웠다. 다른 뱃사람들로부터 얘기 들었던 식인종이 눈앞에 어른어른했다. 보지 못했던 짐승을 보면 그것이 곧 괴물처럼 보였다. 뱃사람들은 도저히 육지 깊숙이 들어갈 엄두가 나지 않았다.

그렇지만 새로운 여행을 떠날 때마다 세계는 그만큼 넓어져갔다. 미지의 나라, 꿈과 이야기 속의 나라의 경계선은 점차 멀어져갔다. 또한 뱃사람들 중 매우 용감한 무리들은 바다의 문까지 배를 몰고 나갔다. 이 문을 나서면 저쪽은 태양이다. 그것은 마치 우주처럼 끝이 없는 듯이 보였다. 무사히 돌아오면 그들은 세계의 끝까지 갔다 왔다. 육지는 사방이 대양으로 둘러싸여 있다고 이야기했다.

몇천 년이 지나갔다. 사람들은 유럽에서 인도로, 중국에서 유럽으로 항해했다. 뱃사람들은 대양을 가로질러 저쪽에 인간이 살고 있는 땅을 발견했다.

그러나 아직도 꽤 오랫동안 꿈 이야기는 지구에 관한 학문의 길동무가 되고 있었을 것이다.

아메리카를 발견한 저 콜럼버스조차 천국으로 통하는 높은 산이 어디엔가 있을 것이라고 믿고 있었다. 그 천국 가까이 가서 그 근방을 탐험하고 싶다고 그는 스페인 여왕에게 편지를 써 보냈다.

러시아에서는 15세기가 되었는데도 아직 우랄 산맥 속에는 곰처럼 동면하는 사람들이 살고 있다고 믿고 있었다. 《동쪽나라의 이상한 사람들》이라는 오래된 수기가 오늘날까지 전해져오고 있는데, 이 수기는 입이 머리 꼭대기에 붙어 있는 사람에 관해서, 가슴에 눈이 달리고 머리가 없는 사람에 관해서 자세히 이야기하고 있다.

지금의 우리들에게 이런 이야기는 우스꽝스럽게 느껴진다. 그러나 우리들 시대에서도 공상소설 작가들은, 여러 가지 괴물들이 살고 있는, 인간이 아직 가보지 않은 세계를 그리고 있다.

우리가 살고 있는 이 지구의 일들은 이제 잘 연구되어 있다. 그리하여 작가들은 그들의 주인공을 지구 내부로, 달로, 화성으로 보내기도 하는 것이다.

최초의 가수에 대하여

세기(世紀)를 거듭할 때마다 사람들의 생활에서는 이상한 일, 이해할 수 없는 일들이 점차로 줄어들었다. 공인(工人)은 점점 자신의 솜씨, 자신의 눈을 믿고 주술 같은 것에는 거의 의존하지 않게 되었다. 해가 떠오르면 골짜기에서 안개가 흩어져가듯이 마술은 서서히 생활에서 사라져갔다.

계속하여 마술이 세력을 떨치고 있었던 것은 의식과 춤, 노래 속에서였다. 그러나 거기에서도 마술은 자각한 이성에 의해 용서 없이 추방되었다.

마법의 춤과 노래에서 마술이 제거되고, 단지 춤과 노래만이 남게 되었다. 사람들에게 과일을 베풀어주는 디오니소스를 기리어 그리스 농민들은 제사를 지냈는데, 그것은 처음에는 감사제에 다름 아니었다. 그들은 디오니소스의 죽음과 부활의 노래를 합창했다. 노래에는 겨울의 죽음의 잠에서 다시 한 번 자연이 부활하여 사람들에게 곡물, 과일, 술을 베풀어주도록 주선해달라는 기원이 들어 있었다.

짐승의 가면을 쓰고 마을의 제단 주위를 춤추며 돌았다.

선창자가 디오니소스의 수난을 노래하면, 합창단은 후렴을 이어받았다. 이 고대의 의식은 이제 연극과 다름없었다. 선창자도, 가면을 쓴 무리도 이미 장래의 배우에 못지않았

디오니소스를 칭송하는 춤

다. 선창자는 신의 수난을 노래할 뿐 아니라 이것을 몸짓으로도 그려냈다. 그는 자기의 가슴을 두드렸다. 그는 울음소리와 함께 양손을 하늘로 들어올렸다. 신이 부활하면 가면을 쓴 무리는 갑자기 들떠 떠들기 시작하면서 서로의 흉내를 내고 재담과 농담을 주고받았다.

그런 다음 또 몇 세기가 지나간다. 그러면서 마을은 의식에서 떠나간다.

그러나 연기(演技), 그것은 남는다. 지금까지와 마찬가지로 사람들은 연기도 하고 노래도 하고 춤도 출 것이다. 그러나 그들이 그려내는 것은 이제 신들의 수난이 아니고 사람들의 수난이다. 사람들은 무대를 보면서 용기나 공적에 감명을 받고 실패나 어리석음에 웃거나 울거나 했을 것이다.

이리하여 고대 합창대의 선창자는 비극 배우로 변하고 떠들썩한 가면 무리는 희극 배우나 광대로 변한다. 이 선창자는 최초의 배우이자, 최초의 가수이기도 하다. 처음에는 합창대와 같이 노래한다. 나중에는 혼자서 노래하게 된다.

노래는 의식에서 분리된다. 가수는 의식을 행할 때도 노래하고, 우두머리가 부하들과 술을 먹을 때도 노래한다. 가수는 악기를 연주하면서 노래하고, 때로는 옛날 풍습대로 가사와 음악과 동작을 하나로 묶어 춤추기도 한다. 그는 선창자이기도 하고 합창대이기도 하다. 그는 노래도 부르고 장단도 맞춘다.

가수는 무엇을 노래하는가? 그는 신들이나 영웅을 노래한다. 아주 강한 적들도 물리친 자기 종족의 우두머리를 노래한다. 그는 전쟁터에서 쓰러진 전사의 원수를 갚지 않으면 안 되는 형제들을 노래한다. 이 노래는 제가(祭歌)도 아니고 주문도 아니다. 그것은 새로운 공적을 세우도록 호소하는 무훈(武勳)의 이야기다.

그러면 사랑의 노래, 봄의 노래. 슬픔의 노래는? 그것은 어디에서 온 것일까? 그것도 역시 의식에서 따온 것이다. 이 노래들 또한 옛날 사람들이 결혼식이나 장례식, 또는 곡식을 거두거나 포도를 딸 때 행했던 의식에서 비롯된 것이다. 대규모의 합창은 짧은 가사의 합창으로 바뀌었다.

이 노래를 실 뽑는 물레를 돌리면서 처녀들이 부른다. 그것을 어린아이를 달래는 어머니가 받아 부른다.

봄 노래는 봄에만 부르지 않고 사랑의 노래 또한 결혼식 때만 부르는 건 아니다.

영웅의 노래, 사랑의 노래를 최초로 만든 것은 누구일까?

최초로 칼 또는 물레를 만든 것은 누구인가를 모르는 것과 마찬가지로 우리들은 그것을 모른다. 도구, 노래, 말을 만들어낸 것은 한 사람이 아니라 몇백 세대다. 가수는 스스로 자기 노래를 만든 것은 아니다. 들었던 것을 노래하고 이것을 다른 사람들에게 넘겨주었다. 가수에서 가수로 옮겨지는 사이에 노래는 성장하고 변화했다. 많은 시냇물이 모여 큰 강이 이루어지듯, 많은 노래로부터 시가 자랐다.

《일리아드》는 호머의 작품이라고 한다. 그렇다면 호머는 어떤 사람일까? 전해져오는 것은 그에 대한 전설뿐이다. 그가 노래한 주인공들과 마찬가지로 호머 또한 전설의 사람이다.

영웅들의 노래가 처음 만들어졌을 무렵부터 가수는 이미 그 씨족, 그 종족과 단단히 연결되어 있었다. 사람들은 무엇이든 공동으로 하고 있었다. 따라서 노래도 역시 몇 세대의 공동의 노작(勞作)이었다. 이어받은 노래를 손질하여 아름답게 멋지게 바꾸었을 때에도 가수는 자기가 작가라고 생각지 않았다.

그러나 지금 인간은 '자기의 것'과 '남의 것'을 구별하기 시작한다. 씨족은 무너지고 이미 그 전과 같은 통일은 없다. 장인(匠人)은 자신을 위해 일하고, 자신을 씨족의 손안에 있는 고분고분한 도구라고는 이제 생각지 않는다.

몇 세기가 지나간다. 이번에는 시인 테오그니스가 노래한다.

나는 이 시를 봉했다.
나의 예술의 열매에.
이제 아무도 훔쳐가지 못하고
바꾸어넣지 못하리라.
이것은 메가라의 테오그니스의 작품이다!

그렇게 모두 말하리라.

씨족제의 인간이라면 결코 이렇게 말하지 않았으리라.
인간은 점차 '나'라는 말을 입에 올리게 된다. 인간이 일하는 것이 아니라 누군가가 인간을 일하게 하는 것이다라고 생각하고 있었던 시대는 아득한 옛날이 되었다. 가수는 지금도 그들에게 노래를 불어넣어 주는 시(詩)의 신들을 찬미하고 '노래의 천분(天分)'은 신들이 내려준 것이라고 노래 부르고 있지만, 이제 자기의 공적도 잊지 않고 있다.

시의 신은 나에게 말을 내려주셨다.
나의 이름은 영원히 사라지지 않으리라.

이것은 그리스 여류 시인 사포의 작품 중 한 구절이지만 거기에서는 낡은 것이 새로운 것과 결합되어 있다. 사포는 아직 믿고 있다. 그녀에게 말을 내려준 것은 시의 신이며, 광부가 산에서 광석을 발견하는 것과 달리 말을 발견한 것은 그녀 자신이 아니라고. 그러나 이 문구에서는 지은이의 이름이 잊혀지지 않을 것을 알고 있는 시인의 자부심, 창작자의 자부심이 들어 있다.
이리하여 인간은 성장한다. 성장하여 귀가 커짐에 따라 그를 둘러싼 시계(視界)는 점점 넓어져간다. *

옮긴이 소개

이순권
서울 출생. 서울대학교 사범대학 역사학과 졸업.
현재 고등학교 교사로 재직 중임.

인간의 역사

1985년	1월	30일	초판	1쇄	발행
1990년	4월	20일	초판	5쇄	발행
1997년	4월	30일	2판	1쇄	발행
2002년	7월	10일	3판	1쇄	발행
2007년	7월	10일	3판	2쇄	발행

지은이   M. 일리인 (외)
옮긴이   이 순 권
펴낸이   윤 형 두
펴낸데   범 우 사

출판등록   1966. 8. 3. 제 406-2003-048호
413-756   경기도 파주시 교하읍 문발리 525-2
대표전화   (031) 955-6900, 팩스 (031) 955-6905

* 파본은 교환해 드립니다.   교정 · 편집/조윤정 · 왕지현
ISBN 89-08-03282-7 04300   (홈페이지) www.bumwoosa.co.kr
     89-08-03202-9 (세트)   (E-mail) bumwoosa@chol.com

작가별 작품론을 함께 실어 만든
범우비평판 세계문학선

❶ **토마스 불핀치**
- 1-1 그리스·로마 신화 최혁순 값10,000원
- 1-2 원탁의 기사 한영환 값10,000원
- 1-3 샤를마뉴 황제의 전설 이성규 값8,000원

❷ **도스토예프스키**
- 2-1.2 죄와 벌 (상)(하) 이철(외대 교수) 각권 8,000원
- 2-3.4.5 카라마조프의 형제 (상)(중)(하) 김학수(전 고려대 교수) 각권 9,000원
- 2-6.7.8 백치 (상)(중)(하) 박형규 각권 7,000원
- 2-9.10,11 악령 (상)(중)(하) 이철 각권 9,000원

❸ **W. 셰익스피어**
- 3-1 셰익스피어 4대 비극 이태주(단국대 교수) 값10,000원
- 3-2 셰익스피어 4대 희극 이태주 값10,000원
- 3-3 셰익스피어 4대 사극 이태주 값12,000원
- 3-4 셰익스피어 명언집 이태주 값10,000원

❹ **토마스 하디**
- 4-1 테스 김회진(서울시립대 교수) 값10,000원

❺ **호메로스**
- 5-1 일리아스 유영(연세대 명예교수) 값9,000원
- 5-2 오디세이아 유영 값8,000원

❻ **밀턴**
- 6-1 실낙원 이창배(동국대 교수) 값9,000원

❼ **L. 톨스토이**
- 7-1.2 부활 (상)(하) 이철(외대 교수) 값7,000원
- 7-3.4 안나 카레니나 (상)(하) 이철 각권 12,000원
- 7-5.6.7.8 전쟁과 평화 1.2.3.4 박형규 각권 10,000원

❽ **토마스 만**
- 8-1 마의 산 (상) 홍경호(한양대 교수) 값9,000원
- 8-2 마의 산 (하) 홍경호 값10,000원

❾ **제임스 조이스**
- 9-1 더블린 사람들 김종건(고려대 교수) 값10,000원
- 9-2.3.4.5 율리시즈 1.2.3.4 김종건 각권 10,000원
- 9-6 젊은 예술가의 초상 김종건 값10,000원
- 9-7 피네간의 경야(抄)·詩·에피파니 김종건 값10,000원

❿ **생 텍쥐페리**
- 10-1 전시 조종사(외) 조규철 값8,000원
- 10-2 젊은이의 편지(외) 조규철·이정림 값7,000원
- 10-3 인생의 의미(외) 조규철(외대 교수) 값7,000원
- 10-4.5 성채 (상)(하) 염기용 값8,000원
- 10-6 야간비행(외) 전채린·신경자 값8,000원

⓫ **단테**
- 11-1.2 신곡 (상)(하) 최현 값9,000원

⓬ **J. W. 괴테**
- 12-1.2 파우스트 (상)(하) 박환덕 값7,000원

⓭ **J. 오스틴**
- 13-1 오만과 편견 오화섭(전 연세대 교수) 값9,000원

⓮ **V. 위고**
- 14-1.2.3.4.5 레 미제라블 1.2.3.4.5 방곤 각권 8,000원

⓯ **임어당**
- 15-1 생활의 발견 김병철 값12,000원

⓰ **루이제 린저**
- 16-1 생의 한가운데 강두식(전 서울대 교수) 값7,000원

⓱ **게르만 서사시**
- 17 니벨룽겐의 노래 허창운(서울대 교수) 값13,000원

출판 36년이 일궈낸 세계문학의 보고

대학입시생에게 논리적 사고를 길러주고 대학생에게는 사회진출의 길을 열어주며,
일반 독자에게는 생활의 지혜를 듬뿍 심어주는 문학시리즈로서
범우비평판은 이제 독자여러분의 서가에서 오랜 친구로 늘 함께 할 것입니다.

(全冊 새로운 편집 · 장정 / 크라운변형판)

⑱ E. 헤밍웨이
- 18-1 누구를 위하여 종은 울리나 김병철(중앙대 교수) 값 10,000원
- 18-2 무기여 잘 있거라(외) 김병철 값 12,000원

⑲ F. 카프카
- 19-1 성(城) 박환덕(서울대 교수) 값 10,000원
- 19-2 변신 박환덕 값 10,000원
- 19-3 심판 박환덕 값 8,000원
- 19-4 실종자 박환덕 값 9,000원

⑳ 에밀리 브론테
- 20-1 폭풍의 언덕 안동민 값 8,000원

㉑ 마가렛 미첼
- 21-1.2.3 바람과 함께 사라지다(상)(중)(하) 송관식·이병규 각권 10,000원

㉒ 스탕달
- 22-1 적과 흑 김붕구 값 10,000원

㉓ B. 파스테르나크
- 23-1 닥터 지바고 오재국(전 육사교수) 값 10,000원

㉔ 마크 트웨인
- 24-1 톰 소여의 모험 김병철 값 7,000원
- 24-2 허클베리 핀의 모험 김병철 값 9,000원
- 24-3.4 마크 트웨인 여행기(상)(하) 박미선 각권 10,000원

㉕ 조지 오웰
- 25-1 동물농장 · 1984년 김회진 값 10,000원

㉖ 존 스타인벡
- 26-1.2 분노의 포도(상)(하) 전형기 7,000원
- 26-3.4 에덴의 동쪽(상)(하) 이성호(한양대 교수) 각권 9,000~10,000원

㉗ 우나무노
- 27-1 안개 김현창(서울대 교수) 값 6,000원

㉘ C. 브론테
- 28-1.2 제인 에어(상)(하) 배영원 값 8,000원

㉙ 헤르만 헤세
- 29-1 知와 사랑 · 싯다르타 홍경호 값 9,000원
- 29-2 데미안 · 크눌프 · 로스할데 홍경호 값 9,000원
- 29-3 페터 카멘친트 · 게르트루트 박환덕(서울대 교수) 값 9,000원
- 29-4 유리알 유희 박환덕 값 12,000원

㉚ 알베르 카뮈
- 30-1 페스트 · 이방인 방곤(경희수) 값 9,000원

㉛ 올더스 헉슬리
- 31-1 멋진 신세계(외) 이상규·허정애 값 10,000원

㉜ 기 드 모파상
- 32-1 여자의 일생 · 단편선 이정림 값 9,000원

㉝ 투르게네프
- 33-1 아버지와 아들 이정림 값 9,000원
- 33-2 처녀지 · 루딘 김학수 값 10,000원

㉞ 이미륵
- 34-1 압록강은 흐른다(외) 정규화(성신여대 교수) 값 9,000원

㉟ T. 드라이저
- 35-1 시스터 캐리 전형기(한양대 교수) 값 12,000원
- 35-2.3 미국의 비극(상)(하) 김병철 각권 9,000원

㊱ 세르반떼스
- 36-1 돈 끼호떼 김현창(서울대 교수) 값 12,000원
- 36-2 (속)돈 끼호떼 김현창(서울대 교수) 값 13,000원

㊲ 나쓰메 소세키
- 37-1 마음 · 그 후 서석연 값 12,000원

㊳ 플루타르코스
- 38-1~8 플루타르크 영웅전 1~8 김병철 각권 8,000원

㊴ 안네 프랑크
- 39-1 안네의 일기(외) 김남석·서석연(전 동국대 교수) 값 9,000원

㊵ 강용흘
- 40-1 초당 장문평(문학평론가) 값 9,000원
- 40-2 동양선비 서양에 가시다 유영(연세대 교수) 값 10,000원

㊶ 나관중
- 41-1~5 원본 三國志 1~5 황병국(중국문학가) 각권 10,000원

㊷ 귄터 그라스
- 42-1 양철북 박환덕(서울대 교수) 값 10,000원

㊸ 아쿠타가와 류노스케
- 43-1 아쿠타가와 작품선 진웅기·김진욱(번역문학가) 값 8,000원

㊹ F. 모리악
- 44-1 떼레즈 데께루 · 밤의 종말(외) 전채린(충북대 교수) 값 8,000원

㊺ 에리히 M. 레마르크
- 45-1 개선문 홍경호(한양대 교수 · 문학박사) 값 12,000원
- 45-2 그늘진 낙원 홍경호·박상배(한양대 교수) 값 8,000원
- 45-3 서부전선 이상없다(외) 박환덕(서울대 교수) 값 12,000원

㊻ 앙드레 말로
- 46-1 희망 이가형(국민대 대우교수) 값 9,000원

㊼ A. J. 크로닌
- 47-1 성채 공문혜(번역문학가) 값 9,000원

㊽ 하인리히 뵐
- 48-1 아담 너는 어디 있었느냐(외) 홍경호(한양대 교수) 값 8,000원

㊾ 시몬느 드 보봐르
- 49-1 타인의 피 전채린(충북대 교수) 값 8,000원

㊿ 보카치오
- 50-1,2 데카메론(상)(하) 한형곤(외국어대 교수) 값 11,000원

㉛ R. 타고르
- 51-1, 고라 유영(연세대 명예교수) 값 13,000원

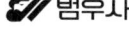

범우사
서울시 마포구 구수동 21-1호
TEL 717-2121, FAX 717-0429
http://www.bumwoosa.co.kr
(E-mail) bumwoosa@chollian.net

온고지신(溫故知新)으로 희망찬 21세기를!

현대사회를 보다 새로운 시각으로 종합진단하여
그 처방을 제시해주는

범우사상신서

1 자유에서의 도피 E. 프롬/이상두
2 젊은이여 오늘을 이야기하자 렉스프레스誌/방곤·최혁순
3 소유냐 존재냐 E. 프롬/최혁순
4 불확실성의 시대 J. 갈브레이드/박현채·전철환
5 마르쿠제의 행복론 L. 마르쿠제/황문수
6 너희도 神처럼 되리라 E. 프롬/최혁순
7 의혹과 행동 E. 프롬/최혁순
8 토인비와의 대화 A. 토인비/최혁순
9 역사란 무엇인가 E. 카/김승일
10 시지프의 신화 A. 카뮈/이정림
11 프로이트 심리학 입문 C.S. 홀/안귀여루
12 근대국가에 있어서의 자유 H. 라스키/이상두
13 비극론·인간론(외) K. 야스퍼스/황문수
14 엔트로피 J. 리프킨/최현
15 러셀의 철학노트 B. 페인버그·카스릴스(편)/최혁순
16 나는 믿는다 B. 러셀(외)/최혁순·박상규
17 자유민주주의에 희망은 있는가 C. 맥퍼슨/이상두
18 지식인의 양심 A. 토인비(외)/임현영
19 아웃사이더 C. 윌슨/이성규
20 미학과 문화 H. 마르쿠제/최현·이근영
21 한일합병사 야마베 겐타로/안병무
22 이데올로기의 종언 D. 벨/이상두
23 자기로부터의 혁명 ① J. 크리슈나무르티/권동수
24 자기로부터의 혁명 ② J. 크리슈나무르티/권동수
25 자기로부터의 혁명 ③ J. 크리슈나무르티/권동수
26 잠에서 깨어나라 B. 라즈니시/길연
27 역사학 입문 E. 베른하임/박광순
28 법화경 이야기 박혜경
29 융 심리학 입문 C.S. 홀(외)/최현
30 우연과 필연 J. 모노/김진욱
31 역사의 교훈 W. 듀란트(외)/천희상
32 방관자의 시대 P. 드러커/이상두·최혁순
33 건전한 사회 E. 프롬/김병익
34 미래의 충격 A. 토플러/장을병
35 작은 것이 아름답다 E. 슈마허/김진욱
36 관심의 불꽃 J. 크리슈나무르티/강옥구
37 종교는 필요한가 B. 러셀/이재황
38 불복종에 관하여 E. 프롬/문국주
39 인물로 본 한국민족주의 장을병
40 수탈된 대지 E. 갈레아노/박광순
41 대장정—작은 거인 등소평 H. 솔즈베리/정성호
42 초월의 길 완성의 길 마하리시/이병기
43 정신분석학 입문 S. 프로이트/서석연
44 철학적 인간 종교적 인간 황필호
45 권리를 위한 투쟁(외) R. 예링/심윤종·이주향
46 창조와 용기 R. 메이/안병무
47 꿈의 해석(상·하) S. 프로이트/서석연
48 제3의 물결 A. 토플러/김진욱
49 역사의 연구 ① D. 서머벨 엮음/박광순
50 역사의 연구 ② D. 서머벨 엮음/박광순
51 건륙론 무쓰 무네미쓰/김승일
52 가난이야기 가와카미 하지메/서석연
53 새로운 세계사 마르크 페로/박광순
54 근대 한국과 일본 나카스카 아키라/김승일
55 일본 자본주의의 정신 야마모토 시치헤이/김승일·이근원

▶ 계속 펴냅니다

범우사
서울시 마포구 구수동 21-1호. 전화 717-2121 FAX 717-0429
http://www.bumwoosa.co.kr (천리안·하이텔 ID) BUMWOOSA